# 부산경남지방 기독교회의 선구자들

– 부산경남지역에서 활동한 40인의 초상 –

Christian Leaders in the Forming of Christian Churches
in Busan and South Kyung Sang Province

by

Prof. Sang Gyoo Lee, ThD.
Kosin University
Busan, Korea

Published by
Kosin University Press, 2012.

# 목 차

# 목 차

# 서문

역사란 무엇인가? 이런 물음에는 거창한 해명이 뒤따르지만 따지고 보면 역사는 사람이 살다간 흔적이다. 사람들의 살림살이가 문화를 이루고, 그 문화가 역사를 이룬다. 개인이 모여 집단을 이루고, 집단과 집단의 조직이 한 사회를 이끌어 간다. 인간사회에는 이념이나 정신 혹은 사상이 있을터인데, 그 인간의 자취가 축척되어 역사를 이룬다. 결국 인간의 삶이 역시인 샘이다. 따라서 부산 경남지역의 교회사란 바로 이 지역에서 활동했던 사람들의 삶의 자취라고 할 수 있다.

이 책은 부산 경남 지방에서 살았거나 활동했던 교회지도자들의 삶의 자취를 추적한 글이다. 이를 통해 이 지방에서 기독교의 연원과 발전에 대해 해명하고자 했다. 나에게는 언제나 연원에 대한 호기심이 있었다. '물을 마실 때는 그 근원을 생각하라'(飲水思源)는 남북조시대 북주(北周)의 유신(庾信, 513-581)의 말이 내 마음에 남아 있고, 근원으로 돌아가자는 라틴어 ad fontes 도 나의 학문의 순례길에 일리(一理)로 다가왔다. 물론 ad fontes라는 라틴어가 르네상스시대에는 서양고전인 헬라,로마 원전의 부흥과 관련하여 사용되었고, 종교개혁시대에는 기독교신앙의 원천인 성경으로 돌아가자는 의미로 사용되었지만, 연원에 대한 관심을 의미했다.

나는 지난 몇 년 간 부산경남지방 기독교 연원에 관심을 가지고 연구해 왔다. 우리가 살고 있는 이 지방에는 어떻게 기독교가 소개되었을까? 언제 누가 이곳에 와서 복음을 전했을까? 이 지방 초기 전도사는 누구였으며, 기독교 수용자는 어떤 종류의 사람들이었을까? 이런 의문을 가지고 이 지방 초기 기독교 지도자들의 삶의 여정을 추적했다. 그 결과로 이 책을 출판하게 되었다. 이 책은 약 10년전에 출판한 『부산지방 기독교 전래사』의 속편의 의미가 있다.

'부산경남지역에서 활동한 40인의 초상' 이라고 할 수 있는 이 책은 서장과 전 5장으로 구성되어 있다. 서장에서는 부산경남지방에서의 기독교의 연원을 정리하여 어떤 경로로 누구에 의해 기독교가 전파되고 발전해 갔는가를 기술하였다. 제1장은 부산경남지역의 초기 복음 전도자들에 대한 기록이다. 이들이야 말로 이 지방 기독교 운동의 선구자들이라고 할 수 있다. 이들에 대한 사적은 별로 알려져 있지 않았으나 국내, 국외의 여러 역사 기록을 섭렵하여 저들이 걸어갔던 헌신의 여정을 엮을 수 있게 되었다. 제2장은 이 지방 초기 전도자이자 교회 지도자들에 관한 기록이다. 제1장의 인물들이 초기 개척 전도자들이라면, 제2장의 인물들은 지역 중심의 전도자 혹은 지도자로 활동한 이들이다. 제1장과 제2장에 수록된 인물들은 선교사의 어학선생 혹은 조사로 활동하거나 지역교회 영수로 활동했던 복음의 선구자들이다.

제3장은 이 지방에서 신사참배 강요에 반대하여 저항하거나 투쟁했던 순교자 혹은 수난자들에 대한 기록이다. 이들은 1930년대 이후 부산,경남지방에서 신사참배 거부운동의 지도자로 활동했다. 제4장은 이 지방에서의 정치 사회 문화 영역에서 활동했던 이들에 대한 기록이다. 이들은 부산 경남 지방에서 기독교적 가치와 이상을 실현하고자 했다. 제5장은 6.25 전쟁기에 순교한 이 지방 인물들에 대한 이야기로 꾸몄다. 이들은 기독교 신앙을 지키기 위해 고투했으나 인민군 혹은 좌익세력에 의해 희생된 이들이다.

이 책은 이 지방 기독교 형성에 기여했던 40명의 인물 중심의 교회사라고 할 수 있는데, 인선은 전적으로 필자의 주관에 따른 것이다. 마땅히 취급되어야 할 인물이지만 이 책에서 기술하지 못한 이들에 대해서는 후일 별도의 책으로 소개하고자 한다.

이 책을 출판할 수 있도록 도움을 주신 여러분이 있다. 여러 가지로 부족한 글이지만 인물기를 연제할 수 있도록 배려해 주셨던 월간 고신(월간 생명나무), 부산성시화 신문, 경남크리스찬신문의 편집인에게 고마운 마음을 전한다. 무엇보다도 변변치 못한 글임에도 불구하고 과분한 천사를 주신 마산 합성교회 담임목사이신 구동태 감독님과 경남지방 교계 지도자이자 마산동광교회 원로목사이신 곽삼찬 목사님께 깊은 감사를 드린다. 또 필자의 연구에 격려를 아끼지 않으신 부산문화재단 대표이사 남송우 박사님, 손양원목사 생가복원사업회 사무총장이신 박시영 목사님, 그리고 같은 분야를 연구하며 도전과 사랑을 베풀어주시는 부산장신대 탁지일 교수님께 마음의 감사를 드린다. 숨겨진 인물을 발굴하고 그들이 걸어갔던 믿음의 여정을 추적하는 일이 가치 있는 일이라고 격려주신 고신언론사 최정기 편집국장님과 손유신 기자에게도 고마운 마음을 전한다. 내가 찾지 못한 귀중한 사진을 제공해 주신 박시영 목사님은 언제나 든든한 후원자였다. 이 책이 부산경남 지역에서 일하신 하나님의 구원역사를 헤아리는 일에 작은 안내가 되기 바란다.

2012년 3월 30일
고신대학교 이상규

# 추천사

할렐루야! 미처 알지 못했던, 오늘의 이 지방 기독교회가 있도록 수고하신 신앙 선배들의 발자취를 추적하여 이와 같은 귀한 역작을 남기신 것을 볼 때 감사와 감격이 넘칩니다.

가시덤불과 돌들이 가득한 황무지 같은 이 땅을 개간한 귀한 분들의 삶의 여정과 행적을 추적하되, 당시의 역사적 자료들을 발굴하고 철저하게 검증하여 이런 책을 저술한 것은 오랜 세월동안 한 분야 연구에 몰두하여 깊은 우물을 판 이상규 박사님 같은 학자가 아니고서는 아무나 해 낼 수 없는 작업이었음을 저는 이 책 원고를 읽으면서 몇 차례나 확인할 수 있었습니다.

한국교회와 특별히 경상도에 속한 지역과 경북지역에 이르기까지 모든 교회가 이 책의 저자에게 큰 빚을 지고 귀한 은혜를 함께 공유하게 되었습니다. 이 역작을 통해서 우리에게 복음이 전해지도록 수고하신 모든 분들의 희생을 깊이 깨닫고 오늘 이 시대에 우리가 그 신앙유산을 계승하여 다시 한 번 부흥으로 가는 디딤돌로 삼아야 되겠다는 생각이 듭니다.

이 책은 "이 고장에 어떻게 복음의 씨가 뿌려 졌는가?"를 제대로 이해할 수 있는 기회가 될 것입니다. 목회자들에게는 꺼져가던 구령의 열정을 불러일으키고, 목회의 길을 즐겁게 감당하도록 동기를 부여해 줄 것이고, 후학들에게는 교회를 위한 학문은 "이런 것이다"는 메시지를 주게 될 것입니다.

이 책이 평신도, 목회자, 그리고 신학도들에게 널리 읽혀지고 소장하여 귀하게 활용하는 사랑받는 책이 될 것으로 확신합니다. 이 책의 옥고를 미리 읽게 된 것은 저에게 큰 영광이었습니다.

2012년 2월 5일 경남성시화운동본부 대표회장
**구동태 감독 (합성교회 담임목사)**

# 추천사

이상규 박사께서 『부산경남지방 기독교회의 선구자들』을 편찬 하셨다. 이 책은 인물로 본 부산경남 교회사라 할 수 있을 것이다. 나는 이 책을 읽으므로 이상규 교수님이 한국교회사의 최고 실력자이시며 권위자임을 재인식했다. 역사의 자료를 부지런히 찾아내고 모으고 보존하였다가 책으로 펴낸 것에 대하여 정말로 감탄했다.

이 책은 커다란 영적 감동과 자극을 주고 있다. 예수그리스도의 사랑과 구원의 열심을 드러내고 있다. 이 책을 많은 그리스도인들이 읽으므로 영적 잠을 깨고 주님의 십자가, 부활의 복음을 위해 도전하는 일꾼이 많아지기를 기대하는 마음 간절하다. 이러므로 모든 크리스챤들에게 필독을 권한다.

특별히 목회자들이 읽으면 좋겠고 신학생들이 교과서처럼 읽고 교훈과 감동을 받고, 선교사들과 선교사 지망생들이 읽는다면 선교사가 가져야 할 사명감과 영혼구원의 열정, 선교방법을 배우게 될 것을 확신하는 바이다.


곽삼찬 목사 (마산동광교회 원로목사)

# 부산경남지방에는 어떻게 기독교 전래되었을까?

서덕기(Jim Stuckey) 선교사가 촬영한
1937년 진주인근지방 촌락의 가옥

# 부산경남지방에는 어떻게 기독교 전래되었을까?

## – 부산,경남지방에서의 기독교의 기원과 발전, 신앙전통 –

　　부산과 경남지방에는 어떻게 기독교가 소개되고 수용되었으며 믿는 자들이 일어나며 교회가 세워지게 되었을까? 이런 질문에 대해 답해보고자 한다. 필자는 이미 부산경남지방에서의 기독교의 연원에 대한 연구서인 『부산지방 기독교 전래사』(글마당, 2001)에서 이런 점에 대해 기술한 바 있다. 그러나 이 글에서는 이 책 앞부분 일부를 요약하되 일부는 수정 보완하여 부산, 경남지방에서의 기독교(개신교)의 기원과 초기 선교활동에 대해 소개하고, 이 지방에서의 교회설립과 신앙전통, 그리고 지역적 특성에 대해 기술하고자 한다. 이 글을 통해 부산경남 지방 기독교의 역사와 신앙전통, 그리고 이 책에서 언급한 여러 인물들의 행적을 헤아리는데 도움을 주고자 한다.

　　이 글은 장로교 중심으로 기술되었지만 이것은 나의 의도가 아니다. 부산경남지방에서 초기 기독교 역사는 장로교의 역사라고 할 수 있을 만큼 장로교 중심이었고, 장로교 이외의 교파가 소개된 것은 1920년대 이후였다. 부산지방에 감리교회가 소개된 것은 해방 이후였을 만큼 장로교 중심이었다. 그래서 이 책은 불가피하게 장로교 중심으로 엮어져 있다.

부산, 경남지방은 1890년대부터 1913년까지는 미국북장로교(PCUSA) 선교부와 호주장로교(PCV) 선교부의 공동 선교지역이었다. 그러나 1913년 말 미북장로교 선교부는 부산경남 지방에서 철수하였기 때문에 1914년 이후 부산경남 지역은 전적으로 호주장로교 선교부 관할 하에 있게 된다. 따라서 1914년 이후 부산, 경남지역교회의 역사는 호주 장로교의 선교 활동과 깊은 관련을 맺고 있다.

외국선교부와 선교사들이 이 지역 기독교 운동에 큰 영향을 준 것은 사실이지만 우리가 간과할 수 없는 사실은 한국인들의 헌신과 봉사 또한 지대하였다는 점이다. 이 책에서 언급되거나 언급되지 못한 초기 전도자들과 교회 지도자들의 수고의 값으로 이 지역에 교회가 설립되었고, 오늘의 기독교회를 형성하게 된 것이다. 이 책 서론에 해당하는 이 글이 이 지역 초기 기독교운동의 배경을 헤아리는데 도움이 되기를 바란다.

## 1. 부산경남지방에서의 기독교와의 접촉(1883-1891)

### 스코틀랜드 성서공회의 성경반포사업

부산, 경남지방에 복음을 전하려는 최초의 노력은 스코틀랜드 성서공회가 시도한 성경반포사업이었다. 이 성서공회에 의한 부산 및 경남 일원 복음화를 위한 시도는 알렌이 입국하기 1년 전인 1883년부터 시작되었으므로 압록강 연안과 황해도 지방을 중심으로 시작된 서상륜(徐相崙)의 권서활동과 때를 같이 한다. 스코틀랜드 성서공회(NBSS,

The National Bible Society of Scotland)는 1882년 3월 썬양(瀋陽)의 문광셔원에서 『예수성교 누가복음젼셔』를, 그해 5월에는 『예수성교 요안나 복음젼셔』를 각각 3천부 인쇄하였다. 이 중 3분의 1에 해당하는 각 1천 권씩을 다른 소책자와 함께 일본 요꼬하마 주재 스코틀랜드 성서공회 총무인 톰슨(J. Austin Thomson)에게 보내어 조선에 반포하도록 했다. 흔히 로스역(Ross Version)으로 알려진 이 성경은 스코틀랜드 연합장로회 소속으로 1872년 1월 이래 산동반도의 취푸(芝罘)에서 활동하던 매킨타이어(John McIntyre)와 그해 8월에 상해로 와서 만주 뉴좡(牛莊)으로 이거하여 일하던 로스(John Ross), 그리고 이응찬, 서상륜 등 한국인 조력자들에 의한 공동노력의 결실이었다. 스코틀랜드성서공회와의 출판 계약에 따라 누가복음 천권과 요한복음 천권을 일본주재 스코틀랜드성서공회 톰슨 총무에게 보내게 된 것이다.

한글성경번역에 헌신했던
스코틀랜드 연합장로교회 선교사
로스목사 가족

톰슨 총무는 나가사까(長坂毅)를 1883년 7월 11일 부산으로 파견했는데, 이 일은 이 지방에서의 최초의 복음운동이었다. 나가사까는 성서판매 지점을 부산에 설립하기 위하여 조선으로 가는 길에 6월 13일 고베(神戶)에 들려 그날 바칸(馬關)을 향하였고, [1] 7월 23일에는 군함(盤城號)에 승선하여 오후 4시 바칸(馬關)을 출발하여 24일 오전 6시 45분 부산포에 도착하였다. [2] 이때의 반포사업에 대한 그 이상의 기록을 발견하지 못했으나 이 일이 오래 계속되지는 못한 것으로 보인다. 그래서 톰슨 총무는 조선에서 성경반포사업에 동참할 자를 모집하는 광고를 일본 〈복음신보 福音新報〉 제1권 8호(1883. 8. 21)에 게재하였다. 그 전문은 다음과 같다.

**광고,**

O 기독교 신자로서 능력 있고 부지런하게 성서를 판매할 사람을 보상인(步商人)으로 고용하고자 하니 지원하고자 하는 사람은 엽서로 본사에 신청하시기 바람. 단 급료는 6회로부터 10회까지 일에 따라 지급되며 증액도 가능함.

O 금반 조선국에 출장하는 성서 판매인을 고용하고자 하니 신원이 확실한 기독교 신자로서 지원코자 하는 자는 이력서를 첨부하여 본사에 조회하시기 바람.

横濱七七番 北英國聖書會社

---

1) 〈복음신보〉(關西), 1권 3호(1883. 7. 17).

2) 〈복음신보〉(關西), 1권 11호(1883. 9. 11), 『한일그리스도교 관계사자료, 1876-1922』(한국신학연구소, 1990) 43.

톰슨은 이 신문 광고를 보고 자원한 미우라(三浦)와 스가노(管野) 부부와 함께 성경보급소를 설치할 목적으로 1884년 4월 13일 부산에 왔다. 이들은 부산 경남지방에서 성경반포사업을 수행했는데, 1883년 7월 이래 1886년 말까지 부산과 남부지역에서 약 2천권의 복음서를 반포했다. 이것이 부산과 경남지방에서의 최초의 기독교와의 접촉으로 알려져 있다.

## 월푸의 조선선교를 위한 호소

두 번째로 부산 선교를 시도한 선교사는 영국교회선교회(CMS, Church Missionary Society)의 존 월푸(Archdeacon John R. Wolfe, 1832-1915)였다. 월푸는 중국선교사로 임명받고 1861년 12월 푸조우(福州)에 와서 1915년 83세를 일기로 세상을 떠나기까지 53년간 중국선교사로 일했던 탁월한 선교사였다. 그는 중국에서 사역한지 22년이 지난 1884년, 청불(清佛)전쟁으로 야기된 불안한 정세 하에서 건강이 좋지 못해 의사로부터 일정기간 휴양을 권고 받고 일본 나가사끼(長埼)를 방문한 후, 1884년 10월 24일경 부산을 방문했다. 그에 의하면 당시 부산에는 약 2천명의 일본인이 거주하고 있었고, 일본인 거주지 내에 은행과 병원, 그리고 학교가 있었다고 한다. 그가 푸조우로 돌아간 후 '남지나 선교회'(The South China Mission) 연례 지방대회에서 조선방문의 결과를 보고하면서 조선 선교의 필요성을 역설하였다.

그 결과 한 사람의 중국인 목사와 세 사람의 평신도가 조선선교를 자원하였다. 월푸는 이들의 선교사역을 위해 본국 선교부에 재정지원을 요청하였으나 얻지 못하였고, 결국 호주 CMS로부터 부분적인 지원을 받아 1885년 11월 말경 두 사람의 중국인 전도자(two Chinese catechists)와 함께 다시 부산에 왔다. 이들의 선교활동에 대해서는 알려진 것이 없고, 또 아무런 기록도 발견되지 않고 있다. 이때는 아직 기독교 선교가 금지되어 있었고 활동도 자유롭지 못했을 것이다. 그러나 그 다음 해인 1886년에 부산을 방문했던 마틴 목사(Rev. J. Martin)의 보고에 의하면 기독교에 관심을 가진 50여명의 무리들을 발견했다고 한다.

1887년 가을에는 일본주재 비첼스테드(Bickersteth) 주교와 북(北) 중국 주재 스코트(Scott)주교가 부산을 방문한 일이 있는데, 이 때 10일간 체류하며 부산과 인근 지역을 둘러 보았다. 그러나 이때의 전도도 그리 성공적이지 못했던 것 같다. 그는, 중국에서도 한 사람의 신자를 얻기 위해 19년이라는 지리한 기간을 인내했듯이 조선의 부산에서도 인내하면서 주님께서 일하실 것을 기대해야 한다고 썼다.[3] 그가 1887년 10월에 쓴 부산 방문기는 『국내국외선교』(*Missionary Review at Home and Abroad*) 1888년 5월호에 게재되었다. 그는 이렇게 썼다.

> 부산인근 지역은 인구가 밀집된 지역이며 선교 사역의 중심
> 지입니다. 내년에는 좀 더 힘차게 일할 수 있을 것으로 확신
> 합니다. 저는 이곳이 호주교회가 이 이방인들에게 독자적인
> 선교사를 보내 선교사역을 시작할 수 있는 중요한 거점이라
> 고 봅니다. 이 점은 숙고해 볼만한 가치가 있습니다.[4]

---

3) 이상규, "데이비스를 한국선교사로 인도한 한통의 편지," 『부경교회사 연구』 30호(2011. 1), 126.

4) 이상규, 위의 글, 126.

이 한통의 편지가 인도로 가고자 했던 데이비스의 마음을 움직였고, 결국 그는 1889년 10월 한국 선교사로 내한하게 된다. 월푸의 부산 방문은 두 가지 점에서 한국교회를 위해 기여하였는데, 첫째는 데이비스의 자원으로 호주장로교의 한국 선교의 길을 안내한 일이고, 다른 하나는 영국교회 선교부, 즉 외지복음선교회(Society for the Propagation of Gospel in Foreign Parts)가 1890년 조선에 선교사를 파송하게 한 일이었다.

### 게일과 하디의 부산에서의 활동

부산으로 와 거주했던 최초의 개신교 선교사는 캐나다인 게일(James Scarta Gale, 奇一, 1863-1937)이었다. 그의 부산으로의 이주는 부산지방에서의 개신교 선교사와의 세 번째 접촉이 된다. 그는 약 1년간 부산에 체류했다. 그 후 역시 캐나다인 하디가 부산으로 와 짧은 기간동안 활동하게 된다. 내한한 첫 캐나다인 선교사인 게일은 토론토 대학교를 졸업하고, 그 대학 학생기독교청년회(YMCA)의 파송으로 1888년 12월 내한하였다. 이 때 그의 나이는 25세였다. 당시 캐나다에서 한국으로 오는 여정은 약 한 달이 소요되었는데, 1888년 11월 13일 선편으로 뱅쿠버를 출발하여 일본 나가사끼를 거쳐 그해 12월 12일 부산에 도착하였고, 부산에서 28시간 체류했다고 한다. 다시 선편으로 15일 인천을 거쳐 서울로 들어갔다.

첫 3개월 동안은 서울에 체재하며 한국생활을 익혔고, 1889년 3월 17일에는 내지(內地) 답사를 겸한 순회전도를 시작하였다. 게일은 황해도 감영(監營)이 있었던 해주에 정착하려 하였으나 선교 사무실 구입이 여의치 못해 이틀 후 송천(松川)으로 이거하여 3개월간 체류하였

게일과 이창직 (부산, 1889. 8)

다. 이곳에서 그의 어학 선생이자 평생의 조력자이자 동역자였던 이창직(李昌稙, 1866-1936)을 만나게 된다. 1889년 6월 이창직과 함께 서울로 돌아온 게일은 약 2개월 동안 언더우드를 도와 한영사전을 편찬하기도 했다. 1889년 8월 게일은 서울을 떠나 제물포로 가서 일본 증기선 '히꼬 마루'(Higo Maru)로 부산으로 왔다. 이때부터 부산항과 일본인 거류지 사이에 위치한 초량에 살았고, 1890년 12월 이전에 부산을 떠났다. 따라서 게일의 부산 체류 기간은 1889년 8월 이후 1년 남짓한 기간이다.

게일의 뒤를 이어 부산에 왔던 하디의사(Dr. Robert A. Hardie, 河

鯉泳, 1865-1949) 또한 토론토대학교 출신으로 이 대학 의과대학 YMCA의 파송을 받아 1890년 9월 30일 내한하였다. 약 6개월 간 서울에서 지낸 그는 1891년 4월 14일 부산으로 이주했다. 하디는 부산에 온 후 1892년 11월 18일 부산을 떠나 원산으로 가기까지 일년 반 동안 부산에서 활동했다. 게일과 마찬가지로 하디의 부산에서의 활동에 대해서는 알려진 것이 별로 없다. 그

캐나다 토론토대학 YMCA파송
의료선교사 하디부처

러나 미국 북장로교 선교사인 베어드를 도와 전도사역에 동참하였고, 그의 노력이 후일 초량교회 설립에 일조한 것으로 보인다. 그가 해안과 선박 검역 및 항만 의사로 봉사했지만 그의 선교 사역과 그 결실에 대한 정보는 없다. 부산에서 보낸 기간은 후일의 선교를 위한 언어공부와 한국사회에의 적응을 위한 준비와 훈련의 기간이었을 것이다.

### 데이비스의 내한, 부산도착, 죽음

호주 빅토리아장로교가 파송한 최초의 한국 선교사이자 부산, 경남지방 선교를 시도했던 첫 선교사는 데이비스(Rev. Joseph Henry Davies, 1856-1890)였다. [5] 호주장로교회는 미국 북장로교회의 첫 선

---

5) 데이비스는 1856년 뉴질랜드 왕가라이(Wangarai)에서 출생했다. 4살 때인 1860년 호주로 이주하였고, 그의 나이 20세 때인 1876년 호주 CMS(Church Missionary Society)소속으로 인도선교사로 파송되어 21개월간 봉사한 일이 있다. 건강 때문에 더 이상 선교지에 있을 수 없어 귀국한 그는 멜버른대학교를 졸업하고 카오필드학교(Caufield Grammer School)를 설립하

교사였던 알렌(Dr. H. N. Allen)이 입국한지 5년 후인 1889년 10월 헨리 데이비스목사와 그의 누나 메리 데이비스(Miss Mary T. Davies, 1853-1941)를 한국에 파송하였는데, 이것은 데이비스의 개인적인 결단에 의한 것이었다. 앞에서 언급하였지만 중국 푸조우(福州) 지방에서 선교하던 영국교회 선교회(CMS)소속 선교사 월푸(John R. Wolfe)의 한국선교에 대한 호소를 듣고 데이비스 남매는 한국선교를 자원하게 되었다.

19세기 말 한국은 외국과의 모든 활동이 단절된 은둔의 나라였다. 1876년 개항과 더불어 쇄국정책이 파기되었고, 1882년 한미수호통상조약의 체결 이후 서방국가들과의 외교관계를 수립하기 시작했으나 여전히 반(反) 외세적 성향이 강했다. 특히 선교의 자유가 공적으로 인정되기 이전이었으므로 빅토리아 장로교회는 한국선교의 필요성은 인정했으나 현실성에 대해서는 부정적이었다. 그래서 데이비스를 선교사로 인준했지만 재정적으로 지원하지는 않았다.

이러한 상황에서 청년연합회(YMFU, Young Men's Fellowship Union)는 한국선교를 자원한 데이비스를 지원키로 결의하였다. 한국선교사로 부름 받은 데이비스 남매는 1889년 8월 21일 멜버른을 떠나

___

여 교장으로 일했다. 다시 인도선교사로 가기를 원했으나, 한국선교의 긴박성을 알리는 월푸(John R. Wolfe)의 편지를 읽고 한국으로 가기로 작정하고, 한국선교사가 되기 위해 출석하던 St. Mary's Church(Caufield, 성공회)를 떠나 장로교회인 Toorak 장로교회로 이적하였다. 멜버른의 투락(Toorak)장로교회의 이윙(John F. Ewing)목사가 데이비스를 장로교회로 인도하였다. 1888년 11월 22일 빅토리아주 장로교총회에 전(前) 일본선교사였던 딕슨(W. G. Dixon)과 멕클라렌(S. G. McLaren)을 포함하여 17명의 지도적 인사들의 서명을 받아 데이비스를 한국선교사로 인준하도록 요청하였고 이 요청에 따라 선교사 인준을 얻게 된다. 데이비스는 에딘버러(Edinburgh)의 장로교 신학교육 기관인 뉴칼리지(New College)로 가서 6개월 간의 신학교육을 받았고, 귀국하여 1889년 8월 목사안수를 받았다. 이와 동시에 1888년 창립된 청년연합회(YMFU, Young Men's Sabbath Morning Fellowship Union)는 데이비스의 선교사역을 지원키로 결의했다. 데이비스의 누나 메리(Mary)도 멜버른의 뜻 있는 그리스도인들로 구성된 '기독교연합회'(Suburban ChristianUnion)의 지원 하에 함께 한국으로 파송되었다.

10월 2일 이른 아침 부산항에 입항하였다. 부산을 둘러 본 후 다시 출항하여 4일 오전 11시에 제물포(인천)에 도착했고 그 다음날 오후 늦게 서울에 도착하였다. 이때로부터 서울에서 보낸 5개월 동안 데이비스는 한국어 공부에 진력하는 한편, 언더우드 등 북장로교 선교사와 서상륜 등 한국인 매서인 전도자들과 함께 과천, 수원, 용인 등 서울을 중심으로 인접지역을 답사하고 전도하였다.

서울지역에는 이미 선교를 개시한 선교부 외에 또 다른 선교사들이 입국할 전망이었으므로, 데이비스는 바울의 선교 원리를 따라 일단 선교사가 전혀 없는 지역으로 가서 일하고자 했다. 당시 서울에 정주했던 미국선교사들은 이북 지방으로 가기를 원했으므로 데이비스는 이남 지방으로 가고자 했다. 그래서 데이비스는 한때 군산지방으로 가서 선교하는 일을 고려한 일도 있으나, 남부지방 곧 부산으로 가기로 작정하였다. 그것은 부산이 한국의 관문일 뿐만 아니라 당시 한국의 대표적인 항구도시이며 일본과 인접해 있어 보다 더 효과적인 선교가 가능할 것으로 보았기 때문이다. 그래

내한 당시의 데이비스와 누나 메리

서 그는 한국에 도착한 그 이듬해인 1890년 3월 14일, 누나는 서울에 남겨둔 채 어학선생과 하인, 그리고 매서할 문서와 약간의 약품 등을 준비하여 서울을 떠나 수원, 공주, 경상도 내륙지방을 거쳐 하동까지 내려갔다. 다시 부산으로 향해 20여 일 간 약 500km(300마일)에 이르는 답사여행을 마치고 1890년 4월 4일 금요일 부산에 도착했다. 그는 무리한 도보 여행으로 인해 천연두에 감염되었고 폐렴까지 겹쳐 마지막 5일간은 아무 것도 먹지 못했다. 그가 일본인 의사의 도움을 받았으나 회복하지 못하고 다음날인 4월 5일, 오후 1시경 부산에서 세상을 떠났다. 그가 한국에 온지 6개월 된 때였다. 이 당시 부산에 체재했던 캐나다 선교사 게일은 데이비스의 시신을 현재 부산시 중구 대청동 뒷산인 복병산(伏兵山)에 매장했다.

데이비스의 죽음에 대한 기록으로는 게일(J. S. Gale)이 데이비스의 누나 메리 데이비스(Mary Davies)에게 보낸 1890년 4월 6일 자의 편지가 남아 있어 이때의 상황을 헤아릴 수 있다. [6]

데이비스의 죽음은 호주 장로교회의 한국선교, 곧 부산, 경남지역 선교를 가능케 하는 동기를 부여하였다. 데이비스를 파송했던 청년연합회(YMFU)는 1890년 7월 23일 집행위원회를 소집하여 한국에 선교사를 다시 파송하기로 결의하였다. [7] 또 1890년 창립된 장

---

6) Edith Kerr and George Anderson, *The Australian Presbyterian Mission in Korea, 1889-1941*(Sydney: Australian Presbyterian Board of Missions, 1970), 174-175.

7) 독자들의 이해를 돕기 위해 청년연합회가 어떤 단체인가를 소개하고자 한다. '청년연합회'란 1888년에 조직된 Young Men's Sabbath Morning Fellowship Union(YMFU)이 모체인데, 호주에서는 스코틀랜드장로교회의 Young Men's Sabbath Morning Fellowship Association을 본 따서 1876년 뉴 사우스 웰즈(NSW)주에서 처음 조직되었고, 그 후 여러 지역으로 확산되었다. 빅토리아주에서 맥길리버리(McGillivray)의 발의로 1888년 7월 27일 준비모임에서 회칙을 초안하는 등 총회 조직 준비에 착수하였고, 멜보른의 11개 개체교회 청년들을 창립위원으로 하여 그 해 8월 17일에는 역사적인 빅토리아주 청년연합회를 조

로교 여전도회연합회(PWMU)도 한국에 선교사를 파송하기로 결의하였다. [8] 그 결과 청년연합회의 파송을 받은 멕카이목사(Rev. J.

직하였다. 이때 로버트 길레스피(Robert Gillespie)는 회장으로 선임되었고 이때로부터 그는 1902년까지 14년 간 회장으로 봉사하였다. 당시 빅토리아주 장로교신학교의 초대교수였던 렌툴(Rev. J. Laurence Rentoul, 변증학)과 투락교회의 이윙(J. E. Ewing)목사, 호손(Hawthorn)장로교회의 던칸 러브(Duncan Love)장로, 그리고 첫 제안자였던 맥길리버리(M. McGillivray) 등은 부회장으로 피선되었다. 후일 뉴 사우스 웰즈주 장로교회의 목사가 된 스틸(James Steele)씨는 총무로 피선되어 이 조직의 실무를 담당하였다. 이 당시는 남, 여 혼성으로 구성되었으나 후일 여전도회연합회가 창립된 이후 점차 남청년들의 연합체로 발전되었다. 이 모임은 원래 주일아침 함께 모여 성경공부와 기도 등을 통해 영적 성장을 도모하고 친목과 교제를 위한 운동으로 시작되었으나 데이비스를 한국에 파송, 지원하는 일을 계기로 선교운동단체로 발전하였고 주일 아닌 평일에 회합하는 경우가 많아짐에 따라 이 연합체의 이름도 후일 Young Men's Fellowship Union (YMFU)으로 개명되었고, 다시 The Presbyterian Fellowship of Victoria (PFV)로 개칭되었다. 이 모임이 처음 조직될 당시 11개 교회 청년으로 구성되었으나 일 년 안에 598명의 회원을 가진 26개 교회 연합체로 성장하였다. 1889년 8월 2일 장로교 창립 50주년 기념대회 기간 중에 모인 특별회의에서는 한국선교사로 자원한 데이비스 목사를 지원하기로 정식 결의하기에 이르렀다. 창립 1주년 밖에 안 된 조직체로서 매우 힘겨운 결단이었으나 이렇게 함으로써 친교단체였던 청년연합회는 선교사를 파송하는 조직체로 발전하기에 이른 것이다. 이 청년연합회는 1889년 데이비스를 한국에 파송했으나 그가 내한한지 6개월 만에 사망하게 되자 한국선교를 지원하기로 결의하였고, 1891년 10월에 멕카이 목사 부부를 한국에 제2진 선교사로 파송하기에 이른 것이다. 이어 1894년에는 아담슨(A. Adamson)목사 부부를, 1901년에는 카를(Dr. H. Currell)의사 부부를, 1910년에는 왓슨(R. D. Waston) 목사 부부를, 1916년에는 토마스(F. J. Thomas) 목사 부부를, 1929년에는 볼랜드 (Rev. F. T. Borland)목사 부부를 각각 파송 지원하였다.

8) 독자들의 편의를 위해 데이비스가 사망한 후 창립된 '여전도회연합회'(PWMU: Presbyterian Women's Missionary Union)에 대해서도 간단히 소개하고자 한다. 빅토리아주의 여전도회연합회는 해방 이전까지 한국에 35명의 선교사를 파송했던 가장 영향력 있는 선교사 파송기관이었다. 데이비스의 죽음이 창립의 직접적인 동기가 된다. 동기를 처음 제공한 여성은 크리시 딘우디(Miss Chrissie Dinwoodie)라는 여성이었다. 그는 "여성들에 의한 여성들을 위한" 선교단체가 구성되기를 바란다는 편지와 함께 "관심을 가진 C"(Inquirer C)라는 익명으로 50파운드를 당신 교계신문이었던 남십자성(The Southern Cross)에 보냈다. 이것이 멜버른에서의 여전도회 조직을 위한 시작이 됐고 그가 기증한 50파운드는 여전도회 연합회의 한국선교를 위한 첫 헌금이 되었다. 데이비스가 죽은 후 그의 누나 메리는 한국을 떠나 1890년 7월 18일 멜보른으로 돌아왔고, 여러 모임에서 한국과 한국선교의 현실을 보고하였다. 메리 또한 한국선교가 계속되기를 바란다며 50파운드를 기증하였다. 이런 상황에서 쿠리부인(Mrs Currie) 또한 50파운드를 기증하였다. 이런 일들이 계기가 되어 1890년 7월 29일 투락교회에 출석하던 하퍼부인(Mrs Harper)의 집에서 이방 여성들에게 복음을 전하기 위한 여성조직의 필요성을 검토하기 위한 모임이 개최되었다. 공교롭게도 여성연합회 조직을 위한 이런 일련의 시도는 빅토리아주의 3개 지역에서 동시에 일어났다. 이 점은 선교에 대한 여성들의 관심이 보편적인 현상이었음을 암시해 준다. 즉, 앞에서 말한 바처럼 멜

Mackay) 부부와 여전도회연합회가 파송한 세사람의 미혼 여선교사 (Menzies, Fawcett, Ferry) 등 5명의 제2진 선교사가 1891년 10월 내한하였다. 호주장로교회는 해방 전까지 78명의 선교사를 파송하였다. 데이비스의 희생적인 삶과 죽음은 호주 빅토리아 장로교회의 한국 선교의 동기를 부여하였다.

## 엘라딩 기념선교회의 부산 선교의 시도

1891년 9월에 시작된 미국북장로교 선교부나, 같은 해 10월에 내한한 호주선교사 제2진보다 후기이기는 하지만 부산지방에서 선교를 시

---

보른에서의 준비모임과 더불어 발라랏(Ballarat)에서는 케언스 부인(Mrs. Cairns)이, 질롱(Geelong)에서는 데이비스 부인(Mrs. J. Davies)이 각기 별도의 조직을 준비하고 있었다. 발라랏 지방에서 여성조직체를 준비하였던 케언스 부인은 한국의 첫 선교사였던 데이비스의 여동생인 사라(Sarah)인데, 그는 인도에 파송되었던 첫 호주 선교사였다. 사라가 인도의 엘로레(Ellore)에서 선교사로 일하던 중 동료 선교사인 케언스 목사와 결혼하였고 선교지를 떠나 발라랏에 있는 성 안드레교회에서 일하던 중 청년연합회와 같은 여성연합회의 조직을 시도하였던 것이다. 그리고 질롱의 데이비스 부인은 한국의 첫 선교사였던 데이비스 남동생 존 데이비스 목사(Rev. John G. Davies)의 부인으로서 이방 여성들을 위한 여성들의 조직체가 필요함을 깨닫고 발라랏의 케언스 부인과 의견을 교환하였고, 각자의 지방에서 여성들의 조직을 준비하였던 것이다. 이상과 같이 딘우디 양으로 시작된 선교를 위한 헌신은 멜보른, 질롱, 발라랏에서 동시적으로 확산되었다. 이런 일련의 움직임이 어우러져서 1890년 8월 25일 멜보른 시내의 장로교 총회회관에서 여전도회연합회(PWMU)를 공식적으로 조직하기에 이른 것이다. 흥미로운 사실은 데이비스의 두 여동생과 제수씨가 이 조직에 중요한 역할을 감당했다는 점이다. 바로 이 점은 데이비스의 한국에서의 선교와 그의 죽음이 가져온 분명한 영향임을 알 수 있다. 이 장로교 여전도회연합회는 처음부터 "여성들에 의해서 여성들을 선교하는 단체(Mission work among women by women)"임을 분명히 했다. 이 때 조직된 임원으로 투락교회의 하퍼 부인이 회장으로, 롤란드 부인(Mrs. Rolland)이 부회장으로, 딘우디 양이 총무로, 하디 부인(Mrs. Hardie)이 회계로 각각 피선되었다. 하퍼 부인은 이때로부터 1924년까지 34년 간 회장으로 헌신적인 봉사를 하였는데, 그가 호주 빅토리아장로교회와 한국선교에 지대한 영향을 끼쳤다. 당시 하퍼 부인은 부유한 분이었는데 호주 원주민들의 말로 '야영지'(camp)혹은 '안식처'(resting place)란 의미를 지닌 '미오라'(Myoora)라는 이름을 가진 큰 저택을 소유하고 있었다. 이 집은 여전도회연합회의 각종 모임의 주요한 거점이 되었고, 한국 선교지원을 위한 각종 자선모임(Fete, Garden Party)의 장소로 활용되기도 했다. 후일 부산에 세워진 호주 선교부의 첫 자선사업기관인 고아원의 이름을 "미오라 고아원"이라고 명명한 것만 보아도 하퍼 부인의 기여를 짐작케 한다.

도했던 또 하나의 선교단체가 독립선교단체인 엘라딩기념선교회였다. 엘라딩기념선교회(Ella Thing Memorial Mission)란 미국 보스톤에 있는 클라렌톤가(街) 침례교회(Clarendon Street Baptist Church)의 집사였던 사무엘 딩(S. B. Thing)이 자신의 외동딸 엘라(Ella)를 기념하여 조직한 침례교 선교단체인데, 1895년 폴링(E. C. Pauling) 목사 부부와 미혼 여성인 아멘다 가르더라인(Amanda Gardeline)을 제1진 선교사로 한국에 파송하였다. 곧 이어 스테드맨(F. W. Steadman)목사 부부와 두 미혼 여성인 새디 에클스(Sadie Ackles)와 아르마 엘머(Arma Ellmer)를 파송하였다. 이들 선교사들은 부산에서 일할 목적으로 부산으로 와 선교 사업에 착수하였다. 그러나 이들의 부산에서의 사역은 길지 못했다. 그들의 활동에 대해서는 알려진 보고가 없고, 다른 선교관계 문서에서도 거의 언급되어 있지 않다. 이미 부산에서는 미국북장로교와 호주장로교 선교부가 활동하고 있었으므로 이들은 선교사가 없는 공주지역으로 옮겨갔다.

이들은 공주를 비롯하여 강계, 홍성 등 충청도 지역에서 활동했으나 재정난으로 더 오래 사역하지 못하고 1900년 한국에서 철수한 것으로 알려져 있다. 이들이 철수하게 되자 펜윅(M. C. Fenwick)은 이 사업을 인계받아 1906년 '대한기독교회' 라는 독자적인 교회 조직을 갖추고 선교에 착수하였다. 후에 '동아기독교'(東亞基督敎)로 개칭하고 일제 말까지 계속되다가 해방 후 한국침례교회의 모체가 되었다.

## 2. 미국 북장로교의 부산, 경남지역 선교 (1891-1913)

호주의 첫 선교사였던 데이비스가 부산에서 세상을 떠난 후 호주 장로교 선교사 제2진이 부산에 오기 한달 전에 미국북장로교

(PCUSA) 선교사인 윌리엄 베어드(Rev. William M. Baird, 裵緯良: 1862-1931) 부부가 부산으로 왔다. 그가 부산경남지방에서 일한 첫 미국북장로교 선교사였다. 주한 북장로교 선교부는 그 동안 서울을 중심으로 활동해 왔으나, 후속 선교사들이 내한하게 되자 평양과 부산에도 선교지부(Mission station)를 개설하기로 하고, 1891년 평양에는 마펫(Samuel Moffett)을, 부산에는 베어드를 파송하게 된 것이다.

### 부산 선교지부의 개설

부산은 일본이 인접해 있고, 홍콩과 중국대륙을 잇는 교통의 요충지였으므로 1876년 개항이래 조선의 가장 중요한 항구도시였다. 뿐만 아니라 1890년 당시 부산, 경남지방에는 150만의 인구가 살고 있었으므로 북장로교 선교부는 서울 다음으로 부산, 경남지방 선교의 중요성을 인식하고 있었다. 그래서 선교 초기부터 부산에 선교거점을 열 계획이었다. 즉 1884년 알렌의 내한 때부터 부산지방 선교를 고려한 일이 있었다. 그러나 왜색(倭色)이 짙다는 이유에서 보류되었다. 부산은 1876년 개항 이래 일본인 수가 증가하여 1890년대 초에는 약 5천명에 달했으므로 왜색이 짙은 것은 사실이었다.

알렌이 미국서 2년간(1887-89) 워싱턴 주재 한국 공사관 서기로 일한 후, 다시 한국 선교사로 임명을 받고 1889년 내한했을 때도 북장로교 선교부는 부산에 선교지부 설치를 고려한 일이 있었다. 그러나 이때에도 적절한 선교부지를 구하지 못하여 부산 선교지부 개설이 지체되었다. 그러나 1891년 9월 주한 미국 영사관 관리의 특별한 배려로 영선현(瀛仙峴)의 '세 필지의 땅'(three parcels of land)을 '외국인 거주지'(Foreign Settlement)란 이름으로 매입하게 되자 베어드는 선교지부 개설을 위해 부산으로 오게 된 것이다.

## 윌리엄 베어드의 내부와 순회전도

윌리엄 베어드는 1891년 1월 29일 내한하였고, 그해 9월에는 미국 영사관의 협조로 영선현의 땅을 매입할 수 있게 되자 부산으로 내려와 이곳에 선교관을 건축했다. 영도의 임시거주지에 살던 베어드는 1892년 3월에는 선교사관으로 옮겨갔는데, 이곳 영선현은 북장로교 선교의 중심지이자 후일 초량교회 태동의 모체가 된다.

베어드는 연중 7개월은 집을 떠나 있을 만큼 개척선교에 최선을 다하였다. 1896년도의 보고에 의하면 279일간의 8차례에 걸친 순회전도 여행을 다녔는데 그 거리는 일천마일의 거리라고 하였다. 이 당시 그가 방문했던 지역은 동래, 울산, 밀량, 대구, 상주, 안동, 경주 등 경상도 지방과 김해 마산, 진주 등 경상도 지역, 그리고 전주, 목포, 공주 등 전라도 지방까지 순회했다.

부산에 정착한 첫 미국북방장교 선교사
윌리엄 베어드

이런 지역순례를 통해 후일 그는 대구선교지부를 열게 된 것이다. 베어드는 매우 능력 있는 인물이자 개척자적인 능력을 겸비한 인물로서 부산지방 선교의 기초를 놓았다.

### 북장로교선교사들의 활동

베어드에 이어 두 번째로 부산에 부임한 북장로교 선교사는 휴 브라운(Dr. Hugh M. Brown) 부부였다. 부부가 의사였던 이들은 베어드의 요청으로 1891년 12월에 부산에 왔다. 이들이 부산에 온 첫 의료선교사였다. 브라운은 자기 집에 작은 시약소(dispensary)를 마련하고 의료선교사로서의 사역을 시작하였다. 그러나 브라운 의사의 예기치 못한 결핵의 감염으로 더 이상 선교지에 남아 있을 수 없었다. 그래서 부산에 온지 2년 후인 1893년 말 사임하고 1894년 1월 8일 귀국하였다. 그가 본국으로 돌아간 후 2년이 채 못 되어 1895년 뉴욕에서 병사함으로써 북장로교 첫 희생자가 되었다.

1893년 11월에는 어빈의사(Dr. Charles. H. Irvin, 漁乙彬)가 내한했는데, 이듬해 3월 부산으로 와 브라운의 뒤를 이어 의료 활동을 전개했다. 그는 의료 활동 외에도 베어드와 함께 지역 순회활동에 동참하는 등 적극적으로 의료, 전도활동을 전개했다. 어빈은 이때로부터 1911년까지 약 17년간 선교사로 일하고, 그해 4월 1일자로 선교사직을 사임하였다. 그 후에는 부산 동광동 5가 영선고개에 어을빈의원을 개원하고 계속 부산에 체류하였다. 그는 가정생활이 원만치 못해 부인과 이혼했고, 양유식이라는 한국여인과 재혼했다. 42년간 한국에 체류했던 그는 1935년 부산서 사망하고 복병산에 묻혔다.

1895년 5월 29일에는 아담스(Rev. James E. Adams, 安義窩)부처

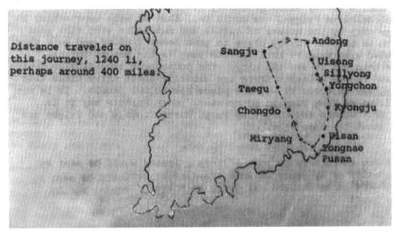

베어드의 순회전도 여행도

가 부산에 파견되었다. 배위량 선교사의 처남인 그는 생후 3개월 된 아들을 데리고 내한하여 부산선교부에서 2년간 일했다. 1897년에는 공식적으로 대구로 옮겨가 대구지부를 개척하였고, 1923년까지 한국 선교사로 일했다. 그의 아들 아담스(安斗華)는 아버지에 이어 제2대 선교사가 되었고, 계명대학교의 설립에 관여하였다.

그 후에는 로스 목사 부부(Rev. Cyril Ross, 盧世永, 1897-1902), 사이더보탐 목사(Rev. Richard H. Sidebotham, 史保淡, 1900-1909) 부부, 스미스 목사(Rev. Walter E. Smith, 沈翊舜, 1902-1912) 부부, 윈목사(Rev. George H. Winn, 魏喆治, 1909-1914) 목사 등이 부산 경남 지방에서 활동했다. 호주선교부와의 지역 조정으로 심익순은 부산 영선현과 부산의 서쪽 지역과 김해, 웅천, 마산, 창원, 칠원 지역을 담당했고, 위철치는 김해 서남쪽, 초계, 합천 등지를 맡았다.

북장로교는 선교지역 조정에 따라 1914년 부산, 경남지역에서 철수하였는데, 이때까지 23년간(1891-1914) 21명의 선교사가 부산에서 일했다. 이들 중 1897년 10월 11일 내한하여 부산지부에 배속되었던 시릴 로스와 1899년 11월 내한한 사이더보탐은 부산지방 3번째 교회인 제일영도교회의 발전에 기여한 인물로 알려져 있다. 비록 부산지부에 속해 있지는 않았으나 밀즈(Dr. Ralph G. Mills, 체한기간: 1908-1918)와 비거(Dr. John Bigger, 체한기간: 1911-1951)는 부산지방에 와서 어민들을 위해 의료봉사를 했던 의사들이었다. 이들의 봉사와 희생, 헌신의 결과가 오늘의 부산, 경남지역 복음화 운동의 기초가 되었다.

## 3. 호주장로교의 부산, 경남지방 선교

데이비스가 호주 장로교 첫 선교사로서 부산에서 선교사역을 시작하려고 하였으나 1890년 4월 5일 갑작스럽게 세상을 떠난 것은 이미 언급했다. 그러나 그의 죽음은 호주 빅토리아주 장로교회의 '장로교여전도교회 연합회' (PWMU)의 창립을 가능케 했고, 이미 결성된 '청년연합회' (YMFU)와 더불어 빅토리아 장로교회의 선교사 파송기관이 되었다. 결국 데이비스의 죽음은 호주 빅토리아 장로교회의 한국 선교의 시작이 되었다.

### 제2진 선교사들의 내한

데이비스를 이어 두 번째로 내한한 호주 선교사들은 청년연합회의 파송을 받은 제임스 멕카이 목사(James H. Mackay) 부부와 장로교여전도회 연합회의 파송을 받은 세사람의 미혼 여선교사, 곧 멘지스

멕카이 목사

(Belle Menzies), 페리(Jean Perry) 그리고 퍼 셋(Mary Fawcett) 등 다섯 사람이었 다. 이들 5명의 호주 선교사 들이 일본을 거쳐 부산에 도 착한 날은 1891년 10월 12일 이었다. 부산에 도착한 호 주 선교사들은 일본인 거주 지 내의 주택에 기거하면서 한국선교를 시작하였다. 그 러나 이들이 부산에 도착한 지 3개월 후인 1892년 1월 27 일, 멕카이 목사 부인 사라 (Sara)는 폐렴을 이기지 못하 고 세상을 떠나 호주 장로교의 두 번째 희생자가 되었다. 그의 시신은 복병산 데이비스 목사 옆에 안장되었다.

멕카이 목사와 미혼 여선교사들의 건강 또한 악화되자 하디선교사 는 이들을 자기 집으로 오게 하여 함께 그해 겨울을 지내도록 배려하 였다. 당시 하디의 집에는 4칸의 작은 방이 있었는데, 하디 부부와 두 아이, 베어드 부부, 멕카이 목사 그리고 세 사람의 미혼 여선교사 등 열 사람이 함께 생활했다. 멕카이의 건강이 호전되지 않아 의사였던 하디는 그의 귀국을 종용하였다. 그래서 멕카이는 아직 한국생활에 익숙하지 못한 세명의 미혼 여선교사들을 남겨두고 1892년 7월 4일 부산을 떠나 호주 멜버른으로 돌아갔고, 약 한 달이 지난 후인 1892

년 8월 3일 다시 부산으로 돌아왔다. 이 때 그는 장로교 여전도회 연합회의 4번째 선교사인 무어(Bessie S. Moore)와 함께 부산으로 돌아왔다.

부산으로 돌아온 멕카이 목사는 그해 10월 11일, 일본 나가사끼에 있는 성공회 교회당에서 동료선교사인 퍼셋(Fawcett)과 결혼하였고 퍼셋은 여전도회 연합회에 선교사 사임원을 전달했다. 당시 여전도회 연합회 선교사는 파송기간 동안 결혼할 수 없으며, 결혼할 경우 선교 사직을 사임하도록 규정되어 있었기 때문이다.

### 선교거점의 확보와 후속 선교사들

당시 부산은 크게 3지역으로 구성되어 있었다. 첫째는 해안지역 (port)인데 당시 3,500여명의 한국인이 거주하고 있었다. 둘째는 초량 지역인데, 이곳에도 약 3,500여 주민이 살고 있었다. 셋째는 부산진이 었는데 이곳의 거주인은 3,500-4,000명에 달했다.

호주 선교사들이 부산에 도착한 이후 처음에는 일본인 거주 지역에서 살았으나, 1893년 4월에는 초량지역에 약 600평의 땅을 매입할 수 있게 되었고, 또 여선교사들은 1892년 말경에 부산진의 한옥과 땅을 매입할 수 있게 되었다. 그래서 멕카이 목사 부부는 초량으로, 여선교 사들은 부산진으로 이주하였는데, 초량과 부산진이 호주 선교부의 거점이 되었다. 후일(1909) 선교지 조정에 의해 호주 선교부는 초량지역을 북장로교 선교부에 넘겨줌으로써 부산진 지역, 곧 지금의 동구 좌천동 686번지 일대가 호주선교부의 부산, 경남지역 선교의 거점이 되었다.

호주선교부는 처음에는 부산의 두 지역, 곧 초량과 부산진에서 사역을 시작했는데, 초량에는 청년연합회가 파송한 남자선교사 멕카이와 아담슨 가족이, 부산진에는 여전도회 연합회가 파송한 미혼 여선교사들이 거주함으로써 두 개 지역에서 사역을 시작한 것이다. 그 후에 초량지역은 북장로교 선교부로 이관되고, 부산의 경우 부산진과 고관, 동래 지역 등 부산의 동남지역이 호주관할이 된다. 그래서 지금까지도 부산진의 좌천동 지역, 곧 지금의 일신병원, 부산진교회, 그리고 구 선교관 등이 있는 이곳은 호주 선교부 관계 기관의 중심지가 되었다.

### 내한하는 선교사들

멕카이 목사가 한국을 떠난 지 2년 후인 1894년에는 페리도 장로교 여선교회 연합회 선교사직을 사임하였고, 고아와 맹인들을 위해 독립적으로 사역하기로 하고 서울로 갔다. 페리가 호주 선교부를 떠난 이유에 대해서는 분명한 기록이 없으나 호주 선교부의 신학, 혹은 선교정책에 견해를 달리했던 것으로 보인다. 빅토리아주 장로교 여전도회 연합회는 페리가 은퇴하자 그의 후임으로 브라운(Agnes Brown)을 임명하였고, 그는 1895년 12월 부산에 도착하였다. 브라운은 일반적으로 롤란드 관 혹은 여교역자 훈련원(Deaconess Traning College)이라고 불렸던 여성 교회지도자 혹은 선교사 훈련원을 수료한 후 한국에 파송된 첫 선교사였다. 브라운은 앞서 파송된 멘지스, 무어와 함께 부산에서 사역하였고 1907년 왕길지(Rev. G. Engel) 선교사와 결혼하였다. 후일 남편을 따라 평양으로 이거하였고, 1937년 한국에서 은퇴하였다.

멕카이 목사 부부와 페리의 사임으로 1891년 한국에 왔던 다섯 명의 선교사 가운데 오직 멘지스만이 부산에 남았다. 멘지스는 1892년 파송된 무어, 멕카이 목사에 이어 청년연합회의 파송으로 1894년 5월 20일 부산에 온 아담슨 목사(Rev. Andrew Adamson, 孫安路), 그리고 1895년에 파송된 브라운과 더불어 1890년대의 호주 선교부를 이끌어 갔다.

특히 아담슨은 경남지방 선교와 교회 설립에 크게 기여한 인물이다. '영국 장로교회' 출신으로 '대영성서공회'(The British and Foreign Bible Society)소속 선교사로 중국에서 5년간 일한 바 있는 아담슨은 유능한 선교사였다. 그는 건강상의 이유로 선교지를 떠나 런던에 돌아와 휴양하던 중 호주 장로교회 선교부와 접촉하게 되었고, 호주장로교 선교사로 입허 되어 한국으로 오게 된 것이다. 부산 초량에 거하게 된 아담슨은 이때로부터 1914년 한국에서 은퇴할 때까지 20년 동안 부산(1894-1909)과 마산(1910-1914)지부에서 봉사하였다. 아담슨은 부산 초량을 중심으로 마산, 거제도 등 경남지역을 순회하며 순회 전도와 호주 선교부의 정착을 위한 제반 업무를 담당하였다. 내한 초기부터 그는 앞서 내한한 여선교사들과의 갈등으로 정신적 아픔을 겪기도 했다.

이렇게 시작된 호주 장로교회 한국선교는 부산을 중심으로 하여 경남 일원으로 확대되었고, 1891년 부산지부에 이어 1905년에는 진주에, 1911년에는 마산에, 1913년에는 통영(현 충무)과 거창에 선교지부를 설치함으로 선교운동을 확대해 갔다.

부산진지부(1891)는 부산, 초량일원, 동래, 울산, 언양, 양산, 김해, 밀양, 창녕, 기장, 울릉도 지역을 맡았고, 진주지부(1905)는 진주일원,

사천, 곤양, 하동, 남해, 삼가, 산청, 의령을 맡았다. 마산지부(1911)는 마산일원, 함안, 칠원, 창원을, 통영지부(1913)는 통영일원, 거제, 고성, 진해, 용남(통영군)을, 거창지부(1913)는 거창일원, 안의, 함양, 합천, 초계 지역을 맡아 사역하였다.

## 4. 부산경남지방에서의 교회, 교회설립

부산에서의 초기 교회는 선교부와 관련되어 설립되었다. 호주장로교회는 부산진 좌천동에서 일한 결과 부산진교회가 설립되었고, 북장로교선교부는 지금의 영주동, 초량지역인 영선현에 주거를 정하고 활동한 결과 초량교회가 설립되었다. 흥미로운 점은 부산의 3번째 교회인 영선정교회(제일영도교회)는 선교사가 아닌 한국인 김치몽(金致夢)에 의해 설립되었다는 사실이다. 즉 부산에서의 교회는 부산진

1914. 9월 당시 호주선교사 일동

의 부산진교회(1892), 초량의 초량교회(1893), 영도의 제일영도교회 (1896), 대신동의 항서교회(1905)가 초기 교회인데, 이 4교회를 보통 '4초 교회'라고 부른다. 그 후 여러 곳에 교회가 설립되어 동래지역에는 동래교회(현 수안교회, 1905)와 구포교회(1905)가, 기장에는 기장교회(1905)가, 양산에는 양산교회(1906)가 설립되었다. 이어 교회 설립은 경남지방으로 확산되었다. 울산병영(1895), 밀양마산(1896), 마산문창(1903), 진주(1905), 창원 가음정(1906) 등의 교회가 설립되었다.

1945년 당시 부산시내의 (장로)교회는 23개 처였고, 다른 교파의 교회는 없었던 것으로 보인다. 1950년 말 부산의 장로교회는 49개 처에 지나지 않았고, 교역자는 목사가 10명, 전도사가 23명, 합 33명으로 보고되어 있다. 다른 교파의 교회는 불과 손꼽을 정도였으므로 부산지방의 교회는 60개 미만의 교회가 있었을 따름이다.

1949년 당시 부산경남 지역의 교회수는 부산과 동래지역 31개처, 양산군 6개처, 울산군 15개처, 밀양군 18개처, 김해군 21개처, 마산 4개처, 창원군 27개처, 함안군 15개처, 창녕군 12개처, 진주, 진양군 16개처, 의령군 12개처, 고성군 12개처, 사천군 8개처, 하동군 9개처, 남해군 8개처, 산청군 6개처, 거창군 18개처, 함양군 12개처, 합천군 6개처, 통영군 42개처, 총 289개처에 달했다.[9] 1951년 4월 당시에는 344개처 교회로 성장했다.[10]

6.25동란과 부산에로의 피난인구의 집중은 급격한 인구 증가를 가져왔고, 이 지방교회 또한 급속도로 증가되었다. 그 결과 다수의 교회가 1950년대 초에 설립되었다. 이 때 다수의 교회가 설립된 이유는 크

---

9) 기독청년면려회 경남연합회가 펴낸 "1949년 6월 경남노회소속 교회명부"에 근거함.
10) 기독청년면려회 경남연합회가 펴낸 "1951년 4월 경남노회 교회 급 교역자 명부"에 근거함.

게 세 가지 이유로 설명될 수 있다.

첫째는 1950년대 초에 한국교회, 특히 장로교회의 분열이 있었기 때문이다. 해방 후 대립과 혼란 가운데 있던 교회는 1952년 고신교회가, 1953년에는 기장교회가 분립되었는데, 이 분열의 여파로 교회가 분립하거나 새로 설립된 교회들이 많게 되었다. 이것은 비단 부산의 경우만은 아니다. 가까운 대구 지방의 경우도 동일했다. 이런 경우의 대표적인 교회가 부산 삼일교회라고 할 수 있다.

둘째는 한국전쟁의 결과로 다수의 외지인들이 부산으로 유입되어 옴으로서 기독교인구의 증가는 새로운 교회를 필요로 하게 된 것이다. 한국전쟁이 발발한 이후 부산은 최후의 거점이었고, 피난민들은 현세에서의 고난을 신앙 안에서 극복하고자 했던 종교적 각성이 교회 설립에 영향을 끼쳤다고 볼 수 있다.

셋째로는 월남인구의 증가로 볼 수 있다. 피난민과 함께 다수의 월남인들이 부산에 정착하게 되는데, 이들은 새로운 정착지에서 교회를 설립하거나, 북한에 두고 온 교회를 재건하는 경우가 많았기 때문이다. 그 대표적인 교회가 부산의 영락교회, 산정현교회, 대성교회, 대청교회, 부산서교회 등이다. 월남한 기독교인들이 실향의 아픔을 신앙 안에 수용하고자 했으므로 정서적으로 별도의 교회를 설립하고자 했던 점도 이해할 수 있다.

## 5. 부산경남지방의 신앙 전통

부산경남지방의 신학전통에 대해서는 한마디로 말할 수 없다. 이 지방에도 다양한 신학과 신학적 견해를 달리하는 여러 교파와 교단이 혼재해 있기 때문이다. 그러나 대체적으로 말하면 부산, 경남지방은 고신교단의 모체지역으로서 고신교단이 추구해 온 복음주의적인 성격이 강했다. 이 점은 지역적 보수성과 함께 이 지방 신학적 특성을 형성해왔다고 할 수 있다. 그러나 차츰 고신 이외의 장로교회와 다른 교단들이 교세를 확장하여 현재는 장로교회의 경우 고신, 합동, 통합이 거의 비슷한 교세를 접하고 있고, 신학적으로도 다양성을 보여주고 있다. 이런 점에서 이 지역의 신학적 특성을 말하기 보다는 신앙적 특성을 말하는 것이 보다 자연스러운 일이다.

이 지방은 신사참배가 제기되었을 때 가장 강하게 반대했던 지역이고, 또 다른 지방 보다 많은 순교자가 배출되었다. 후에 소개하겠지만 이곳 출신 순교자들로는 서성희, 손양원, 이현속, 주기철, 조용학, 최상림 등을 들 수 있다. 또 이곳에서 많은 이들이 신사참배를 반대하고 투쟁하였다.

그렇다면 신사참배 반대운동이 왜 부산 경남지방에서 강하게 일어났는가? 이것을 호주 선교부의 영향이라고 볼 수 있는가? 호주선교부가 부분적으로, 그리고 선교사 개인적으로 영향을 준 것은 사실이다. 호주 선교사 중에서 마라연(Ch. McLaren), 추마전(Trudinger), 그리고 테매시(Tait) 등은 신사참배 반대운동을 지원하였던 대표적인 인물이다. 신사참배 반대자들은 이들로부터 영향을 받았던 점은 분명하다. 그 외에도 특출한 지도자들의 영향이 컸다고 할 수 있다. 최상림, 주기철, 최덕지, 한상동 등과 같은 지도자들의 영향이 컸다. 신학외적인 요인 가운데 '경상도 기질'도 영향을 주었을 것이다. '경상도 기질'이란 한 길로 가는 우직성(fortitude), 믿는 신념이나 신앙도리를 끝까지 인내하면서 지키고자 하는 충직성(loyality)과 같은 정절, 의리나 신의, 끈기 있는 일관성, 쉬 마음을 변치 않는 정신 등으로 설명될 수 있는데, 이런 기질이 신앙적으로 연결되어 초지일관 우직하게 믿음을 지키려는 신앙운동에 영향을 주었을 것이다. 이와 같은 지역민의 기질이 신사참배를 우상숭배로 보는 신앙적 확신과 결부되어 신사참배를 강하게 반대한 것으로 볼 수 있다.

다른 한 가지 비 신학적 요인으로는 부산, 경남 지역은 일본과 가장 인접해 있는 곳이고, 부산은 일제의 조선 침략의 관문(enterence)이자 거점(base)이었다는 점이다. 그래서 부산, 경남지역 사람들은 일본의 침략이나 일본에 의한 전쟁을 가장 먼저, 그리고 직접적으로 경험하였다. 바로 이런 이유 때문에 이 지역 사람들은 일본에 대한 반감이 깊었다고 볼 수 있다.[11] 이 지역은 역사적으로 일본의 거듭된 침략을 받았기 때문에 신사참배 강요에 대해서도 가장 민감하게 반응하였고 결국 이에 대한 반대도 강했다고 볼 수 있다. 이런 점들이 선교부의 영향 외의 저항의 배경이었고 이런 점들이 이 지역 신앙적 특성이었다고 볼 수 있다.

## 맺으면서: 부산경남 지역에서의 치리회의 발전

이제 경남지방으로의 기독교 전래에 대한 이 글을 마감하면서 이 지방에서의 치리회(治理會)의 조직과 변천에 대해 정리해 두고자 한다. 앞서 언급한 바처럼 부산, 경남지방은 1890년대부터 미국 북장로교회 선교부와 호주 장로교 선교부가 공동으로 선교하여 왔다. 1893년 1월에 회집되었던 장로교 선교 공의회(Council of Missions Holding the Presbyterian Form of Government)에서도 부산지방은

---

11) 특히 신사참배가 강하게 일어난 진주의 경우 1902년까지는 일본인이 거주하지 못했다. 이곳에 경남도청이 있었으나 진주사람들이 일본에 비 협조적이라 하여 1925년에는 경남도청을 부산으로 옮기기도 했다.

North Kyeng Sang Province
미북장로교와 호주장로교 선교부 간의 선교지역 분담도(1903. 10. 20)

미 북장로교와 호주장로교가 연합으로 선교하도록 합의하였다. 그러 다가 1900년대를 경과하면서부터 양 선교부 간에 빈번한 선교지역조 정을 위한 협의가 이루어졌는데, 1901년에는 '지역 분담을 위한 특별 위원회'를 구성하였고, 1903년 10월 20일에는 양선교부가 합의하여 낙동강을 경계선으로 남서쪽, 곧 울산, 기장, 언양, 양산, 거제, 진해, 고성지역은 호주 장로교 선교부가, 동북쪽, 곧 김해, 웅천, 밀양, 영 산, 창녕, 칠원, 창원 등지는 북장로교 선교부가 맡기로 하였다.

그리고 부산, 동래, 마산지역은 양선교부의 공동구역으로 하였다. 1909년 양선교부는 선교지역 분담에 대한 재조정을 합의하였다. 호주 선교부가 경남지방의 동부지역과 마산지역을 담당하는 대신 초량지역 은 북장로교에 이양하기로 합의하였다. 그러나 부산진, 고관, 동래 등지는 호주장로교의 선교지역으로 합의되었다. 그래서 인구를 중심으로 말할 때 호주선교부는 부산, 경남지방의 150만 인구 중 100만명을 선교대상으로 하게 되었다.

1913년에 회집된 북장로교선교부의 연례회의에서는 부산, 경남지방에서 완전히 철수하기로 결정하므로써 1914년 이후 부산, 경남지역은 전적으로 호주선교부의 선교지역이 되었다. 그래서 호주 선교부는 기존의 부산, 동래, 마산지역(1909) 외에도 진주(1905), 거창(1911), 통영(1911) 등지에도 선교지부(Mission Stations)를 설치하고 경남지역 선교를 확대해 갔다. 그러므로 1914년 이후 부산 및 경남지역에서의 기독교운동은 호주선교부와의 무관하지 않다.

부산지방에서의 치리회(治理會)의 구성과 변천은 다음과 같다. 1900년대까지는 선교사 중심으로 '선교공의회'(宣敎公議會)로 있었으나 1907년 9월 17일 한국교회 최초로 장로교 '독로회'(獨老會)가 조직되었다. 이때 이 부산, 경남지방 교회는 경상대리회(代理會, Sub-presbytery) 관할 하에 있었다. 그래서 이때(1907–1912)를 가리켜 '경상대리회 시대'라고 말한다.

1912년 1월 6일 부산진교회에서 목사 18명, 장로 18명이 모인 가운데 경상대리회는 '경상노회'로 개편되었다. 그리고 이해 9월 평양에서 '대한예수교 장로회 총회'가 조직되었다. 부산 경상도의 교회들은 다 경상노회 관할 하에 있었기에 이 때(1912–1916)를 보통 '경상노회 시대'라고 한다.

그 후 1916년 평양 서문밖교회에서 열린 장로교 제5회 총회에서 경상노회가 헌의한 노회분립안이 가결되어 1916년 9월 20일 부산 일신여학교 강당에서 기존의 경상노회를 분리하여 '경남노회'를 조직하였다. 이때로부터 부산과 경남의 교회들은 경남노회에 소속되어 이 노회의 치리 하에 있게 된 것이다. 다시 말하면 해방 당시까지 이 지방교회는 경남노회 관할 하에 있었다.

해방과 함께 부산지방에서는 친일 청산을 둘러싼 대립이 심화되어 교회가 분열되었고, 1950년대 3차례의 장로교 분열을 통해 각기 다른 다양한 치리회로 변천을 겪어왔다.

## ～ 제 1 장 ～

# 부산경남지역 복음화의 선구자들

1900년대 초의 부산진 동구 좌천동 일대

# 1. 서상륜 1848-1926, 서경조 1852-1938
### 부산경남지방 첫 순회 전도자들

부산지방 첫 전도자였던 서상륜

부산 경남지방에서의 기독교와의 접촉은 외국선교부와 그 선교사들로 시작되지만 이 지역에서의 최초의 공식적인 순회 전도자는 서상륜(徐相崙, 1848-1926)과 서경조(徐景祚, 1852-1938) 형제였다. 이들은 의주 출신으로 황해도 장연군 대구면 송천리에 설립된 송천교회(松川敎會), 곧 소래교회의 초석을 놓은 이들이지만 이 두 형제는 부산경남지방 최초의 전도자였다는 점을 아는 이들이 많지 않다.

이 두 형제는 1892년(서상륜)과 1893년(서경조) 부산에서 윌리엄 베어드와 함께 동역하면서 전도자의 길을 갔다는 점에서 이들은 경남지방 기독교운동의 선구자라고 할 수 있을 것이다.

## 서상륜, 서경조의 입신과 활동

평북 의주 출신인 서상륜은 몰락한 양반가문의 장남이었다.[1] 일찍이 부모를 여의고 일찌감치 장삿길에 들어선 그는 만주를 왕래하면서 홍삼장사로 생계를 이어가고 있었다. 그는 한문과 중국어에 소양이 있어 만주지방을 거점으로 상업에 종사하게 된 것이다. 그가 30세 되던 1878년에는 동생 경조와 함께 상업차 잉커우(營口)에 갔을 때 열병 장티푸스에 걸려 생명이 위태로운 지경이었다. 이때의 일에 대해 서상륜은, "나는 1878년 무인(戊寅)에 아우와 함께 장사 차 잉커우(營口)에 갔다가 열병에 걸려 위지사경(危至死境)이 되었다"고 했다.

이때 만주주재 스코틀랜드연합장로교회 선교사인 존 매킨타이어(John MacIntyre, 馬勤泰, 1837-1905)의 도움으로 아일랜드 교회가 1869년 만주에 파송한 의료선교사 헌터(Joseph M. Hunter ?-1884)가 경영하는 병원에서 치료를 받고 선교사와 접촉하게 된다. 이때 감명을 받은 서상륜은 1879년 만주 뉴좡(牛莊)에서 존 로스(John Ross, 羅約翰, 1841-1915) 목사에게 세례를 받음으로써 한국 최초의 개신교

---

1) 차재명은 『조선예수교 장로회 사기』에서 (pp.7-8) 초기 한국인 수세자들에 대해 다음과 같이 소개하고 있다. "一八七三年 (癸酉)頃이 我國商民이 中國奉川에 往하얏다가 英國 스카트란드 長老會 宣敎師의게 福音을 始聞하엿고 一八七六年(丙子)에 我族數人이 奉川 宣敎師 매킨다일의게 洗禮를 밧고 其後에 該宣敎師의 指導를 밧아 金鎭基, 李應贊 數人은 奉川에 滯在하야 漢文福音을 鮮文으로 飜譯하야 木版으로 印刷하고 徐相崙 李成夏等은 本國 賣書로 任命되야 潛縱으로 傳道케 할새 徐相崙氏난 先히 義州로 潛入하다가 鳳凰城 柵門에 至하야 當時 巡捕의게 搜索되야 聖書가 露出된지라. 卽時 別定所에 拘禁되니 當時 國禁에 依하면 生命이 危境에 至하얏더니 適其 戚屬인 本府執事 金孝順이 此를 見하고 驚愕周施하야 當夜四更에 貰馬馳送으로 死地를 逃脫케 하니라. 後에 京城에 潛到하야 福音傳布키를 經營하더니 奉天 宣敎師 로스 요한이 上海 聖書公會에 委託하야 鮮文으로 譯刊한 聖經 六千餘本을 朝鮮 京城 徐邸에 輸送케 한것이 仁川 海關에서 發覺되야 押收하고 不測의 事가 生케되엿더니 適其時 外衙門協辦 穆仁德의 婦人은 篤實한 信者라. 傳道에 有意하더니 로스 牧師의 致書囑托으로 穆協辦이 徐相崙을 密招하야 事由를 聞知하고 政府에 善言하야 無事이 되엿스며 書箱은 徐邸에 送致됨으로 徐君은 隱密히 傳道에 從事하다가 其後에난 元杜尤牧師의 來京을 機會로 하야 京城에셔 傳道의 門이 漸開케 되니라."

신자가 되었다. 이해에 역시 의주 청년들인 이응찬(李應贊), 김진기(金鎭基), 이성하(李成夏), 백홍준(白鴻俊, 1848-1893) 등도 매킨타이어 목사에게 세례를 받았다. 이것이 한국인의 첫 수세였다.

한국인으로 세례 받은 첫 신자들 중의 한 사람인 그는 존 로스와 매킨타이어의 성경번역 작업에 깊이 관여하였다. 1882년 3월과 5월 선양(瀋陽)의 '문광서원'에서 〈예수성교 누가복음 젼셔〉와 〈예

초기 한국교회 조사인 백홍준(좌),
조명호(우)와 서경조(중)

수성교 요안ᄂᆡ 복음젼셔〉가 각각 간행되었을 때 이 책을 지니고 압록강변에서 전도활동을 전개한 바 있다. 1883년에는 로스의 부탁으로 이 단권 복음서를 가지고 국내로 잠입하던 중 짐 속의 성경이 발각되어 체포되기도 했다. 그러나 먼 친척인 김효순(金孝順)의 도움으로 석방되어 의주(義州)로 돌아왔다. 그러나 위험을 느끼고 동생 서경조와 함께 외가가 있는 황해도 장연군 대구면 송천으로 이주하여 복음서를 반포하고 전도하였다. 그 결과로 1883년 이곳에 한국에서의 최초의 교회인 송천교회, 곧 솔내(소래)교회가 설립된 것이다.

서상륜과 동생 서경조는 소래교회의 중심인물로 활동하였고, 소래
교회가 예배당을 건축하게 되었을 때 언더우드는 선교부에서 건축기
금을 후원하고자 했으나 서상륜을 비롯한 소래교회 신자들은 "우리
가 우리의 예배당을 세우면서 외국인의 원조를 받는 것은 부끄러운
일이라며 거절하였고, 후세에도 떳떳하지 못하다"고 정중히 사양하였
다. 언더우드는 그 뜻을 존중하면서 서양의 등인 램프 5개를 교회에
기증하였는데 그 불빛이 얼마나 밝았는지 온 동리를 밝혔다는 일화가
남아 있다.

그 후 서상륜은 서울에서 전도하기로 다짐하고 서울로 이거하였다.
그의 전도 대상은 상업에 종사하고 있는 고향친구들이었다. 그의 전
도가 열매를 맺어 1887년 서울에 새문안교회가 세워질 당시, 설립자
14명 중 13명이 서상륜의 전도로 신자가 된 이들이었다. 그는 새문안
교회에서 백홍준과 함께 한국 최초의 장로로 선출되었다. 그러나 서
상륜은 장로직을 받아드리지 않았다. 물론 기독교로 개종하기 전의
일이지만 부모가 정해준 부인을 소박(疏薄)한 일에 대하여 자책하고
스스로 장로직을 사양한 것이다. 후에 소래에서 서울로 옮겨 온 동생
경조는 1887년 봄에 언더우드에게 세례를 받고(혹은 1887년 가을 소
래에서 언더우드를 통해 세례 받았다는 주장도 있음), 1888년부터 언
더우드의 조사 및 권서인으로 황해도 장연지방에서 활동했다.

### 서상륜 형제의 부산에서의 전도활동

1887년 9월 27일 언더우드에 의해 서울에 새문안교회가 설립될 때
설립에 참여하고 조사로 활동했던 서상륜은 1892년 5월 윌리엄 베어

드의 요청으로 부산으로 와 그와 동행하며 전도자로 일했고, 서경조는 1893년 4월 초 부산으로 와 윌리엄 배어드와 함께 전도여행에 동참하였다.

이 책 서장에서 언급했듯이 1891년 1월 내한한 윌리엄 베어드(William Martyn Baird, 裵緯良, 1862-1931)는 부산(1891-5), 대구(1895-6), 서울(1896-7), 그리고 평양(1897-1931) 지방에서 사역했던 북장로교 선교사인데, 부산지부와 대구 지부를 개척했고, 평양에 숭실학교를 설립하는 등 한국교회에 크게 기여했던 선교사였다. 특히 그는 부산지부를 개척하며 부산에 주제했던 최초의 북장로교 선교사로서 부산에서 체류하는 동안 경상도지역을 순회하며 개척전도자로 활동했다.

즉 그는 1891년 9월 주한 미국 영사관 관리(Mr. A. Heard)의 특별한 배려로 일본인 거주지 밖의 영선현(瀛仙峴)[2]의 '세 필지의 땅'(three parcels of land)을 '외국인 거주지'(Foreign Settlement)란 이름으로 매입했는데, 이곳은 초량 왜관을 약간 벗어난 곳으로 항구가 배려다 보이는 언덕배기 땅이었다.[3] 바로 이곳에 1891년 9월 24일부터 선교관을 짓기 시작했고, 선교관은 1892년 6월 경 완공되었다. 이 건

---

2) 지금의 대청동과 영주동 사이의 고갯길터(일명 영선고개)인 이곳을 영서현(暎署峴)이라고도 한다. 그러나 이곳을 '영선'이 아니라 '용선'(容膳)이 옳다고 보는 이도 있다. 그것은 일본 사람들을 고관에 이주시킨 후 1년에 몇 차례씩 감령(監領)과 선물교환이 있었는데 이 선물을 주고받는 것을 용인(容認)한다는 뜻에서 유래한 이름이 용선현(容膳峴)이라고 주장한다. 그래서 일본 사람들과의 물물교환, 향연소(饗宴所)를 이곳에 두었으며, '용선고개' 밑에 동관문(東關門)이 있었다고 한다. 선물을 주고받을 때는 감영의 허가가 필요하고 통역관이 여기까지 와서 입회했기 때문에 "용선고개"라고 했다고 한다(이상규, 『부산지방기독교전래사』, 50). 『朝鮮예수교長老會 史記』, 上(조선예수교 장로회 총회, 1928), 22면에서는 이곳을 '영서현'이라고 기록하고 있다.

3) 베어드는 이 땅을 두 번 사야했다고 한다. 첫 번째는 '외국인 거주지'(foreign quarter)로 사용하기 위해 정부로부터 이 땅을 샀고, 두 번째는 이 땅의 실 소유자에게도 땅 값을 지불했다고 한다. R. Baird, *William. M. Baird of Korea, a Profile*(1968), 21.

물이 1887년에 세워진 세관 건물에 이어[4] 부산에 세워진 두 번째 서양식 건축이었다.

베어드는 이곳에 거주하면서 순회 전도, 곧 "현지 탐사와 전도여행" (exploratory and evangelistic journey)[5]을 다녔는데, 첫 번째 여행은 1892년 5월 18일부터 시작되었다. 이 때 선교부의 도움으로 서상륜(徐相崙)이 부산으로 와 베어드와 동행하게 되었다. 즉 서상륜이 부산에 온 것은 베어드가 부산에 도착(1891년 9월초)한지 약 8개월이 지난 1892년 5월 15일이었다. 그는 부산에 온지 3일 후인 5월 18일부터 베어드와 동행하며 경상도지역을 순회하기 시작하였다. 이때 이들은 김해, 창원, 마산, 진해를 거쳐 고성, 통영지방까지 답사하였다. 서상륜은 베어드와 함께 이들 지역을 순회하며 조수로서, 통역관으로서, 보호자로서 혹은 매서 전도자로 봉사했다. 그러나 서상륜이 부산서 일한 기간은 한 달밖에 되지 않았다. 건강이 좋지 못하여 그는 1892년 6월 17일 서울로 돌아갔다.[6] 그러나 이것이 그의 부산을 거점으로 경상도 지역에서의 공식적인 전도활동이었다.

베어드의 1893년 4월 17(월)일부터 5월 20일까지 제2차 순회전도 여행을 떠나게 되는데 이 여행은 경상도 북부지방을 순회하는 400마일의 여정이었다. 이 여행에서는 서상륜의 동생 서경조(徐景祚)가 동행하게 되는데, 윌리엄 베어드의 고용인 박재용, 그리고 두 사람의 마부도 동행하였다. 서경조는 베어드의 요청을 받고 건강이 좋지 못한 형을 대신하여 1893년 4월 초순 부산으로 오게 된 것이다. 베어드는 서

---

4) R. Baird, 19.

5) R. Baird, 28-9.

6) R. Baird, 13.

경조의 도움을 받으며 4월 15일 부산 선교관을 떠나 4월 17일(월요일) 동래를 거쳐 경상도 북부지방으로 향하여 범어사(19일, 수요일), 양산 읍내, 물금, 밀양(20일, 목요일), 청도(21일, 금요일)를 거쳐 대구에 도착하였고(22일, 토요일), 칠곡, 성주를 거쳐 상주(28일, 금요일), 풍산(5월 4일, 목요일), 안동(5일, 금요일), 영천(8일, 월요일), 의성(12일, 금요일)을 거쳐 5월 13일(토요일)에는 경주에 도착하였다. 다시 여행을 계속하여 울산(18일, 목요일)을 거쳐 부산에 도착하였다.[7] 이 기간 동안 서경조는 베어드와 함께 한 달 가량 약 1,200리의 거리(400마일 정도)를 여행하면서 문서를 배급하며 개인 접촉을 시도했다. 이때의 일을 서경조는 이렇게 회고했다.

> 일천팔백삼년 春에 고윤하의 솔권ᄒᆞ야 가ᄂᆞᆫ 륜선을 갓치 ᄐᆞ고 부산에 ᄂᆞ려가셔 수삭 동안 잇다가 젼도ᄎᆞ로 빅목ᄉᆞ와 ᄀᆞᆺ치 량산으로 대구로 룡궁으로 안동으로 젼의로 경쥬로 울산으로 동리로 도라오ᄂᆞᆫᄃᆡ 대구셔는 령째라 ᄎᆡᆨ 권이나 주엇스나 젼도는 홀 수 업더라. 디명은 미샹ᄒᆞ나 부산셔 밋기로 작졍ᄒᆞᆫ 一人을 차즈니 셩명은 김긔원이라. 죵쳐 병이 즁ᄒᆞᆫ 것을 보고 위로를 ᄒᆞ고 셥셥이 써나니라. 샹쥬에셔 四五日 류ᄒᆞ며 젼도ᄒᆞᄂᆞᆫᄃᆡ 일일은 향교에 가셔 지쟝의게 젼도ᄒᆞ고 덕혜입문 ᄒᆞᆫ 권을 주고 왓더니 그 이튿날 도로 가지고 와셔 잘 보앗노라 하고 도로 주고 가더라. 경쥬에셔도 四五日 류ᄒᆞᄂᆞᆫᄃᆡ 젼도는 잘 홀 수 업고 구경군의 욕셜과 관

---

7) 이상과 같은 베어드와 서경조의 순회일정은 베어드의 일기(Diary of William Baird)에 기초함. 일기 원본은 미국 필라델피아의 장로교 역사관인 Presbyterian Historical Society에 보관되어 있다.

인들의 놀님가음만 되고 도라오니라. 도라온 후로 별안간
집으로 올몸이 나셔 회심홀 수 업는지라. [8]

서경조는 "전도는 잘 홀 수 업고 구경군의 욕셜과 관인들의 놀님가
음만" 되는 어려운 상황을 경험하고 낙담했다. 아마 이런 어려움이 3
개월 후 부산을 떠나게 된 요인으로 보인다. 그는 1893년 6월 4일 베
어드의 사랑방에서 회집한 최초의 공식모임, 곧 초량교회의 시작이라
고 볼 수 있는 집회에 참석하는 등 베어드의 어학선생이자 동역자로
활동했으나 부산에 온지 약 3개월 후인 8월 5일 서울로 돌아갔다. [9]

형인 서상륜은 성격이 활달하며 사업가적인 기질을 지닌 외향적인
인물인 반면에, 동생 서경조는 조용하고 내향적인 성격의 인물로서
조용하고 사려 깊은 학자풍의 인물이었다. 비록 부산에서 활동한 기
간은 길지 못했으나 서상륜과 서경조는 이 지역 초기 전도자로 활동
했다. 그렇다고 해서 이것이 부산경남지방에서의 전도활동의 전부는
아니었다. 서상륜은 그 후에도 부산으로 와 베어드를 도와 부산경남
지방 복음화를 위해 기여하였다. 윌리엄 베어드는 1895년 1월 자신의
사랑방에서 경남지방에서 처음으로 한문학교를 설립했는데, 서상륜
은 이 일에도 관여하였다. 이 학교는 부산에 있는 소년들을 위한 학교
(School for boys of primary grade)라고도 불리지만, [10] 흔히 '한문

---

8) 서경조, "徐景祚의 傳道와 松川敎會 設立歷史," 93-4.

9) Diary of Baird, 5, Aug., 1893. 리차드 베어드는 어학선생이자 매서전도자로 베어드와 동
   역했던 서경조가 "건강이 좋지 못하여 부산에 온지 두 달 만인 6월 16일 부산을 떠나 서울
   로 돌아갔다."고 기록했으나(R. Baird, 13) 오기인 것 같다. 베어드의 일기를 보면 그해 8월
   5일까지 함께 일했음을 알 수 있다. 따라서 서경조의 부산 체류기간은 약 3개월이었다.

10) R. Baird, 14, 44; Edith Kerr and G. Anderson, 46. 이 학교에 대한 자료의 결핍으로 더
    이상의 정보를 학인할 수 없다.

서경조 목사 내외와 가족

서당'(The Chinese School)으로 불렀다. 당시 모든 한국인 부모들이
자식들에게 한문을 가르치기를 원했기에 이런 이름을 사용했던 것으
로 보인다. 이 학교는 한문 외에도 조선어, 산수, 지리 등과 더불어 성
경을 가르쳤고, 매일 예배를 드렸다. 첫 학생은 5명이었으나, 그해 2월
중순경에는 20여명으로 불어났고, 베어드의 어학선생이었던 서초시
는 교사로 임용되었다.[11] 이 때 서상륜이 내부하여 학교설립과 운영
에 도움을 주었고, 동료 한국인 고윤하와 함께 베어드와 동역한 것으
로 보인다.

서상륜은 상경한 이후에도 한국교회 복음화를 위해 일생을 헌신하
고 1926년 12월 16일 하나님의 부르심을 받았다. 그의 장례는 장로

---

11) Diary of Baird, 2, June 1985.

교총회장으로 치러졌고 장지는 장연군 대탄리에 안치되었다. 서상륜에게는 자녀가 없었다. 동생 서경조의 아들 서병호를 양자로 입적하였다.

서상륜의 동생 서경조는 평양의 장로교신학교 제1회 졸업생으로 1907년 9월 한국 최초의 목사 7인 중 한 명으로 활동하다가 1911년에는 새문안교회에서 시무했다. 1919년에는 대한민국 임시정부요원으로 활동하던 독자 병호를 따라 상하이로 이주하여 여생을 보내던 중 1938년 7월 27일 하나님의 부르심을 받았다. 그의 아들 서병호(1885-1972)는 한국 최초로 유아세례를 받았는데, 후일 독립운동가로 활동했다. 또 서울의 새문안교회 장로로써 경신학교 교장을 역임했다. 서병호의 아들 서재현(1907-1999)는 해군 재독이자 독립운동가였고 역시 새문안교회 장로를 역임했다. 그의 아들이 서원석(1947- ), 서경석(1948- ) 등이다. 말하자면 건실한 사회운동, NGO 단체를 이끌며 중국동포교회를 목회하는 서경석 목사는 한국 최초의 목사인 서경조의 증손인 셈이다.

## 2. 고학윤 1853-1937
### 부산경남지방 첫 전도자, 선교사의 조사

미국 북장로교 사보담 선교사와
고학윤 조사

부산 경남지역에 믿는 자들이 일어나고 교회가 세워진 것은 외국인 선교사들의 도래와 활동이 주효한 역할을 한 것은 분명하지만 초기 한국인들의 봉사와 헌신이 없었다면 선교사들의 활동은 상당한 어려움을 겪었을 것이다. 언어도 풍습도 낯선 이국인들에게 안내자로 혹은 조력자로 일했던 한국인들의 봉사가 있었기에 부산과 경남지방에도 복음의 역사가 일어나고 교회가 설립되는 등 새로운 신앙공동체를 형성하게 된것이다.

서상륜과 서경조에 이어 부산경남지방 전도자로, 그리고 선교사의 조사(助師)로 일한 인물이 고학윤이었다. '조사'(helper)란 이름그대로 조력자인데 지방을 순례하는 선교사를 보조하는 이를 칭하는 용어였다. 선교사가 내한한 이후 점차 각처에 교회가 생겨나게 되자 선교사가 모든 교회를 치리할 수 없었으므로 조사들이 이 일을 감당하게 되어 후에 조사는 선교사를 보좌하는 교역자의 역할을 감당했다.[12]

부산지방 단기 순회전도자였던 서상륜에 이어 동생 서경조가 부산으로 와 베어드와 3개월간 사역하고 부산을 떠나게 되자 그의 뒤를 이어 베어드와 함께 동역하기 위해 온 인물이 황해도 장연 출신인 고학윤(高學崙, 1853-1937)이었다.[13] 그는 1893년 이후 베어드의 조력자로 봉사하면서 부산 경남지방 복음화에 기여하였다. 말하자면 그는 이 지방 초기 전도자이자 선교사의 조력자 곧 조사였다. 고학윤에 대해서는 필자가 2001년에 출판했던 『부산·경남지방 기독교 전래사』에서 간략하게 소개한 바 있으나 새로운 여러 문헌에 근거하여 부산경남지방에서의 사역에 대해 소개하고자 한다.

고학윤은 1853년 11월 3일 황해도 장연(長淵)에서 제주 고(高)씨 문충공파의 후손으로 태어났다. 황해도 장연군은 백낙준의 말대로 한국에서의 '기독교의 요람지'로서 국내에서 최초로 교회가 설립된 곳이다. 1882년 3월과 5월 만주의 문광서원에서 최초의 한국어 성경인 누가복음과 요한복음이 역간된 후 이 성경을 국내에 보급하려는 시도가 있었는데, 그 첫 사람이 최초의 한국인 수세자 중의 한사람이기도 했던 백홍준이었다. 불행하게도 그는 성경보급의 일로 체포되어 2

---

12) 한국교회에서 최초로 조사로 임명된 인물이 백홍준이었다. "白鴻俊이 宣敎師 先生 元杜尤의 開路를 利用하여 義州에 居住하며 首班의 助師로 視務하니라."『조선예수교장로회사기』상권, 9.

13) *Ibid.*, 15. 선교사들의 기록에는 고윤하(Koh Yoon Hah)로 되어 있으나, 민적에는 고학윤으로 기록되어 있어 고학윤이 정확한 이름이라고 할 수 있다. 고학윤에 대한 더 자세한 기록은, 이상규, 『부산지방 기독교전래사』, 343-5를 참고할 것.

년간 수감되어 있던 중 사망했다. 그의 뒤를 이어 매서(賣書) 전도자로 활동한 인물이 서상륜인데, 그는 만주에서 번역된 복음서를 소지하고 비밀히 국경을 넘어 의주를 거쳐 입국하였다. 그가 외척(外戚)이 살고 있는 장연으로 이주하여 성경을 보급한 결과 황해도 장연군 대구면(大救面) 송천리(松川里)에 한국 최초의 교회인 송천교회(松川), 곧 솔래교회가 설립되었다. 이때가 1883년이었다. 서상륜은 "기독교로 개종한 후에 한국 서북부 지방에 있는 솔래 마을에서 그의 형제와 이웃 사람들을 새로운 신앙으로 인도했다."[14]는 서명원의 지적처럼 그의 전도와 교회 설립, 그리고 기독교 문서의 보급은 새로운 신자들을 얻게 되었다. 그 중의 한 사람이 고학윤이었다. 서명원에 의하면 1885년 당시 솔내 마을은 58가구 중 50가구가 이미 예수를 믿었다고 한다. 이런 점을 보면 한국 최초의 신자였던 서상륜과 그의 동생 서경조의 영향 하에서 장연에는 많은 개종자들이 생겨났음을 알 수 있다. 고학윤은 그들 중의 한 사람이었을 것이다.[15]

고학윤은 안리아(安利亞) 여사와 결혼했는데, 장남 고명우(高明宇, 1883-1950 납북)가 1883년 계미년 3월 13일 장연에서 출생하였으므로 1882년 7월 이전에 결혼했음을 알 수 있다.

1887년에는 송천교회 신자들이 서울로 가서 언더우드에게 세례를 받기도 했지만, 그 해 가을에는 언더우드가 송천으로 가서 세례를 주었다고 한다. 이 때 서경조의 아들 병호(丙浩)가 세례를 받았다고 한다. 이때의 기록을 보면, 언더우드는 솔래에서 만난 한국인 중에는 서울로 와서 세례를 받은 네사람 외에도 세례 받을 준비가 되어 있는 일

14) 서명원, 『한국교회 성장사』(CLS, 1966), 42, 47.
15) 이상규, 『부산지방 기독교전래사』, 348.

곱 사람을 발견하고 그들에게 세례를 베풀었다고 한다. 아마 고학윤도 이 때 세례를 받은 사람 중 한사람이었을 가능성이 높다.

고학윤의 입신 과정에 대해서는 분명한 기록이 없다. 그가 선교사를 통해 입신했을 가능성이 전혀 없었던 것은 아니지만 그 가능성은 매우 희박하다. 앞에서 이미 말했지만 선교사들이 도래하기 전에 솔래에는 이미 기독교 공동체가 형성되어 주민의 절대 다수가 개종하였음을 고려해 볼 때 그렇다. 장연 지역에 선교사들의 순회가 없지는 않았다. 언더우드가 신혼여행을 겸해 이북지역을 순회했을 때가 1889년 3월이었다. 1889년 3월 17일에는 캐나다선교사 게일이 내지답사를 겸한 이북지역 순회를 시작했다. 게일은 황해도 감영(監營)이 있는 해주에 정착하려했으나 여의치 못해 장연군 대구면 송천(소래)으로 이거하여 3개월간 체류했는데, 이때가 1889년 5월이었다. 게일이 다른 곳이 아닌 소래에 거주했던 이유는 이곳에 이미 교회가 있었고 믿는 자들이 있었기 때문이었다. 캐나다 출신 독립선교사 메켄지가 소래에 거주했을 때는 1893년이었는데, 그가 이곳에 정주한 것도 이곳에 교회와 신자들의 공동체가 있었기 때문이다. 그런데 고학윤이 1890년에 서울 북장로교 선교부로, 1891년 윌리엄 베어드의 조수로 부산으로 이거한 것을 보면 적어도 1889년 이전에 개종한 것으로 보인다. 고학윤의 게일과의 접촉 가능성이 없지는 않지만, 게일이 송천으로 오기 전에 이미 서상륜 형제를 통해 개종한 것이 분명하다. 이때의 믿음의 동료로 후일 알려진 인물이 서상륜, 서경조 형제 외에도 게일의 어학선생으로서 게일의 일생의 반려자 역할을 했던 이창직(李昌稙)이었다.

고학윤은 손녀인 고황경이 회상하는 바처럼 한학(漢學)을 했던 인물로서 당시로서는 지식인이었다. 그는 어린 아들인 고명우에게도 한

문을 가르치고 맹
자를 암송시켰을
만큼 한학에 열
중했던 인물이었
다. 그 결과로 고
명우는 8,9세에
지나지 않는 소년
때 '입춘대길'(立
春大吉)과 같은

서상륜, 배위량, 고학윤

한문은 물론이지만 '건양다경'(建陽多慶)이나 '소지황금출'(掃地黃
金出)과 같은 문귀를 쓸 수 있었고, 동내 사람들에게 써 주었다고 한
다.[16)

　한학에 몰두하던 고학윤이 기독교 신앙을 받아들임으로써 언더우
드 등 선교사와 접촉하게 되었고, 서구문명에 눈을 뜨게 되었다. 말하
자면 그는 개화지향적 인물이었다. 이런 연고로 그의 아들 고명우와
김사라(세라, 金世羅, 1885-1971)의 결혼(1906)은 한국에서 서양식 웨
딩드레스를 입고 한 최초의 결혼이었다.[17) 이들은 신식 결혼식을 올
릴 적절한 장소가 없어 신촌의 언더우드의 집에서 결혼식을 올렸다고
한다. 주례자도 언더우드였다. 고학윤의 자부인 김사라는 정신여학교
제1회 졸업생으로서 4대째 기독교 가문이었고, 첫 선교사 언더우드로
부터 유아세례를 받았으니 당시로 볼 때는 초기 선교사들과 접촉했
던 기독교 가정임을 알 수 있다. 유명한 김마리아는 김사라의 4촌 동
생이었고, 임시정부 부주석을 지낸 김규식(金奎植)은 김사라의 고모

16) 임영철, 『고황경박사, 그의 생애와 교육』(도서출판 삼형, 1988), 30.
17) 정구충, 『한국의학의 개척자들』(동방도서, 1985), 656.

부였다. 이런 점을 보면 고학윤은 한학을 공부한 지식인이었으나 기독교를 통해 서구 문명에 눈을 뜬 개화지향 인물로서 같은 신앙을 가진 초기 그리스도인 가정과 사돈 관계를 맺어 신앙의 명문가를 이루었던 것이다.

장연에서 입신하여 기독교 신자가 된 고학윤은 부인 안리아와 함께 1890년경 서울로 이주하게 된다. 그것은 서울의 북장로교 선교부의 요청으로 선교사들과 동역하기 위해서였다. 아마도 언더우드의 요청이 있었던 것으로 보인다. 이때부터 고학윤은 서울에서 선교사의 어학선생으로 그리고 조사로 일하게 된다. 그러나 그가 서울에서 얼마동안 체류했는지는 분명하게 알 수 없다. 그는 곧 선교부의 정책에 따라 부산으로 가서 일하도록 위임 받았고, 1892년 부산으로 이주하였다. 이 때 그의 아들 고명우는 10살 내외의 어린아이였으나 그의 후일의 삶에 커다란 영향을 받게 된다.

고학윤이 부산으로 이거하게 된 것은 부산에는 선교사를 도우며 조력할 마땅한 사람이 없었기 때문이었다. 이 당시 부산에는 신자들이 거의 없는 상태였고 선교사와 일할 수 있는 이들이 없었다. 고학윤이 부산에 오기 전에 부산 지방에서 사역한 한국인으로는 게일의 조수이자 한국어 선생이었던 이창직(李昌稙), 베어드와 함께 일했던 서상륜(徐相崙), 서경조(徐景祚) 형제 뿐이었다. 이창직은 게일을 따라 부산을 떠났고, 서상륜은 베어드의 조사로 1892년 5월 15일 부산에 왔다. 부산에 온지 3일 후인 5월 18일부터 베어드와 함께 경상도 지역을 순회하였으나 건강이 좋지 못해 그 해 6월 17일 서울로 돌아갔다. 부산 체류기간은 꼭 한 달이었다. 그 후임으로 동생 경조가 이듬해인 1893년 4월 초순 부산으로 왔다. 서경조도 베어드와 함께 4월 15일 부산을 떠나 5월 18일까지 약 한 달간의 긴 순회전도여행을 다녔다. 그러나 그도 부산에 온지 약 3개월 후인 8월 5일 서울로 돌아갔다.[18] 이런 상황에서 북장로교 부산선교부는 한국인 조사가 필요했고, 이 필요에 따라 서울에 있던 고학윤이 부산으로 오게 된 것이다.

어떤 점에서 고학윤은 이 지방 최초의 순회 전도사였다고 할 수 있다. 부산으로 이거한 그는 처음에는 브라운 의사(Dr. Hugh M. Brown)와 함께 일했으나 그가 결핵으로 한국을 떠나게 되자 1893년 말 경부터는 베어드(William Baird)의 조사가 되어 그와 함께 일했다. 그 후에는 북장로교 선교부의 의료선교사였던 어빈(Dr Charles H. Irvin, 魚乙彬) 의사를 도우며 그의 어학 선생으로 일하게 된다. 1900년부터는 미국북장로교의 사이더보탐(Rev Richard H. Sidebotham, 謝普淡)[19]의 조사로 활동하게 된다.

고학윤은 베어드와 함께 순회 전도자로 이 지역을 다니며 전도자의 길을 갔다. 고향을 떠난 생활도 어려웠지만 보수적이고 해안성 미신이 풍미하던 부산과 전통적 유교의식이 깊은 부산 경남지방에서 사역하면서 많은 고초를 당했다. 베어드의 기록에 의하면 1892년 12월 고학윤은 사람들에게 심하게 얻어맞아 복음 전도자로서의 고통을 당하기도 했다.[20] 윌리엄 베어드의 일기 속에는 고학윤의 활동이 간간이 드

---

18) Diary of Baird, 5, Aug., 1893. 리차드 베어드는 어학선생이자 매서전도자로 베어드와 동역했던 서경조가 "건강이 좋지 못하여 부산에 온지 두 달 만인 6월 16일 부산을 떠나 서울로 돌아갔다."고 기록했으나(R. Baird, 13), 베어드의 일기를 보면 그해 8월 5일까지 3개월 간 함께 일했음을 알 수 있다.

19) 미국 북장로교 선교사 Richard H. Sidebotham의 한자명으로 『내한선교사 총람』(한국기독교역사연구소, 1994)에서는 '謝普淡'으로 쓰고 있으나(446쪽) '謝普淡'의 오기이다.

20) R. Baird, 13.

부산 한문서당(Chinese School, 1895) 교사와 학생들
왼쪽, 배위량 선교사 부부, 서상륜, 오른쪽 안의와(J. E. Adams)와 고학윤(뒷줄)

러난다. 1894년 4월 30일부터 5월 12일까지 그는 베어드, 어빈(Dr. C. H. Irvin)과 함께 순회전도여행을 다니기도 했다. 또 베어드가 '한문서당(한자)'이라는 이 지방 최초의 학교를 개교했을 때 이 학교 일을 관장하기도 했다. 그는 1895년 말까지 베어드와 함께 일했고, 베어드가 북장로교 선교부의 정책에 따라 부산을 떠난 후에는 어빈의사와 같이 동역했다. 그는 어빈의사를 도우며, 부산지방의 의료선교관이었던 북장로교 병원에서 일하기도 했다. 그의 동생 고씨도 1894-5년 무렵 부산에 함께 거주하면서 선교부 일을 도운 것으로 보인다.

어떻든 고학윤은 초기 이 지방 전도자로서 산을 넘고 강을 건너는 등섭지로(登涉之勞)의 길을 갔다. 자동차나 자전거도 없던 시대에 먼

성경적 세계관의 틀과 문화를 도구로
다음 세대를 세우는 토론식 성경공부 교재

# 삶이 있는 신앙 시리즈

정치

경제

사회

문화

미디어

대중매체

BIBLE

추천  전광식  고신대학교 전 총장
신국원  총신대학교 명예교수
홍민기  브리지임팩트사역원 이사장

# 우리가 만든 주일학교 교재는
# 성경적 세계관의 틀과 문화를 도구로 합니다.

## 왜 '성경적 세계관의 틀'인가?

진리가 하나의 견해로 전락한 시대에, 진리의 관점에서 세상의 견해를 분별하기 위해서

◇ 성경적 세계관의 틀은 성경적 시각으로 우리의 삶을 보게 만드는 원리입니다.
◇ 이 교재는 성경적 세계관의 틀로 현상을 보는 시각을 길러줍니다.

## 왜 '문화를 도구'로 하는가?

어린이, 청소년, 청년들의 삶에 가장 큰 영향을 끼치는 것이 문화이기 때문에

◇ 문화를 도구로 하는 이유는 우리의 자녀들이 문화 현상 속에 젖어 살고, 그 문화의
 기초가 되는 사상(이론)을 자신도 모르게 이미 받아들이고 있기 때문입니다.
◇ 공부하는 학생들의 삶의 현장으로 들어갑니다(이원론 극복).

✦ **다른 세대가 아닌 다음 세대 양육**

자기 생각에 옳은 대로 하는 포스트모던적인 사고의 틀을 벗어나, 하나님의 말씀에 기초
해서 생각하고 행동하는 성경적 세계관(창조, 타락, 구속)의 틀로 시대를 읽고 살아가는
"믿음의 다음 세대"를 세울 구체적인 지침서!

✦ **가정에서 실질적인 쉐마 교육 가능**

각 부서별(유년, 초등, 중등, 고등)의 눈높이에 맞게 집필하면서 모든 부서가 "동일한 주
제의 다른 본문"으로 공부하도록 함으로써, 가정에서 부모와 자녀가 함께 성경에 대한 유
대인들의 학습법인 하브루타식의 토론이 가능!

✦ **원하는 주제에 따라서 권별로 주제별 성경공부 가능**

성경말씀, 조직신학, 예수님의 생애, 제자도 등등

✦ **3년 교육 주기로 성경과 교리에 대한 기본적인 이해가 가능하도록 구성(삶이 있는 신앙)**

- 1년차 : 성경말씀의 관점으로 본 창조 / 타락 / 구속
- 2년차 : 구속사의 관점으로 본 창조 / 타락 / 구속
- 3년차 : 하나님 나라의 관점으로 본 창조 / 타락 / 구속

**"토론식 공과는 교사용과 학생용이 동일합니다!"** (교사 자료는 "삶이있는신앙" 홈페이지에 있습니다)

**① 목적**

부지불식간(不知不識間)에 대중문화와 또래문화에 오염된 어린이들의 생각을 공과교육을 통해서 성경적 세계관으로 전환시킨다. 이를 위해 현실 세계를 분명하게 직시함과 동시에 그 현실을 믿음(성경적 세계관)으로 바라보며, 말씀의 빛을 따라 살아가도록 지도한다(이원론 극복).

**② 구성**

**쉐 마** 분명한 성경적 원리의 전달을 위해서 본문 주해를 비롯한 성경의 핵심 원리를 제공한다(씨앗심기, 열매맺기, 외울말씀).

**문 화** 지금까지 단순하게 성경적 지식 제공을 중심으로 한 주일학교 교육의 결과 중 하나가 신앙과 삶의 분리, 즉 주일의 삶과 월요일에서 토요일의 삶이 다른 이원론(二元論)이다. 우리 교재는 학생들의 삶 속에서 일어나는 문화를 토론의 주제로 삼아서 신앙과 삶의 하나 됨(일상성의 영성)을 적극적으로 시도한다(터다지기, 꽃피우기, HOT 토론).

**세계관** 오늘날 자기중심적인 시대정신에 노출된 학생들의 생각과 삶의 방식을 성경적 세계관을 토대로 바라보게 함으로써, 자신을 돌아보고 삶에 적용하는 것을 돕는다.

**③ 설교**

학생들이 공과의 내용을 잘 이해하고, 공과 공부 시간을 풍성하게 하기 위해서, 부서 사역자가 매주 '동일한 주제의 다른 본문'으로 설교를 한 후에 공과를 진행한다.

| 권별 | 부서별 | 공과 제목 | 비고 |
|---|---|---|---|
| 시리즈 1권<br>(입문서) | 유·초등부 공용 | 성경적으로 세계관을 세우기 | 신간 교재 발행! |
|  | 중·고등부 공용 | 성경적 세계관 세우기 |  |
| 시리즈 2권 | 유년부 | 예수님 손잡고 말씀나라 여행 | 주기별 기존 공과<br>1년차-1/2분기 |
|  | 초등부 | 예수님 걸음따라 말씀대로 살기 |  |
|  | 중등부 | 말씀과 톡(Talk) |  |
|  | 고등부 | 말씀 팔로우 |  |
| 시리즈 3권 | 유년부 | 예수님과 함께하는 제자나라 여행 | 주기별 기존 공과<br>1년차-3/4분기 |
|  | 초등부 | 제자 STORY |  |
|  | 중등부 | 나는 예수님 라인(Line) |  |
|  | 고등부 | Follow Me |  |
| 시리즈 4권 | 유년부 | 구속 어드벤처 | 주기별 기존 공과<br>2년차-1/2분기 |
|  | 초등부 | 응답하라 9191 |  |
|  | 중등부 | 성경 속 구속 Lineup |  |
|  | 고등부 | 하나님의 Saving Road |  |
| 시리즈 5권 | 유년부 | 하나님 백성 만들기 | 주기별 기존 공과<br>2년차-3/4분기 |
|  | 초등부 | 신나고 놀라운 구원의 약속 |  |
|  | 중등부 | THE BIG CHOICE |  |
|  | 고등부 | 희망 로드 Road for Hope |  |
| 시리즈 6권 | 유년부 |  | 2024년 12월<br>발행 예정! |
|  | 초등부 |  |  |
|  | 중등부 |  |  |
|  | 고등부 |  |  |

● 「삶이있는신앙시리즈」는 "입문서"인 1권을 먼저 공부하고 "성경적 세계관"을 정립합니다.
● 토론식 공과는 순서와 상관없이 관심있는 교재를 선택하여 6개월씩 성경공부를 할 수 있습니다.

성경적 세계관의 틀과 문화를 도구로 다음 세대를 세우고,
스토리story가 있는, 하브루타chavruta 학습법의 토론식 성경공부 교재

성경적 시각으로 포스트모던시대를 살아갈 힘을 주는
새로운 교회 / 주일학교 교재!

시리즈
삶이 있는 신앙

국민일보◎
CHRISTIAN EDU BRAND AWARD
기독교 교육 브랜드 대상

## 토론식 공과(12년간 커리큘럼) 전22종 발행!

기독교 세계관적 성경공부 교재  고신대학교 전 총장 전광식

신앙과 삶의 일치를 추구하는 토론식 공과  성산교회 담임목사 이재섭

다음세대가 하나님 말씀의 진리에 풍성히 거할 수 있게 될 것을 확신  총신대학교 명예교수 신국원

한국교회 주일학교 상황에 꼭 필요한 교재  브리지임팩트사역원 이사장 홍민기

소비 문화에 물든 십대들의 세속적 세계관을
바로잡는 눈높이 토론이 시작된다!

발행처 : 도서출판 삶이 있는 신앙

공급처 : 솔라피데출판유통 / 주소 : 경기도 파주시 문발로 123 솔라피데하우스

주문 및 문의 / 전화 : 031-992-8691 팩스 : 031-955-4433

홈페이지 : www.faithwithlife.com

길을 걸어 다니며 복음의 씨를 뿌린 결과 오늘의 부산과 경남의 교회 형성에 기여하게 된 것이다. 당시에는 그의 전도를 다 거절하는 것처럼 보였지만 그가 뿌린 한 톨의 씨앗이 열매를 맺고 생명을 이어오면서 오늘의 이 지방 교회를 세워가게 된 것이다. 그의 봉사와 희생이 없었다면 선교사들의 활동은 크게 제한되었을 것이다. 고학윤은 이름 없는 전도자로 살았고 이 땅에서는 무명의 존재였으나 하나님은 그의 봉사를 기억하시고 그 후손들을 통해서도 영광을 받으셨다. 고학윤 조사는 1937년 1월 28일 84세의 나이로 세상을 떠났다.

고학윤의 아들 고명우(高明宇, 1883. 3. 13 −1951?)는 아버지를 따라 부산으로 와서 1895년 2월 17일 베어드 선교사에게 세례를 받았고, 선교사를 통해 영어와 음악을 배우게 된다. 그래서 고명우는 영어가 능통하였고, 후일 세브란스씨의 주치의이자 외과의사인 라도르(Alfred I. Ludlow, 체한기간 1912-38)의 통역관으로 일하기도 했다. 음악에도 재질이 있어 10살이 되기 전에 4부로 찬송가를 반주할 정도였다. 후에 그는 세브란스 의전에서 공부하면서 정동감리교회 다닐 때 10대 소년이 오르간 반주를 했을 정도로 음악에도 조예가 깊었다. 1906년 그의 나이 23살 때 새문안교회 출신인 김사라(金世羅, 1885-1971)와 결혼했다. 정신여학교 제1회로 입학하여 수학했던 김사라는 서상륜 형제의 전도로 신자가 되어 송천교회에서 봉사했던 김윤오(金允五)와 김경애(金敬愛)의 딸이었다.

고명우는 30세가 되는 1913년에는 세브란스 의전을 3회로 졸업하고 의사가 되었다. 부산의 북장로교 선교부가 운영하던 병원의 의사(외과)로 봉직하게 된다. 흥미로운 사실은 그가 부산에서 일하는 동안 후일 한국성결교회의 첫 인물로 알려진 김상준(金相濬)과 정빈(鄭彬)의 일본 유학을 천거하고 그들로 하여금 성결교회를 한국에 소개하게 했다는 점이다. 일본인 나까다 쥬지(中田重治)는 동양선교회 창시자 중의 한 사람인데, 그가 러일전쟁 당시 종군목사로 한국에 왔는데, 고베에서 증기선을 타고 부산으로 오게 된다. 아마 이 때 고명우가 나까다 쥬지와 접촉한 것으로 보인다. 이 때 고명우는 동경성서학원에 대해 듣게 되고 동양선교회에 깊은 감명을 받은 것으로 알려져 있다. 그래서 고명우는 김상준을 동경성서학원에 추천한 것이다. 그래서 김상준은 일본으로 가 동경성서학원에서 공부하게 되었고, 후에는 정빈을 그 학교에 천거하여 공부하게 한 것이다. [21] 이들 두 유학생이 1907년 귀국하여 동양선교회 복음 전도관을 세우는데 이것이 한국에서 성결

고학윤의 아들 고명우 박사
(1883-1951 ?)

교회 운동의 시작이었다. 말하자면 고명우는 한국성결교회 운동의 기초를 제공한 것이다. 이것이 고명우가 부산에서 일하던 때의 일이다.

고명우는 1913년부터 1938년까지는 라도르(Alfred I. Ludlow)를 도우면서 세브란스 의과대학(지금의 연세대학교 의과대학)의 강사, 교수로 봉사하였다. [22] 이 기간 동안 임상의학에 많은 업적을 남겼다. 1926년에는 미국 뉴욕의 롱아일랜드의과대학으로 유학을 가 1928년 의학

---

21) 성결교회 역사연구소 편, 『한국성결교회 100년사』(기독교대한성결교회 출판부, 2007), 66-67.

22) 연세창립80주년 기념사업회, 『연세대학교사』(1969), 232, 1280.

박사학위를 받기도 했다. 세브란스에서 사임한 그는 원효로에서 개업하고 일하던 중 6.25 동란이 발발하였다. 불행하게도 1951년 납북되었고 지금은 그 생사를 확인할 길이 없다.

어릴 때부터 예수를 믿었던 그는 1922년 6월 19일 39세의 나이로 남대문교회 장로가 되었다. 부인 김사라 여사는 1971년 4월 18일 87세의 나이로 세상을 떠났다. 고명우 박사는 4남매(봉경, 황경, 남경, 원영)를 두었는데, 맏딸 봉경(鳳京, 1906)은 경성여자고등보통학교를 거쳐 이화여전에서 피아노를 전공하였고 도미하여 조지아웨슬리안 대학에서 유학 한 후 귀국하여 모교인 이화여전에서 교수했다. 광복 후 국립경찰 창설시 여자경찰 창설에 기여하였으나 6. 25 동란 중 부친과 함께 납북되었다. 둘째 딸 고황경(1909-2000)은 일본 도시샤(同志社)대학 영문과를 수료하고(1924-1928) 다시 경제학과(1928-1931)를 졸업하였다. 그후 미국 미시간주립대학으로 가 경제학과 사회학을 연구했다.[23] 1937년에는 김활란에 이어 한국인으로 두 번째 여성 박사(PhD)가 되었는데, 28세때였다. 귀국하여 이화여전에서 교수하기도 했으나 1961년에는 서울여자대학교를 설립하고 학장과 명예총장을 지내고 2000년 세상을 떠났다. 삼여 난경(鸞京)은 경기여고를 거쳐 일본 일본동경여의전을 졸업하고 도미하여 미시건대학 보건대학원에서 수학했다. 세계보건기구(WHO) 보건관으로 근무하기도 했고, 미국 시카고 보건부에서 활동했다. 아들 원영(元永)은 경성중학과 세브란스 의전에서 공부하고 도미하여 펜실베니아대학교에서 미생물학 전공으로 박사학위를 얻었다. 뉴욕에서 의사로 활동했다.

---

23) 고황경박사에 대해서는 "빛으로 소금으로 31,"『빛과 소금』31호(1987. 10), 17-24를 참고할 것.

## 3. 배성두 1840-1922
### 김해지방 복음운동의 선구자

김해지방 복음운동의 선구자
배성두

부산지방에서 사역했던 초기 선교사인 윌리엄 베어드(William Baird)의 일기 속에는 김해지방에서의 기독교의 연원을 보여주는 흥미로운 기록이 남아 있다.[24] 베어드는 1893년 6월 4일(주일)자 일기에서 그의 관리 하에 있는 선교부에서의 최초의 예배와 신앙공동체의 형성에 대해 기록한 후 부산 근교와 타 지역에서의 탐문자들이 모여들기 시작하였다는 사실을 적시하고 있다. 이 기록에 보면 김해에서 온 두 사람에 대한 언급이 있다. 즉 1893년 7월 14일(금요일)자 일기에 보면,

---

24) 이 점에 대한 자세한 기록은 이상규, 『부산지방 기독교전래사』(글마당, 2001), 117ff.

요즘에는 공부하는 일과 늘 그러했듯이 방문자들과 이야기하는 일로 시간을 보내고 있다. 통도사에서 왔던 스님이 어제 다시 왔다갔다. 어제 우리가 보급한 쪽 복음서를 접했던 김해 가까이에 사는 한 사람도 찾아왔다. 그는 오늘 다시 왔고, 요한복음서와 "신덕통론"(信德通論)이란 책을 받아갔다. 그는 김종함이라는 사람이다.[25]

7월 15일(토요일)자 일기를 보면 김씨는 다시 베어드를 찾아왔고, 21살 되는 딸의 혼사문제를 이야기한 것으로 보인다.[26] 또 9월 11일(월요일)자 일기를 보면,

지난 금요일 배__ __라고 하는 나이 많은 분이 김해에서 브라운 의사 부인의 유모 남편과 함께 사랑방으로 찾아왔다. 나는 그에게 복음을 전했고, 그에게 몇 권의 책을 팔았는데, 그 중의 한 권이 마태복음서이다. 그는 내가 서울 갈 일이 있을 때나, 김해에 들릴 일이 있으면 언제든지 자기를 찾아와 달라고 나를 청해 주었다.[27]

---

25) 원문은 다음과 같다. "These days have been spent in study and talking with comers as usual. The priest from Tongtosa was back again yesterday. A man came yesterday from near Kimhai who had seen books which had been sent out from here. He returned again today and took with him the Gospel of John and "Gate of Wisdom and Virtue". He is named Kim Chong Ham.

26) Diary of Baird, 15, July, 1893.

27) 원문은 다음과 같다. "Last Friday an elderly man from Kimhai named Pai __ __ came to the sarang with the husband of Mrs. Brown's wet nurse. I preached to him the gospel, sold him several books, among others a copy of Matthew's Gospel. He invited me to call on him on my way to Seoul or at any time when in Kimhai."

Monday - Sept 11th, 1893 -
Last Friday an elderly man
from Kimhai named
Pai ~ ~ came to the
Sarang with the husband
of Mrs. Browns wetnurse.
I preached to him the gospel
sold him several books,
among others a copy of
Matthews gospel. He
invited me to call on
him on my way to
Seoul or at any time
when at Kimhai

위의 일기에서 김해에서 온 김종함과 배씨를 언급했는데, 이 두 사
람이 김해 지방의 초기 신자로서 김해지역 첫 교회인 김해읍교회 설
립을 주도하게 된다. 베어드는 자신의 일기에서 구체적으로 이름을 명
기하지 않고 단지 '배씨'라고 말하고 있지만 여러 정황을 종합적으로
검토해 볼 때 베어드가 지칭한 '배씨'는 김해에서 약방을 경영하던
배광국의 아들 배성두(裵聖斗, 1840-1922)임이 분명하다. 『조선예수
교 장로회 사기』를 보면 배성두가 김해교회 설립자임을 말하면서 그
가 부산에서 복음을 접했다는 점을 밝히고 있다.

... 김해읍교회가 성립하다. 선시(先是)에 본지인(本地人)
배성두(裵聖斗)가 부산에서 복음을 득문(得聞)하고, 귀가
전도하야 신자십여명이 계흥(繼興)함으로 교회가 수성(遂
成)하니라. [28]

배성두는 1893년 9월 11일 이후 부산으로 와 베어드와 그 주변의
한국인 전도자들과의 접촉을 통해 신자가 되었고, 향리인 김해로 와
서 전도하였고, 동료 2, 3인과 함께 자신이 경영하는 약방에서 정기적
인 집회를 시작했는데, 이것이 후일 김해읍교회로 발전한 이 지방 최
초의 교회가 된다. 배성두는 1912년에는 이 교회 장로가 되어 주님의
교회를 섬기다가 1922년 5월 세상을 떠났다. 그러면 배성두와 동역했
던 다른 동료는 누구였을까?

김해(읍)교회가 후일을 위해 전언으로 전해오던 교회 초기이야기를
기록해 둔 교회연혁에 그 희미한 흔적이 남아 있다. 즉, 김해교회가
생산한 교회연혁에는 "배성두씨(초대장로)가 부산 영선고개 서윤화
(徐允和)씨로부터 전도를 받아 교회를 세웠고, 동역자 2,3인이 있었다
하나 성명과 후손의 행방이 미상(未詳)하다."고 하고, 배성두의 동료
중의 한 사람은 "칠원 金영감이라는 분이었고, 子는 함금이라 하고,
孫은 甲守라 하며 근년에 장로라고 들었으나 주소 미상이라"고 하였
다. 이 기록은 정확치 않다. 서윤화라고 쓴 인물은 베어드의 조수였던
고윤하(즉 고학윤)의 오기임이 분명하고, 여기에 언급된 칠원 김영감
이라는 분이 바로 김종함이다. "子는 함금"이 아니라 종함, 곧 김종함
임이다. 김해에 살던 그는 1893년 7월 14일 베어드를 찾아왔고, 베어

28) 『조선예수교장로회 사기』상, 49.

드가 준 문서를 읽고 개종한 그는 배성두와 함께 김해 지방 초기 신자로서 후일 김해교회 설립에 기여했던 것이다. 그러나 그는 곧 김해를 떠나 타 지역으로 이주해 간 것으로 보인다. 1900년도 미국북장로교 연례보고서[29]에서는 경남 칠원의 영동리에서 김해 출신 한 평신도(a Christian layman from Kimhae)에 의해 놀라운 복음 사역이 시작되었다고 보고했는데, 이 보고서에서 칭한 김해 출신의 한 그리스도인이 김종함씨일 가능성이 높다. 바로 이런 점 때문에 김종함을 가리켜 김해교회가 작성한 교회연혁에서는 그를 '칠원 김영감'이라고 불렀음을 알 수 있다.

그러면 배성두가 중심이 되어 설립한 김해지방 첫 교회는 언제 설립되었을까? 위의 『조선야소교장로회 사기』상권에서는 1898년으로 쓰고 있지만, 김해지역에서 신앙공동체가 구성되고 공식적인 집회를 시작한 것은 이 보다 앞선 1894-5년으로 보인다. 어떻든 배성두는 김해지방 첫 신자로서 김해교회를 설립하였고 김해지방 첫 장로로서 이지역 복음 운동의 기초를 세운 분이다.

그렇다면 배성두는 어떤 인물이었을까? 그 가문의 역사는 한국 근대사의 아픔을 간직한 유랑의 역사였다. 그의 조부 달성 배씨 배수우(裵水佑)는 충주 관찰사로서 대문이 12개나 있는 집을 가지고 있을 만큼 부유했다. 그러나 신유박해(1801)의 교난을 피해 모든 것을 버리고 고향을 떠난다. 갈 바를 알지 못하고 헤매던 배수우는 아무 연고가 없는 땅 김해로 가던 중 허망하게 동사(凍死)했다. 홀로 된 배수우

---

29) *The Annual Report of the Board of Foreign Missions of the PCUSA, 1900*, 166ff.

의 아들 배광국(裵光國, 1793-1840/2)은 고향에서 멀리 떨어진 김해 동상마을로 가서 강주부라는 이를 통해 한의를 배워 작은 약방을 운영한다. 사회적 신분으로 말하면 양반에서 중인으로 내려앉은 것이다. 그는 1834년 정씨 성을 가진 여성과 결혼하고 안락한 가정을 꾸몄으나 2년 후인 1840/2년 역병에 걸린 환자를 치료하다 자신마저 감염되어 결국 사망하게 된다. 배광국의 아들이 바로 배성두(裵聖斗, 1840-1922)이다.

배성두는 1840년 김해 동상마을에서 출생했다. 지금의 동상동으로 김해교회에서 멀지 않는 시장쪽이었다. 본명은 배영업(裵永業)이었으나 세례를 받으면서 성두로 개명했다. 그는 1860년 21세의 나이로 이한금과 결혼했다. 그는 아버지의 약방을 이어받는다. 이런 상황에서 그가 김해 바닷가에서 한국의 첫 거주선교사였던 호레이스 알렌을 만난 것으로 그 후손들은 말하고 있으나 이 점을 확인할 수 없다.

또 배성두는 1890년 서울을 떠나 부산으로 향하는 과정에서 김해에서 호주의 첫 내한 선교사인 데이비스를 만났고, 그를 통해 성경을 받고 입신하게 된 것으로 말하고 있으나 이 점도 분명치 않다. 사실 1889년 10월 2일 부산으로 입국한 데이비스(J. H. Davies)는 서울에서 5개월을 지낸 후 1890년 3월 14일 서울을 떠나 수원(3월 15일), 공주(20일), 남원(26일), 하동(30일), 사천(31일)을 거쳐 부산으로 오게 되는데, 이 때 김해를 거쳐 부산으로 왔을 가능성은 있으나 이 때 김해에서 배성두를 만났다고 보기는 어렵다. 왜냐하면 데이비스는 호주를 떠난 이후 자신의 일상을 기록한 일기를 남겼는데, 3월 31일 사천에서의 일을 끝으로 더 이상 일기를 쓰지 못했다. 여행 중에 데이비스는 폐렴에 감염되었고, 또 천연두가 겹쳐 더 이상 일기를 쓸 수 없었고 부산에 도착한 4월 4일은 기진맥진한 상태였다. 다음날 그는 부산에서 사망하게 된다. 이런 정황에서 볼 때 배성두가 데이비스를 만났는가에 대해서는 검토가 필요하다.

서양문화와 기독교에 대한 관심을 갖게 된 배성두는 서양을 알고자 하는 의도에서 부산에 주제한 베어드를 찾아가게 되었다. 이것이 기독교에 대한 관심을 갖게 된 계기가 되어 결국 기독교 신앙을 받아드리게 된다. 신자가 된 그는 앞에서 언급한 바처럼 자신의 약방에서 예배를 시작했는데 이 작은 시작이 김해교회로 발전하여 김해지역 첫 교회가 되었고, 배성두는 이 신앙공동체를 세워 가는데 주도적인 역할을 감당했다.

부산과 김해 지방에서 사역했던 미국 북장로교 선교사 사보담(Sidebotham)은 1905년 9월에 쓴 선교보고서에서, 자신의 관할 하에 있는 김해, 밀양지역 교회 방문과 교회들의 건실한 성장을 보고하면서 김해지역교회 지도자인 배성두에 대해 특별한 신뢰를 표하고 있다. "그는 금빛바다(golden sea)라는 의미의 김해(金海)의 특출한 인물로서 사람들을 주님께로 인도하고, 손길이 미치는 한 그들을 돌본다. 그가 섬기는 교회에 그의 봉사의 결실이 뚜렷한데, 지난 일년 동안 17명의 세례신자가 불어났고, 학습인은 25명이 더해졌다."고 말하고, "그래서 더 큰 예배당 확보가 필요하게 되었는데, 건물 일부가 세워져 곧 입주하게 된다."고 했다. 또 "남자학교 설립계획도 영글어 가고 있다"고 했다.[30]

배성두는 입신한지 약 20년이 지난 1912년 김해교회 첫 장로가 된

30) Sidebotham, "Fusan's Country Work," *Korea Mission Field*, vol. 2, no. 2 (Dec. 1905), 25.

다. 그는 1911년 장로로 피택 되었고, 1912년 7월 2일 밀양읍교회당에서 개최된 경상로회 제3회 노회에서 장로문답을 받도록 허락 받았다. 노회록에는, "김해읍교회에서 피택된 배성두, 마산부 갈전교회에서 피택된 서성숙 양씨는 금번에 장로문답하기를 회중이 동의 가결하다"라고 기록하고 있다.[31] 장로문답위원은 한국인 장로 김영옥, 김성호, 김응진, 김기원씨와 선교사 매견시(N. Mackenzie)였다. 그래서 김해읍교회 배성두는 마산부 갈전교회의 서성숙과 함께 장로 장립을 받았고, 1912년 8월 31일 평안남도 서문외신학교 하층에서 모인 제4회 경상로회에서 관할 선교사인 심익순에 의해 이 사실이 보고되었다. 이듬해인 1913년에는 한득룡목사가 김해교회 초대목사로 부임했는데, 목사 없는 기간 동안 배성두는 교회의 중심인물로 교회를 이끌어 갔다. 그의 선한 손길은 김해지역에 광범위한 영향을 끼쳤고 그를 통해 많은 이들이 복음을 접하고 하나님을 만나게 되었다. 후일 주기철의 처가 되는 안갑수(安甲守, 1900-1933)도 배성두를 통해 입신한 것으로 알려져 있다.

배성두의 아들 배동석(裵東奭, 1891-1924)은 대구 계성학교와 서울 경신학교를 거쳐 세브란스의전에 진학했다. 그러나 재학 중 독립운동에 투신한 그는 만주 군사학교와 상해 임시정부에 독립운동 자금을 보냈고, 3·1만세운동 때는 학생 군중 지도책을 맡아 김해와 마산에서도 만세운동에 가담했다. 이 일로 체포된 그는 재판을 받던 중 일본인 판사에게 의자를 집어던져 법정모독죄까지 추가돼 10년형을 언도받고, 5년간 수감생활을 했다. 모진 고문으로 쇠약해진 그

---

31) 경상로회록, 제3회록(수기본), 21.

는 영양실조에다 폐결핵이 덮쳐 가석방 되었으나 1924년 8월 세상을 떠났다. 그의 나이 33세였다. 배동석의 요절로 과부가 된 김복남은 어린 두 아들 배대위(裵大爲, 1913-1996)와 배유위(裵有爲, 1915-1999)를 데리고 대구로 가서 외삼촌 밑에서 한약 조제법을 배우게 했고, 결국 이들은 약사가 되었다. 배유위의 장남 배기호(裵基昊) 역시 약사로서 1971년 미국으로 이민을 가 오랜지 카운티에 살면서 교회 장로로 활동하고 있다.

배성두의 딸 배천례는 당시 성행했던 이른바 '사진신부'가 되어 하와이로 시집을 갔다. 하와이 사탕수수밭에서 노예처럼 일하는 초기 이민자들은 피와 땀에 젖은 돈을 한 푼 두 푼 모아 상해에 있는 임시정부에 보내기도 했다.

김해지방 초기 신자로서 김해교회를 설립했고 이 교회 초대 장로로 시무했던 배성두는 이 지방 복음운동의 초석을 쌓았고, 그의 후손들은 민족의 고난과 질곡의 현장에서 조국의 독립과 광복을 위해 싸웠을 뿐만 아니라 하나님의 나라를 위한 선한 봉사자로 거룩한 생애를 살았다.

## 4. 정준모 1860-1935
한학자, 경남 양산지역의 초기 전도자

역사를 공부하다보니 늘 옛 것, 혹은 고물에 대한 관심이 많다. 어쩌다 시간이 나면 고서점가를 뒤지며 옛 책을 구경하는 것이 취미가 되었다. 외국에 가도 관광은 나에게 매력적이지 못했다. 도리어 나를 유혹하는 곳은 고서점이었다. 그래서 나는 어디를 가나 고서점을 찾아가곤 하는데 이런 일들로 나는 어느덧 호고주의자(好古主義

정준모 장로

者), 곧 딜레탕트(dilettante)가 되었다. 옛 문서나 서적을 뒤지는 중에 내가 깨달은 사실은 옛 것에 대한 관심 그 자체가 인간이 자기의 모습을 찾아가는 정체성 확인의 과정이라는 점이다. 옛것을 통해 오늘의 나를 발견하곤 한다. 내가 주로 관심을 갖는 것은 한국에서의 기독교 신앙의 흔적을 추적하는 것인데, 이것은 우리의 신앙의 연원을 추적하려는 내적 동기에서 시작된 것이다. 고서점을 뒤지며 기독교 문헌을 찾아 나선 어느 날 나는 한권의 흥미로운 한시(漢詩) 체의 서적을 접했는데, 그것이 정준모(鄭駿謨, 1860-1935)의 『경제사율』(經題詞律)이라는 책이었다.

성경을 읽으며 느끼고 깨달은 바를 한시의 형식으로 엮은 일종의 한시집이라고 할 수 있는데, '경제사율'이라는 제목이 나를 유혹했다. 어자적으로 풀어쓰면 "성경(經)의 주제(題)를 따라 율(律)로서 말한(詞)" 책이라는 뜻이다. '사율'이라는 말은 '시'라는 뜻이므로 성경의 주제들을 싯귀로 엮은 책이라는 뜻이다.

1935년에 출판된 이 책은 크게 2부분으로 구성되어 있었다. 첫 번째 부분이 '신구약경제사율'(新舊經題詞律)이고 다른 한 부분이 '경제외사율'(經題外詞律)인데, 이름 그대로 성경과 관계없는 일반적인 주제 대한 한시라고 할 수 있다. 첫 번째 부분인 '신구약경제사율'을 다시 훑어보니 3부분으로 구성되어 있었다. 첫 번째 부분은 '신약경제사율'(新約經題詞律)로서 신약의 책 순서를 따라 한시로 엮어져 있었다. 두 번째 부분은 '구약경제사율'(舊約經題詞律)인데, 이 부분 역시 구약책의 순서를 따라 기술되었다. 세 번째 부분은 성경의 주제에 대한 일종의 생활윤리에 대한 시라고 할 수 있는데 일종의 시로 쓴 설교라고 할 수 있다. 도대체 누가 이런 시를 썼을까? 이 책을 볼 때 저자는 한학에도 깊은 식견이 있는 분이지만 성경에 대한 이해도 해박한 분이라는 점을 알게 되었고, 책 서두에 주기철 목사의 서문과 어빈(C. Irvin, 魚乙彬)의사의 아들 어빈(Irvin)의 천서[32]가 있는 것을 보아 부산지방 초기 기독교의 지도적 인물이라는 점을 감지할 수 있었다. 그러나 그 이상의 흔적을 찾을 수 없었다. 나는 이 책을 한 권을 들고 이 지방 초기 기독교 지도자를 추적하는 작업을 시작했다.

그러던 중 우연한 기회에 부산 동래구 내성교회의 장로인 정차영 교장님을 만나게 되었는데, 그는 경제사율의 저자인 정준모 장로의 손자였다. 정차영 장로 역시 훌륭한 기독교인으로서 중등학교에서 오랫동안 일하시고 교장으로 은퇴하신 분이었다. 나는 정장로님의 도움으로 부산과 경남지방 복음화를 위해 한 생애를 살았던 정준모라는 인물을 소개할 수 있게 되었다.

춘전(春田)이라는 호를 가진 정준모는 1860년 7월 13일 경상남도 양산군 양산읍 남부동에서 정기안(鄭基安, 호적명은 정창훈)과 김재인의 외아들로 출생하였다. 그러나 2살 때인 1862년 아버지는 33세의 나이로 세상을 떠났고, 약 10일 후 그의 모친도 세상을 떠났다. 부모를 여읜 그는 친척집을 전전하면서 불우한 어린 시절을 보냈다. 어려운 환경에서도 마을 어른들의 배려로 서당에서 숙식을 해결하며 한학공부에 전념했다. 고모의 지나친 엄한 교육에 반발하여 집을 나가 불교에 귀의하여 양산 통도사, 청도의 운문사(雲門寺), 강원도 횡천의 구룡사(龜龍寺), 예천의 용문사(龍門寺) 등지로 전전하며 불경을 공부

---

32) 정준모의 『經題詞律』에 서문을 써준 Irvin을 정준모 자신도 어을빈(魚乙彬)으로 표기하고 있으나, 그는 어을빈 곧 어빈의사(C. H. Irvin)의 아들 로데릭 어빈(Roderick Irvin)이었다. 그래서 그는 서문에서, "... I remember that he was teacher and life-long friend of my parents during their residence in Korea."라고 말하고 있다. 1893년 내한하여 부산에서 일했던 어빈의사는 1911년 선교사직을 사임했고, 1935년 부산에서 사망했다. 그의 아들 로데릭은 일본 고베에서 미국자본의 곡산(穀産)주식회사 지배인으로 활동했다.

하기도 했다. 그러다가 22세 때인 1882년에는 고향으로 돌아와 생계를 위해 지물포(紙物鋪)를 경영하기도 했다.

24세가 되던 1884년에는 부산 동래에 거주하던 유자(儒者)인 유치홍의 장녀 유숙인(俞淑人)과 혼인하였고, 중병을 경험한 후 양산면 남부동으로 이주하여 살았다. 26세 때인 1886년에는 '이방'(吏房)에 들어갔다. '이방'이란 승정원과 지방 관아에 딸린 육방(六房)의 하나로서 인사(人事)와 비서 등의 일을 맡아보는 하급 공무원이었다. 이방은 지방 관아에 딸린 공무원 신문이었다. 4년여간 이방으로 지내면서 군수 장모씨의 지불 보증을 선 것이 잘못되어 가산이 크게 기울게 되었고, 이 일로 가족은 양산에 남겨 두고 상경하게 된다. 3,4년간 허송세월했으나 학덕을 인정받은 그는 1893년 33세 때에 정육품(正六品) 사헌부 감찰(司憲府 監察)이 되었고, 1902년에는 통훈대부(通訓大夫, 中樞院 議官), 곧 정삼품 통정대부 당상관(通政大夫 堂上官)직에 올랐다. 두 직에 오를 때 받은 사령장(辭令狀)에는 '정일모'라는 이름이 사용되었는데, 왜 이 이름이 사용되었는지 알 수 없다. 본인도 이 점에 대해 해명한 일이 없었다고 한다.[33]

관직에 있었던 그에게 있어서 1905년은 중요한 변화였다. 기독교에 입신하고 서울의 연동교회에 출석했다. 당시 연동교회는 게일(J. S. Gale, 1863-1937)이 담임하고 있었다. 한학자이자 불교에 심취했던 그가 어떻게 입신하고 연동교회에 출석하게 되었는가는 분명히 알 수 없다. 게일 또한 한학에 조예가 깊고 동양문화에 관심이 높았음으로 춘전과 접촉이 이루어진 것이 아닌가 추측해 볼 수 있다. 왜냐하면 게일은 1906년 3월부터 1907년 8월까지 안식년으로 한국을 떠나 있었

---

33) 춘전의 손자인 정도영 박사의 증언(2010년 12월 23일).

기 때문이었다. 춘전 자신이 남긴 기록을 보면 스스로 교회에 찾아가 신자가 된 것으로 추측된다. 춘전은 기독교에 입신하게 된 동기를 이렇게 기록하고 있다(옛글은 현대어로 고침).

> 나의 지난 인생 여정을 생각할 때 처자의 형편이 나의 가슴을 눌리는도다. 이 때는 내 나이 46세 때인데, 내가 예수를 믿는 것이 마음에 좋을 줄로 생각했다. 그래서 경성에서 연동교회를 몇 번 다녔다.[34]

그는 불우한 어린 시절과 고향을 떠나 오랫동안 외로운 객지 생활로 허무한 인생 여정을 깨닫고 고향에 남겨둔 병든 아내와 자식들을 돌보지 못하는 안타까운 마음에서 교회로 찾아갔고, 그것이 구원과 소망을 주시는 예수를 믿게 된 동기가 된 것으로 짐작된다.[35] 그는 기독교에 입신한 후 복음에 대한 열망을 갖게 되었고, 관직에 대한 미련과 주위의 유혹을 뿌리치고 고행과 그 인근 지역에 복음을 전파하겠다는 뜻을 세우고 귀향하게 된다.

고향 양산으로 돌아온 춘전은 양산지방 첫 교회인 양산교회 설립에 관여하게 된다. 즉 1906년 4월 호주선교사 손안로(孫安路 A. Adamson)의 순회와 전도를 힘입어 정준모는 교인 10여명과 함께 경남 양산 북부리에서 양산읍교회를 설립하고, 초대 영수(領袖)가 되었다. 그 후 이영헌, 금석호 외 20여명으로 회집 인구가 늘어나자, 남부리에서 한문사숙(漢文私塾)을 개조하여 예배당으로 사용하기에 이르

---

34) 정준모의 미간행 자전 기록, 『나의 派系와 나의 經歷』(1922), 64.
35) 정차영, "춘전 정준모 장로의 생애와 저서," 『부경교회사연구』 2호(2006. 5), 9.

렀다. 조선야소교장로회 사기는 이렇게 기록하고 있다.

> 양산읍교회가 성립하다. 선시(先是)에 영국선교사 손안로
> 가 선교할 시(時)에 정준모 외 십여인이 밋고 북부동 시정
> (詩亭)에서 예배하얏고, 그 후 이영헌, 금석호외 이십 여인
> 이 귀주하야 남부 한문사숙(漢文私塾)을 예배당으로 사용
> 하니라. [36)]

정준모는 양산교회를 섬기던 중 1914년 1914년 초 장로로 피택 되었
고, 이 사실이 1914년 7월1일 대구성경학교에서 모인 제8회 경상도노
회에 보고되었다. [37)] 이날 노회에서는 마산포교회 손덕우, 곽경무와
함께 장로피택이 보고되었다. 1915년 6월 20일 정준모는 김수환과 함
께 양산교회 최초의 장로가 되었다. 경남지역 초기 인물들인 박성애,
엄응삼, 유지성, 정규호 등도 이 때 장로가 되었다.

귀향과 함께 교회를 설립하는 등 일련의 신앙 활동 중에 정준모
는 부산에 주제하던 북장로교 의료선교사 어을빈(魚乙彬, Charles
Irvin, 1862-1935)을 만나게 되고 그와 특별한 교분을 갖게 된다.
그는 어을빈 부부의 어학선생이기도 했고, 특히 어을빈 부인 베타
(Bertha)가 설립한 규범학교(閨範學校)에서 1907년부터 2년간 한문교
사로 협력하기도 하였다. '규범'이란 '모범적인 규수'라는 뜻인데, 당
시 이상적인 여성상을 보여주는 용어였다.

윌리엄 베어드가 설립한 한문서당이 남자학교였으므로 규범학교
는 여학생을 교육하기 위해 설립된 소규모 학교였다. 이 학교는 한문

---

36) 『조선예수교장로회 사기(상)』, 161.
37) 경상도 예수교 장로교 로회록(인쇄본), 61,

과 기초 산술, 예절 등을 가르치는 학교였는데, 정치인 박순천, 소설가 김말봉 여사 등이 이 학교 출신으로 알려져 있다.[38] 불행하게도 어을빈 부인은 남편과 이혼하고 한국을 떠나게 됨으로서 학교는 폐쇄되었고, 잔여 학생들은 호주선교부가 설립, 운영하던 일신여학교에 병합 되었다. 그러나 이 후에도 춘전가(家)의 어을빈과의 관계는 지속되었다. 어을빈이 1911년 선교사직을 사임하고 부산시 동광동 영선고개 근처에 개인 병원을 운영할 때에 춘전의 차남 정진휘(鄭鎭徽, 1897-1954)는 17세의 나이로 약국 일을 책임맡게 되었다.[39]

어떻든 정준모는 1906년 이래로 부산, 경남지방 복음화를 위해 봉사했는데, 1911년부터 5년 동안 양산군 지역과 김해, 구포 등 10여개 지역교회의 합동 조사직을 맡아 봉사했다. 그러나 앞에서 언급한 바처럼 양산교회 장로로 피임됨에 따라 조사직은 그만두고 주로 양산교회에서 봉사하게 되었다.[40] 1916년 9월 20일 개최된 제1회 노회에서는 21명의 조사를 임명했는데 정준모장로도 이 때 정식으로 조사로 임명되었다. 이전에는 선교사들에 의해 사적으로 임명된 조사들이 활동했으나, 노회가 조직되면서 시취를 거쳐 공식적으로 조사를 임명하게 된 것이다. 이 때 임명된 조사로는 김주관, 김정수, 김정숙, 김형택, 도문규, 문덕인, 박문길, 박성애, 박영숙, 서성숙, 여명섭, 이기연, 이

---

38) 이진호, "성서를 한시로 옮긴 정준모 장로,"『한국기독교사연구』제12호(1987. 2), 23.

39) 정차영, 11.

40) 당시 교회 재정이 어려운 중에 정준모는 양산출신으로 백산무역주식회사 대주주이며, 전무취체역이던 윤현태(尹顯泰)의 도움을 받았고, 그가 운영하던 육업 사업의 전체 사무를 2년간 맡았다. 그래서 정준모는 그의 자전에서 "그는 우리 집과는 정의가 특수한 사이"라고 말했을 정도였다. 특히 윤현태는 어려운 교회 재정에 많은 도움을 주었으며 청년지도에 힘써 교회 발전에 큰 몫을 담당하였다고 한다. 이런 관계로 춘전의 삼남인 정진율(鄭鎭律, 1900-1964)은 백산상회(白山商會)에서 서기로 근무하기도 했다(정차영, 12).

부산동래 온천장 벽초관에서 모인 『경제사율』출판기념회(1935. 3. 17)
앞줄 좌측에 앉아있는 정준모 장로, 그 옆이 주기철 목사, 그 옆 서있는 이가 양성봉 장로이다

용하, 이현필, 장상언, 정준모, 진종학, 최경호, 최상림, 최성봉, 한익
동 등 21명이었다.[41]

　이 기간의 주기철과의 만남은 특별한 일이었다. 주기철은 1922년 3
월 봄학기에 평양신학교에 입학했는데, 이듬해인 1923년 봄에는 경남
양산군의 양산교회 조사로 부임했다. 양산교회는 "봉급 50원에 주기
철씨를 조사로 시무케 하였다."[42] 주기철(朱基徹, 1897-1944)은 양산
교회와 인근의 반희, 배내, 석계, 원동, 좌삼교회를 포함하여 6개 교
회를 맡게 된 것이다. 이 일로 양산교회 장로였던 정준모는 주기철과
교류하게 된 것이다. 1922년 아내를 먼저 천국에 보내고 외로운 중에

---

41) 『조선예수교장로회 사기(하)』, 239.

42) 1923년 7월 4일 개최된 제15회 노회록 48쪽 참고.

주기철 조사를 만나 그와 신앙의 동지가 되었고, 한 가족처럼 지내게
되었다.

주기철 조사는 양산교회에 사무할 당시 양산에서 기차로 평양까지
통학하였다고 한다. 그 때의 도로나 교통 사정을 고려해 본다면 그는
실로 먼 길을 왕래하며 공부하고 교회를 섬겼음을 알 수 있다. 주기철
은 3년간 양산교회 조사로 사역하고 평양신학교 졸업과 함께 부산 초
량교회의 부름을 받고 이거하였고, 1925년 12월 30일 경남노회에서
목사 안수를 받았다.

주기철 전도사가 양산교회에 부임하게 되자 정준모는 장남 정진철
과 함께 물금으로 옮겨가 양산교회의 도움을 받아 물금면 459번지에
대지 152평, 건평 17평의 교회당을 건축하여 물금교회를 설립하였다.
교회 설립과 함께 정준모는 초대조사로 봉사하면서 여생을 집필에 전
념하게 된다. 주기철 조사가 양산에서 사역하면서 기차로 하룻길이 되
는 평양신학교를 왕래할 때 정준모 장로는 물금에서 그를 성심껏 뒷
바라지하면서 신앙적 동지가 되었다.

이 때 정준모 장로가 집필하기 시작한 것이 『경제사율』(經題詞律)
이었다. 신심의 깊이와 인생의 원숙함이 베어있는 이 시는 1933년에
완성하였고, 1935년 5월 10일에 간행되었다. 그는 책이 출간된 지 2주
후인 5월 23일(음력 4월 20일) 75세를 일기로 경남 양산군 물금에서
아무런 지병도 없이 잠자는 가운데 하나님의 부름을 받았다. 책을 출
판하기에 앞서 1935년 3월 17일 동래온천장에 있는 벽초관(壁草舘)에
서 출판기념회가 개최되었을 때 부산교계를 대표하는 이들이 모여 축
하해 주었다. 벽초관 뜰에서 찍은 기념사진을 보면 21명이 자리를 같
이 했는데, 마산 문창교회의 주기철 목사를 비롯하여 영도교회의 한

익동 목사, 초량교회 이약신 목사, 부산진교회의 김석진 목사, 항서교회의 김길창 목사, 동래읍교회 김만일 목사를 비롯하여 홍순택 목사, 구영기 집사와 양성봉 장로(초량교회), 우덕준 장로(부산진교회), 강대성 장로, 정덕용 장로 등이 참석하였다. 사진 중에 주기철 목사가 지팡이를 짚고 있어 이진호는 주기철목사가 몸이 쇠약하여 지팡이를 짚고 있다고 말하지만[43] 사실 그 지팡이는 춘전의 지팡이었다.

정준모 장로의 후손들은 부친의 신앙을 잘 받들어 각처에서 모범적으로 교회를 섬기며 복음 사업에 앞장 서 봉사하고 있다. 장남 정진철(鄭鎭徹)은 집사로, 차남 정진휘(鄭鎭徽)는 제일영도교회 장로로, 삼남 정진율(鄭鎭律)은 구포교회 초대장로, 사남 정진덕(鄭鎭德)은 내성교회 장로로 봉사했다. 정진휘 장로의 아들이 정도영 박사인데, 성균관대학교 경제학 교수로 일했고 지금은 미국에서 활동하고 있다. 정진덕 장로의 차남이 정차영(鄭次泳) 장로인데, 그는 아버지를 이어 내성교회 장로로 일생동안 봉사했다.

---

43) 이진호, 23

# 5. 이승규 1860-1922
## 마산지방 믿음의 선각자, 마산 창신학교 설립자

"내 고향 남쪽 바다, 그
파란 물 눈에 보이네. 꿈엔
들 잊으리오. 그 잔잔한 고
향바다. 지금도 그 물세들
날으리 가고파라 가고파."
우리에게 익숙한 가고파의
시인 노산(鷺山) 이은상(李
殷相, 1903-1982). 김동진
(金東振)의 작곡으로 우리
에게 더욱 친숙하게 된 이
시는 노산이 29세 때 쓴 시
였다. 가고파와 함께 '그

마산지방 믿음의 선각자 이승규 장로

집 앞,' '고향 생각,' '봄의 교향악,' '봄 처녀,' '성불사의 밤,' '오륙
도,' '장안사,' 등 주옥같은 시 혹은 시조를 남긴 노산 이은상을 모르
는 사람이 없을 것이다. 그러나 그의 아버지에 대해서는 거의 아는 이
가 없다. 그의 아버지 이승규는 마산지방 초기 신자이자 마산지방 기
독교 운동, 기독교 교육운동의 선구자이자 마산문창교회의 경건한 장

로였다. 노산은 경건한 그리스도인 이승규의 차남으로 출생하여 아버지가 세운 마산 창신학교 4년제 초등과 제5회 졸업생(1915. 3. 22)이 되었고, 역시 4년제 고등과도 수학하고 1919년 3월 17일 제5회로 졸업했다.[44] 그가 기독교적 분위기에서 성장했으나 기독교신자로 살지 못했고, 불교적 정취가 그의 시를 압도하고 있다는 점은 아쉬운 일이지만 그래도 그는 아버지로부터 기독교 신앙을 배웠다. 그 신앙 정신이 노산의 생애여정에 영향을 주지 못한 이유는 무엇일까? 이 점에 대해서는 후에 논의하고자 한다. 그러나 노산은 선대가 물려준 그 신앙의 울타리 안에서 살지 못했음을 아쉬워했다고 한다.

이승규(李承奎, 1860-1922)가 우리의 관심을 끄는 것은 그가 이은상의 선친이라는 점 때문이 아니라, 마산지방 기독교운동의 선구자였고, 이 지방 교회운동, 기독교학교 운동, 그리고 독립운동의 지도적 인물이었다는 점 때문이다. 그의 헌신으로 마산 문창교회가 설립되었고, 창신학교가 설립된 것이다. 이승규는 철종 11년인 1860년 서울에서 이병직과 김주은의 아들로 출생했다. 그의 호는 남하(南荷)였다. 그의 아버지는 천주교도로서 고종 3년인 1866년 병인교난 때 박해의 위험에 처해 있었다. 천주교를 신봉한다는 이유로 전주(全州) 이씨(李氏) 종중에서 축출을 당하게 되자 서울에 거주할 수 없어 밤중에 부인과 아이들을 데리고 경상도지방으로 향했고 결국 부산 동래(東萊)에 정착하게 된다. 이 때 이승규가 6살 때였다. 1863년에 집권한 대원군은 안으로는 왕권을 강화하고 밖으로는 쇄국정책을 수립하고 천주교를 탄압하기 시작했는데, 이 박해는 10년간 계속되었다. 이 기간

---

44) 김봉천편, 『노산 이은상 선생』(마산창신고등학교, 2002), 47.

중 8천여 명의 신자들이 처형되었고, 국내에 있던 외국인 선교사 12명 중 9명이 순교하였다. 이런 판국에서 서울에 남아 있을 수 없었던 것이다. 아버지를 따라 지금의 부산 동래에 정착한 이승규는 김영유(金永柔)와 결혼하였고, 의약(醫藥)과 한약을 공부하여 한의사가 되었다. 그는 근면한 생활로 명의라는 이름과 함께 상당한 부를 얻게 되었다.[45]

이승규는 불혹(不惑)의 나이 40이 되었을 때 자신의 삶의 여정을 뒤돌아보게 되었다. "내가 40이전에는 나 자신을 위해 살았고, 또 제물을 모았으나 이제는 남을 위해 살고 남을 위해 재물을 써야겠다."고 생각하고 그 뜻을 펼칠 곳을 찾던 중 1903년 경상남도 마산으로 이주하게 된다. 그가 왜 마산에 정착하게 되었는가는 분명히 알 수 없다. 그러나 그가 마산으로 이주하면서 그의 삶은 커다란 변화를 겪게 된다. 그가 마산에서 호주장로교선교사 손안로(Andrew Adamson)를 통해 기독교로 개종하고 전도자의 길을 가게 된 것이다.

1894년 5월 20일 내한한 손안로는 부산 초량에 정주하고 부산과 경남지방을 순례 선교하였는데, 그의 발길이 닿지 않는 곳이 없었을 만큼 경남지방에서의 그의 영향력은 대단한 것이었다. 그가 마산지부로 이동하게 된 것은 1910년이지만, 그는 부산에 정주하면서 1900년을 전후하여 마산을 왕래하였다. 1900년 이후 마산지방은 손안로의 순회 지역이었기 때문이다. 이런 여정에서 이승규는 손안로와 접촉하게 되었고, 기독교로 개종하게 된다. 1910년 이후 손안로는 마산 노비산 정상의 주택에 거주하면서 마산지부 관할지역인 웅천, 창원, 칠원, 함안 등지를 순회 전도하였다. 이승규의 개종에 대한 단서는 『조선예수교

---

45) 『창신60년사』(창신중.공업고등학교, 1969), 28.

장로회 사기』에 기록되어 있다.

> 구마산(舊馬山)교회가 성립하다. 선시(先是)에 백도명(白道
> 明)의 전도로 김씨마리아(金氏 瑪利亞), 김씨 인모(金氏 仁
> 慕)가 신도(信徒)하고 열시 전도하야 여자 칠인이 회집 예
> 배하니 교회가 설립되얏고, 그 후 선교사 노세영(盧世永)이
> 래(來)하야 학습 칠인을 세우고 부산교회 제직이 윤회인도
> (輪回引道)하얏스며, 그 후에 동지거(同地居) 김씨주은(金
> 氏主恩)이 영국선교사 손안로(孫安路)에게서 문도신주(聞
> 道信主)하고 손안로와 해도(偕到)하야 기자(基子) 이승규
> (李承奎)에게 전도하야 귀주(歸主)케 하니 동지 수십 인이
> 입교하난지라. 손안로가 가옥(家屋)을 매수(買收)하야 예
> 배당으로 사용하니 자차(自此)로 마산에 양교회가 병립(竝
> 立)하야 종종 분쟁이 유(有)하니라. [46]

위의 기록에 의하면 이승규의 모친 김주은[47]이 손안로의 전도로 먼
저 개종하였고, 그리고 다시 부인과 손안로를 통해 이승규 또한 개종
한 사실을 알 수 있다. 그리고 이들에 의해 손안로를 중심으로 지역
교회를 설립하였음을 알 수 있다.

또 위의 기록은 마산지방에서의 첫 교회 설립은 두 가지 별도의 과
정으로 이루어졌음을 보여준다. 첫째는 전도자 백도명의 노력에 의한
김마리아, 김인모 등의 입교로 시작되어 북장로교 선교사 로세영(Rev.

---

46) 『조선예수교장로회 사기』, 88

47) 김봉천, 46; 『마산문창교회 85년사』, 17. 김주은 이승규의 부인이라는 기술(『창신 60년
사』, 41)은 오기이다.

Cyril Ross)의 지도로 성립한 교회이며, 다른 하나는 손안로 선교사의 전도로 입신한 김주은과 그 아들 이승규 등이 손안로 선교사의 지도하에 성립한 교회가 그것이다. 이 두 교회는 후일 통합되어 지금의 마산문창교회로 발전하는데, 이승규는 이 교회 설립에 동참하게 되었다는 점이다. 그런데, 손안로의 사역과 관련한 호주장로교 기록에 의하면 흥미로운 사실을 확인할 수 있다. 즉 손안로 선교사를 한국에 파송한 '청년연합회'(YMFU)의 "제15차 연례보고서, 1903-1904"에 의하면 다음과 같은 기록이 있다. [48]

> 마산포에는 작은 주택 한 채가 예배처소로 사용하기 위해 매입되었다. 그리고 이 주택 매입과 필요한 설비비용이 현재 회심자에 의해 충당되었다. 토착인 조사가 이 좋은 일을 위해 이곳에 체류하게 되었다. [49]

이 자료를 통해서 볼 때 예배처소의 매입은 호주선교부의 자금이 아니라 한국인의 헌신적인 희생을 통해 이루어진 것이 분명한데, 그가 이승규였을 것이다. 그가 초기 회심자였고, 그는 당시로는 상당한 부를 누리고 있었기 때문이다. 이은상은 마산에서의 젊은 날을 회고하면서 "구마산역에서 북마산역으로 뚫린 큰 길이 전부 우리집 마당이었다"고 회상했을 만큼 이승규는 재물이 있었다. [50]

---

48) Young Men's Fellowship Union, *Fifteenth Annual Report, 1903-1904*, 6.

49) 원문은 다음과 같다. At Masanpo, a small house has been purchased for a place of worship, and the cost of same, together with necessary alternations, has been entirely borne by the converts. A native helper is to be immediately located here to carry on the good work.

50) 김봉천, 183.

어떻든 이상의 점들을 고려해 볼 때 아마도 마산지방에서의 기독교 선교운동은 북장로교 선교사와 호주장로교 선교사의 독립적인 순회 전도의 결과로 양 교회가 동시적으로 성립된 것으로 보인다. 이 양 교회는 종종 선의의 경쟁을 했고, 상호간의 불화를 막고 건덕을 위해 1903년 3월 19일 하나의 교회로 통합하였는데 이것이 마산포교회, 곧 지금의 마산 문창교회이다.

이승규는 기독교교육 사업에 눈을 뜨고 손안로 선교사와 함께 성호리(城湖里) 마산포교회당에서 독서숙(讀書塾)을 설립했다. 이 학교의 설립자가 누구인가에 대해서는 논란이 없지 않다. 마산창신학교는 이승규를 설립자로, 마산 문창교회는 교회가 설립주체였다고 주장하지만, 이 학교는 이승규의 주도하에 손안로의 협조로 교회가 중심이 되

D. M. LYALL MEMORIAL SECONDARY SCHOOL FOR BOYS, MASAN, KOREA.
Opened December, 1924.                    Presbyterian Church of Victoria.

마산창신학교(1924년 12월)

어 설립된 학교로 볼 수 있다. 설립 주체는 교회와 호주 선교부였고, 이 일을 주도한 이는 이승규였다. 이 학교를 독서숙이라 한 것은 젊은이들에게 먼저 책을 읽혀야 한다는 생각에서였을 것이다. 이때가 1906년 5월 17일이었다. 당시 마산포교회당은 한옥을 개조한 예배당이었는데 이 시설을 이용하면서 이승규는 손안로 선교사의 지원과 후원을 받으며 이 학교를 운영했다. 이 학교는 마산지역 최초의 근대학교였다. 이 학교는 융희3년 곧 1909년 8월 19일자로 손안로를 교장으로 하여 학부대신 이재곤(李載崑)의 인가를 받아 창신학교(昌信學校)라는 이름으로 출발했다. 이승규는 부교장이었다. 이 학교는 설립 이년 후(1908)부터는 남여공학제를 시작했는데, 이것은 호주선교부의 영향이었다. 여성도 동일한 교육의 대상임을 일깨워주기 위한 조처였다. 창신학교는 부산진의 일신여학교에 이어 호주장로교회가 운영하는 마산지방 첫 기독교 학교였다. 이름을 창신(昌信)이라 한 것은 고래의 문창리라는 지명에서 창(昌)을 하나님에 대한 믿음에서 신(信)자를 따 명명한 것이다. 초기 학생준수 세칙을 보면 이 학교가 지향했던 기독교적 정신을 엿볼 수 있다.

- 상제(上帝)를 숭사(崇事)하며 구주(救主)를 독신(篤信)하
  여 영성(靈性)을 배양함.
- 매일 기도시에 일제 내참(來參)하여 진성(盡誠) 기도함.

구마산교회(현 문창교회)가 1911년 제비산 밑 상남동 87번지에 예배당을 신축하고 이전하게 되자 학교도 이곳 예배당으로 이전하였다. 마산지역에서 남여공학제는 순탄하지는 않았다. 당시의 사정을 고려

해 볼 때 이해할 수 있는 일이지만 지역 주민의 반대여론 때문에 공학을 계속할 수 없었다. 할 수 없이 호주선교부는 창신에 적을 둔 여학생을 시작으로 별도의 여학교를 설립했는데 그것이 의신(義信)여학교였다. 이 때가 1913년 4월 5일이었다. 1911년 당시 창신에 적을 둔 108명의 학생 중 여학생이 28명이었던 것을 보면[51] 1913년 당시는 30명이 넘었을 것이다. 의신여학교는 부산의 일신여학교와 함께 호주선교부 산하의 대표적인 여자 학교였다.

이승규는 후일 마산포교회(이 교회는 구마산교회, 마산교회, 혹은 상남교회 등으로 불리다가 1919년 문창교회로 개명된다) 장로가 된다. 1912년 7월 2일 밀양읍교회당에서 개최된 제3회 경상로회에서[52] 그리고 1912년 8월 31일 평양신학교에서 개최된 제4회 노회에서 이승규의 장로장립을 청원했으나 유안되었고,[53] 1913년 12월 31일 마산교회당에서 개최된 제7회 경상로회에서 이승규 장로장립을 가결하였다.[54] 앞의 두 번의 노회에서 피택장로인 이승규의 장로 장립이 연기된 이유에 대해서는 확인할 길이 없다. 그러나 제7회 노회의 결의에 따라 이승규는 1914년 1월 18일 장로로 장립하였고, 최경호장로(1912. 3. 17)에 이어 마산포교회 제2대 장로가 되었다. 이 때부터 1922년 사

---

51) Edith Kerr & George Anderson, 52.

52) 이 때의 회의록은 다음과 같다. "마산포교회에 피택장로 리경중(이승규)은 금번에 장로 장립홀 허락주기를 청원ᄒᄆ 아직 류안ᄒ기로 회중이 동의가결ᄒ다."(『경샹도예수교쟝로 교로회록』 17쪽).

53) 이 때의 노회 기록은 다음과 같다. "최경호씨가 마산포교회 피택장로 리경중(이승규)은 장로장립홀 허락하여 주기를 청원ᄒᄆ 회중은 아직 기다리기롤 동의가결ᄒ다."(『경샹도예수교쟝로교로회록』, 22쪽).

54) 이 때의 노회록은 다음과 같다. "마산포교회에 리승규씨도 본디방목ᄉ의게 위임ᄒ여 장립ᄒ기로 회중이 동의가결ᄒ다."(『경샹도예수교쟝로교로회록』, 51쪽).

망시까지 장로로 봉사했다.

이승규는 1919년 당시 31만세운동에도 관여한 것으로 보인다. 사실 이갑성(李甲成)은 마산으로 내려와 이승규를 민족대표 33인 가운데 포함시키고자 시도한 것으로 알려져 있다.[55] 이 때는 이승규의 차남 노산 이은상이 창신학교 고등과를 졸업하던 해였다. 당시의 상황에 대해 경남신문은 이렇게 보도하고 있다. "마산에서의 독립의거는 남하선생(이승규를 지칭함)을 비롯하여 기독교계의 유력 인사들과 창신학교 교원이었던 박순천(朴順天), 김필애(金弼愛)와 학생 대표 한택익(韓泰益), 이정기(李庭紀), 이형재 등이 주동이 되었고, 이들은 노산선생의 공부방(현 북마산파출소 자리)과 의신여학교 학생 최봉선(崔鳳仙)의 집에서 모의를 거듭하며, 독립선언문을 등사하고 태극기를 그리는 등 거사 준비를 진행했고, 1919년 3월 21일 구마산 장날을 기회로 3천여명의 군중과 함께 만세시위를 벌였다."[56] 이 기록이 삼일운동 당시의 기록이 아니라 훨씬 후대의 기록이라는 점에서 실증적 검토가 요구되지만 이승규는 지역 유지로서 이 일에 관여한 것으로 볼 수 있다.

경남 마산시 상남동 102번지에 거주하며 이 지역에서의 기독교운동과 교육운동, 그리고 독립운동에도 관여하는 등 교회와 민족을 위해 살았던 이승규 장로는 1922년 3월 29일 만 62세의 나이로 세상을 떠났다. "나는 주님의 손목을 잡고 간다"가 마지막 유언이었다고 한다. 그는 죽기 전에 자신이 모든 전 재산을 아무런 조건 없이 마산시에 헌

---

55) 『창신 60년사』, 75.
56) 김봉천, 47.

납했다.[57] 이를 통해 지역 교육자로서 그리고 신실한 종교인으로서 아름다운 모범을 보여주었다. 당시 마산의 교회를 비롯하여 17개 사회 단체가 연합하여 4월 4일 그의 장례를 사회장으로 치러 고인을 추모 했다. 이승규 장로는 마산시 회원동 산 62-3낙농부락 밑에 묻혔다.

이승규 장로는 슬하에 여섯 아들을 두었는데 장남은 어린 나이에 세상을 떠났으므로 차남인 이은상이 사실상의 장남이었다. 이은상은 한국을 대표하는 문인으로 살다가 방광암으로 세상를 떠났는데, 생애 말년에 기독교로 귀의하였다고 한다. 그 동생들은 일찍이 미국으로 이민을 갔는데, 3남 이한상은 장로로, 4남 이길상은 저명한 물리학자로 연세대학교 교수를 지냈고, 정동감리교회 장로이기도 했다. 5남 이정상은 배제 출신으로 일제하에서 순교자가 되었고, 6남 이신상에 대해서는 알려진 것이 없다. 3남 이한상 장로의 장남 이수남은 미국에서 목사로 활동했고, 그의 장남 이광명은 장로로서 부인 이지은 목사와 함께 라오스에서 선교사로 활동하고 있다.

57) 김봉천, 48.

# 6. 심상현 1870/74-1894
## 부산 경남 지역 최초의 수세자

한국인으로 최초로 영세 받은 인물은 1784년 북경에서 예수회 신부 그라몽에게 영세 받은 이승훈으로 알려져 있다. 한국인으로 처음으로 세례 받은 인물은 1876년 설이 있지만 1879년 만주에서 세례 받은 이응찬과 그의 동료들인 김진기, 백홍준, 이성하 등으로 알려져 있다. 국내에서 처음으로 세례 받은 인물은 노도사라고 불린 노춘경(盧春京)이었다. 그는 1886년 7월 11일 언더우드에게 비밀히 세례를 받았다. 한국인 여성으로 처음으로 세례 받은 인물은 1887년 10월 16일 아펜젤러에게 세례 받은 최성균(崔成均)의 아내인데, 아펜젤러는 그의 일기에서 그저 '최씨의 아내'라고만 기록하고 있기 때문에 정확한 씨명을 알 수 없다.

그렇다면 부산경남지방에서 최초의 수세자는 누구일까? 벌써 오래전의 일이지만 나는 이 대수롭지 않는 호기심을 가지고 부산경남지방 최초의 수세자를 추적한 일이 있다. 한국과 호주를 오가며 이런 저런 문서를 뒤지던 중에 부산경남 지방에서의 최초의 세례식은 1894년 4월 22일이었다는 사실을 확인하게 되었고, 이날 세사람이 세례를 받게 되었는데, 그들이 심상현(沈相炫)과 두 여성인 이도념(李道恬)과 귀주(貴珠, 성은 알 수 없지만 李씨였을 가능성이 높다)라는 여성이었음을 밝혀낸바 있다. 호주선교사들에 의해 입신하게 된 이 세 사람은 부산에 거주하던 북장로교 선교사인 윌리엄 베어드(裴緯良, William Baird)에게 세례를 받았다. 당시 호주선교부에는 목사 선교사가 없었기에 북장로교 선교사에게 세례를 받게 된 것이다. 배위량의 기록에 보면 호주선교사 멘지스(Belle Menzies)의 어학선생이었던 심상현에게 먼저 세례를 베푼 후 두 여성에게 세례를 베풀었다고 한다. 비록 같은 날 세례 받았지만 심상현은 한강 이남의 최초의 수세자인 셈이다.

그렇다면 심상현이란 어떤 인물인가? 나는 다시 이 인물의 이력과 삶의 여정을 추적하기 위해 긴 겨울밤을 친구삼아 호주의 여러 고문서관을 뒤지며 각종 문서를 섭렵했으나 만족할 만한 정보를 찾지 못했다. 불과 한 세기 전의 인물이지만 그에 대한 국내 기록은 전무했다. 유일한 국내 기록은 백낙준 박사의 언급, 곧 "멘지스양의 어학 선생이었던 심서방"이라는 기록뿐이었다.[58] 그래서 그는 '심서방'(Sim Sye Bang)으로만 알려져 왔는데, 나는 여러 정보를 수합하는 중에 그는 심인택의 장남으로 출생했다는 점을 알게 되었고, 차츰 그의 면모를 확인하게 되었다.

인간의 삶의 여정은 어딘가 그 흔적이 남아 있다. 고고학자 하인리히 슐리만이 했던 말이다. 이런 저런 자료와 문헌을 뒤지면서 그가 걸어갔던 삶의 흔적을 알게되었는데, 그에게는 동생이 있었는데 그가 심취명이었다. 심취명(沈就明, 1875-1958)이 1875년 12월 5일 생이니 형인 심상현은 1870-1874년 어간에 출생했을 것이다. 전통적인 양반 가문에서 출생한 그는 어려서 한학을 배우고 유가적(儒家的 환경에서

---

58) 백낙준, 『한국 개신교사, 1832-1910』(연세대학교 출판부, 1973), 217.

### A LETTER FROM SIM SANG HYEN, THE COREAN TEACHER AT FUSAN.

 DEAR Miss——, I hope you are getting better of your sickness. I pray God and our Lord Jesus Christ to make you better. I have no doubt but God will watch over you and help you.

My family and self thank God and all your sick friends for helping us to get such a nice house for us.

We all pray for you.

Our family trust to become Jesus-loving people. I think all my people will love Jesus because you all are praying for us. My father, mother, wife, and brother never forget your kindness helping us, and praying God's Spirit to help us.

Please let the other sick ladies know what we think of their kindness.

God has helped us to become His children. "Koui Chou" is the old Buddhist woman's new name, meaning "goodly pearl."

Archie, new name, "To Nyem," meaning "doctrine pure."

My new name, "Sang Hyen," meaning "both bright."

First, God's great grace has made us to become His children, and your prayers for us. We thank everybody very much. Good-bye, sick sister in Australia. I hope you will write me next time.

SIM SANG HYEN.

심상현이 보낸 편지를 번역 게제한 호주 멜보른의 교회학교 잡지인 *Record* 1894년 8월호. 이 편지가 부산지방 첫 수세자 명단을 확인하는 중요한 단서가 되었다

성장했다. 그러나 그에게는 서양문물에 대한 관심이 있었다. 이런 연유로 그는 약간의 영어도 구사할 수 있게 되었다. 이런 배경에서 부산부 초량에서 살던 그는 호주 선교사와 접촉하게 되었고, 1892년부터 세례받을 때까지 2년간 멘지스(Belle Menzies)의 어학선생으로 일하게 되었다. 멘지스가 내한한 때가 1891년 10월이었으니 1892-4년 어간의 일이다.

호주선교사 멕카이 목사의 기록에 의하면, 심상현은 원래 유학에 조예가 깊은 자부심이 강한 사람이었다고 한다. 멘지스의 어학선생이

되었으나 선교사가 주관하는 집회에 참석하지도 않았고, 유가적 전통을 고수하던 인물이었다고 한다. 그러나 멘지스의 끈질긴 노력과 오랜 기도의 결과로 기독교 신앙을 갖게 되었고, 마침내 1894년 4월 22일 세례를 받게 된 것이다. 이때의 세례가 부산, 경남지방에서의 최초의 세례이자 한강 이남에서의 첫 세례였다. 그 동안 심상현의 친구들은 그로 하여금 신앙을 버리도록 여러 차례 권고하였으나 그의 결심은 견고하였다. 그가 신앙을 갖게 되고 시간이 지남에 따라 그의 인격이 변화되고 신앙이 성숙되어 갔다. 이 점에 대해서는 세례식을 앞두고 4월 6일과 16일 두 차례 심상현을 면접했던 배위량 선교사의 기록속에 잘 나타나 있다. 배위량은 4월 16일자 일기에서 이렇게 썼다.

> 오늘 심서방과 다시 대화하였다. 내가 믿기로 그는 틀림없는 신자다. 그는 자신의 죄를 용서하시고 의의 길로 인도하시는 주 예수 그리스도에 대한 온전한 신앙을 고백하였다. 뿐만 아니라 그는 가족의 구원을 위해서도 크나큰 관심을 보였다. 가족 중 어느 누구도 온전한 신앙인이 되지는 않았으나 점차로 신앙을 갖게 될 것으로 기대하였다. 그는 자신이나 아버지뿐만 아니라 그의 조부까지도 불교도도 유교도도 아니었고, 신수를 보거나 점쟁이를 따르지도 않았다고 말했다. 오직 조상만 섬겨 왔다고 말했다. 그러나 지금은 조상에게 제사를 지내지 않는다고 말했다. [59]

멕카이 목사의 기록을 참고해 볼 때 심상현은 외모도 훤출했을 뿐

---

59) *William Baird of Korea, A Profile* (1908), 48

만 아니라, 그리스도인의 인격을 겸비한 특출한 재능이 있었고, 일본어와 중국어는 물론 영어까지 구사할 수 있는 인물이었다.

그러나 불행하게도 세례를 받고 불과 6개월이 못되어 1894년 10월 중순 경 갑작스럽게 세상을 떠났다. 사인(死因)이나 사망일에 대한 분명한 기록은 없으나, 10월 18일자로 기록된 빅토리아주 청년 연합회장이었던 캠프(Kemp)씨에게 보낸 아담슨 선교사의 편지에서 "19일 장례식을 치룬다"고 한 점을 미루어 볼 때 심상현씨의 사망일은 10월 15일 혹은 16일 경으로 추측된다. 이렇게 볼 때 그는 세례를 받은 지 6개월 만에 하나님의 부르심을 받은 것이다.

이 불행한 죽음이 심씨 가정을 기독교회로 인도하는 시작이 되었다. 그의 죽음으로 그의 부모가 신앙을 갖게 되었고, 그의 동생 심취명 또한 신앙을 갖게 되었다. 또 심상현의 사촌인 김씨도 기독교로 개종하였는데, 그는 선교부가 운영하던 남자학교 교사였다. 어떻든 부산지방 첫 장로, 그리고 첫 목사가 되는 심취명은 형의 입신과 수세, 그리고 죽음으로 기독교 신앙을 받아 드리게 되었고, 심상현이 사망한지 약 1년 뒤인 1895년 11월 그의 친척들이 다같이 세례를 받았다.

아들의 죽음에도 불구하고 낙망하지 않고 온 가족이 기독교 신앙을 받아드리게 된 것은 호주교회가 베풀어준 사랑 때문이었을 것이다. 심상현이 세례 받게 되는 1894년 4월 전후 무어(Elizabeth S. Moore) 등 호주의 여 선교사들은 빅토리아주의 발라랏(Ballarat)에 사는 기도 후원자들에게 심상현의 주택을 구입하기 위한 모금을 요청하는 서신을 보냈는데, 이 편지를 받은 신자들이 기도하는 중에 정성껏 모금한 후원금을 보냈다. 이 돈으로 부산진의 선교사관 맞은편

한옥을 매입하였고, 심상현으로 하여금 이곳에 거주하게 했다. 이 일에 대해 심상현은 감사의 편지를 보냈는데, 그 편지는 당시 상황에 대한 귀중한 정보를 제공한다. 이와같은 이국인의 사랑을 알게 된 상현의 아버지 심인택(沈仁澤)은 윌리엄 베어드가 운영하던 남자학교의 한문교사로 일하게 되었다. 또 심취명은 형의 뒤를 이어 처음에는 한국어 선생으로 봉사하였으나, 후에는 일신여학교 교사로, 그리고 선교부가 주관하는 신앙교육을 담당하였다. 이처럼 선교부에서 일하던 관계로 심취명도 신앙이 성숙하였고 후일에는 선교사의 후원으로 결혼까지 하게 된 것이다.

부산, 경남지방 최초의 수세자였던 심상현은 비록 짧은 생애를 살았으나 그의 가족을 통해 기독교 신앙은 계승되었고, 경남 지방 복음화의 초석이 된 것이다.

# 7. 심취명 1875-1958
### 부산경남 지역 최초의 장로이자 목사, 목회자

부산지방 기독교 인물 가운데 우리의 흥미를 끄는 한 사람이 심취명(沈就明, 1875-1958)이라는 인물이다. 그는 부산진교회 첫 신자였고, 부산지방 첫 수세자 가족으로 두 번 째 수세자가 되었고, 또 부산지방 첫 기독교식 결혼식을 올린 인물이었다. 뿐만 아니라 그는 부산진교회 첫 장로이자 첫 목사였다. 다시 말하면 그는 부산지방, 아니 한강 이남의 최초의 장로였고 부산경남 지방 최초의 한국인 목사이기도 했다. 이

부산지역 첫 장로이자 목사였던 심취명

런 점에서 그에 대한 관심은 자연스럽다. 그는 이 지방 복음화를 위해 일했던 사역자이자 초기 한국교회 목회자였다.

심취명는 1875년 12월 5일 심인택의 둘째 아들로 출생했다. 본명은 심상호(沈相鎬)였으나 후일 기독교 신자가 되면서 취명으로 개명했다. 전통적인 양반가문에서 출생한 그는 어려서 한학을 배우고 유가적(儒家的) 환경에서 성장했다. 그가 앞에서 언급한 바와 같은 초기 부산지방 기독교계와 한국교회의 목회자가 된 것은 그의 형의 영향이었다. 즉 그는 형인 심상현의 영향으로 서양문물을 접하게 되었고 기독교 신자로 개종하게 된다.

그의 형 심상현(沈相炫)은 오랫동안 알려지지 않았던 인물이었으나 부족하지만 필자가 약 20여년 전 부산 지방 첫 수세식에 관한 자료를 탐색하던 중 그를 알게 되었고, 그와 초기 부산지방 기독교에 대한 중요한 사실을 발견하게 되었다. 단지 백낙준 박사가 심상현에 대해 "멘지스 양의 어학선생이었던 심서방(沈書房)이 처음 얻은 신자였다"라고 하여 그의 존재를 말한 일이 있을 뿐이다.[60]

일반적으로 심서방(Sim Sye Bang)으로 알려진 심상현은 세례 받을 때까지 2년간 호주선교사 멘지스(Belle Menzies)의 첫 한국어 선생이었다.[61] 심상현을 잘 알고 있던 역시 호주선교사 멕카이 목사의 기록에 의하면 그는 원래 유학에 조예가 깊고, 자부심이 강한 사람이었다고 한다.[62] 그는 멘지스의 어학선생이 되었으나 선교사가 주관하는 집회에 참석하지도 않았고 유가적 전통을 고수하던 인물이었다. 그러나 멘지스의 끈질긴 노력과 오랜 기도의 결과로 기독교 신앙을 갖게 되었고, 드디어는 1894년 4월 22일 세례를 받았다. 이 때의 세례가 부

---

60) 백낙준, 『한국 개신교사, 1832-1910』, 217.
61) R. Baird, 48.
62) *Record*, Dec. 1895, 15.

산, 경남지방에서의 최초의 세례이자 한강 이남에서의 첫 세례였다.[63] 이 때 그는 나이든 두 여성, 곧 이도념(李道恬), 그리고 ○귀주(貴珠, 성 미상)와 함께 세례를 받았다.[64] 그 동안 심상현의 친구들은 그로 하여금 신앙을 버리도록 여러 차례 권고하였으나 그의 결심은 견고하였다. 그가 신앙을 갖게 되고 시간이 지남에 따라 그의 인격이 변화되고 신앙이 성숙되어 갔다. 이 점에 대해서는, 앞에서 지적했지만 세례식을 앞두고 심상현을 4월 6일과 16일 두 차례 면접했던 배위량 선교

---

63) 부산지방에서의 첫 세례식에 관해서 분명히 말한 자료는 오직 두 가지 뿐이다. Harry A. Rhodes의 *History of the Korea Mission, Presbyterian Church U.S.A.* Vol. I (1884-1934) 와 Richard Baird가 엮은 *William. M. Baird of Korea, a profile*(1968)이 그것이다. 전자에서는 첫 세례식 일자를 1894년 4월 23일이라고 기록하였으나(129쪽), 후자에서는 1894년 4월 22일로 기록하였다(48-49쪽). 특히 두 번째 자료는 부산지방의 첫 북장로교 선교사이자 첫 세례식을 집례했던 William Baird의 일기를 선별하여 편찬했는데, 이 일기에서는 두 번이나(1894년 5월 3일자와 7월 16일자) 첫 수세일을 4월 22일로 기록하였다. Rhodes의 자료는 2차 자료이지만, Baird의 자료는 1차 자료로서 세례식을 집례했던 Baird 선교사의 일기에 근거하고 있으므로 신뢰성이 높다. 특히 1894년 4월 22일이 주일이었음을 고려해 볼 때 의심의 여지가 없다. Baird가 1894년 7월 15일 자신의 고용인에게 세례를 베풀었는데, 이때도 주일이었다.

64) 이 날 세례를 받은 두 여성에 대해서는 충분한 정보를 갖고 있지 못하지만, 심상현씨에 대해서는 보다 많은 정보를 찾을 수 있었다. 심상현이 세례를 받았던 4월을 전후하여 무어(Moore) 등 여선교사들은 빅토리아의 발라랏(Ballarat)에 사는 기도 후원자들에게 심상현의 주택을 구입하기 위한 모금을 요청하는 서신을 보냈는데[*Record of Church of Australia and Tasmania*. Vol. VI. No. 8 (Aug. 1894), 5 참고], 이 편지를 받은 신자들이 은밀하게 기도하는 중에 "환우(患友)기도회"(*Invalids' Prayer Band*)가 정성껏 모금한 후원금을 부산에 송금하였고, 선교부는 이 돈으로 부산진의 선교사관 맞은편 한옥을 매입할 수 있게 되었다. 이곳에 거주하게 된 심상현은 환우들에게 감사의 편지를 보냈는데 이 편지를 통해서 우리는 배위량의 일기에서 다소 불분명했던 첫 수세자의 이름을 정확하게 확인할 수 있게 되었다. 심상현은 이 편지에서 후원금에 대하여 감사한 후 "하나님은 우리로 하여금 자녀가 되도록 하셨지요. 귀주(*Koui Chou*)는 불교를 신봉하던 나이 드신 부인의 새 이름인데 '귀한 진주'(goodly pearl)란 뜻이지요. 또 다른 부인(Archie)의 새 이름은 도념(To Nyem)인데 '순수한 도'(doctrine pure)란 뜻이 있습니다. 그리고 저의 새 이름은 상현(Sang Hyen)인데 '서로 밝음'(both bright)이란 뜻이지요"라고 이름의 뜻을 설명하였다. 이 정보에 근거하여 3 수세자의 이름이 정확하게 심상현(沈相炫), 이도념(李道恬)과 귀주(貴珠)임을 알 수 있다. 외국인들은 한국의 지명, 인명 등 고유명사에 대한 표기가 부정확하거나 완전하지 못한 점을 고려해 볼 때 심서방의 편지는 매우 중요한 정보를 제공한다.

사의 기록 속에 잘 나타나 있다.[65]

불행하게도 심상현은 수세후 6개월이 지난 1894년 10월 중순 경 세상을 떠났다.

그러나 그의 죽음 때문에 그의 부모가 신앙을 갖게 되었고 동생인 심취명(沈就明) 또한 신앙을 갖게 된 것이다. 또 그의 사촌뻘 되는 김씨도 기독교로 개종하였다. 그는 선교부가 운영하던 남자학교 교사였다. 어떻든 부산지방 첫 장로, 그리고 첫 목사가 되는 심취명은 형의 입신과 수세, 그리고 죽음으로 기독교 신앙을 받아 드리게 되었고, 심상현이 사망한지 약 1년 뒤인 1895년 11월 함께 세례를 받았다.[66] 아버지 심인택씨는 위리엄 베어드가 운영하던 남자학교의 한문교사로 일했다. 심취명은 형의 뒤를 이어 처음에는 한국어 선생으로 봉사하였으나 일신여학교 교사로, 그리고 선교부가 주관하는 신앙교육을 담당하였다. 이처럼 선교부에서 일하던 관계로 심취명의 신앙은 성숙하였고 선교사의 후원으로 결혼까지 하게 되었다.

심취명은 세례 받은지 약 7개월 뒤인 1896년 6월 10일 오후 3시 부산진의 호주선교사관에서 호주선교사 아담슨(Rev. Andrew Adamson)의 주례로 김봉숙(金鳳叔)과 결혼했다.[67] 그런데 이들의 결혼은 부산지방 최초의 기독교적 예식으로 드려진 결혼이었다는 점에서 우리의 관심을 자극한다. 이 흥미로운 사실에 대해서는 이미 필자가 소품을 발표한 바 있지만 이 글에서는 간단히 소개하고자 한다.

---

65) *William Baird of Korea, a Profile* (1908). 48.

66) *Chronicles*(July, 1, 1907), 5.《부산진교회 생명록》(1922.3), 3 참고.

67) *Messenger*(Nov. 2, 1896), 419-420; *Chroncles*(1, July, 1907), 5-6; *Fellowship Messenger*(Aug. 1896), 63.

부산진 좌천동 호주선교본부에서의
심취명

김봉숙은 부산진에 사는 어부의 딸로서 호주의 여선교사들이 운영하는 여자 성경반(Young women's Bible class)에 출석하는 처녀였다. 결혼할 당시는 아직 세례받기 전이었으나 수세 후 보자로서 성격이 밝고 온화한 여성이었다. 이날 결혼식은 서양 사람이 집례하는 첫 신식 결혼예식이라고 하여 원근각처에서 많은 사람이 몰려들었고, 이름 그대로 진기한 구경거리다. 호주 출신 선교사 무어(Miss Bessie S. Moore)는 이날의 결혼식에 대해 보고하는 1896년 6월 21일자 편지에서 "... 이 날의 예식은 이 지방에서의 첫 기독교식 결혼예식이었고, 그 모든 예식은 상당한 관심을 불러 일으켰다"[68]는 기록은 이해할 만 하다.

호주 선교사들의 기록을 보면 심취명의 부모들은 신부가 반드시 신자여야 한다는 의식이 없었으나 심취명은 이를 중시했다. 멘지스와 무어 선교사는 심취명의 부모들을 설득하여 '여자 성경반'에 출석하는 한 여성을 며느리로 맞아들일 것을 권했고, 며칠이 지난 후 심취

---

[68] " .... being the first Christian wedding in this part of the World, the whole affairs caused a considerable sensation."

명의 어머니는 여자성경반 학습이 진행되는 날 저녁 선교사 관에 와서 창가를 서성거리면서 내실을 훔쳐보았다고 한다. 이런 과정에서 심취명은 멘지스의 조언을 따라 19살의 김봉숙을 아내로 맞게 된 것이다.

1900년 10월에 내한한 왕길지 선교사는 부산진교회 담임목사였다. 이 교회에서 신앙생활 하던 심취명은 1903년에는 장로로 택함을 받았고, 1904년에는 5월 27일에는 장로 장립을 받았다. 곧 그는 부산경남지방 최초의 장로가 된 것이다. 이 때 그의 나이는 29세였다. 이로서 부산진교회는 부산지방 최초로 당회를 구성하게 되었다. 이때는 한국 장로교회가 노회를 조직하기 전이었다. 이 당시 장로로는 장연군 송천의 서경조, 용강의 방기창, 증산찬천의 송인서, 평양 장대현교회의 길선주, 장천의 한석진 등 이북지방에 10여명의 장로들이 있을 때였다. 부산진교회 제1회 당회록는 다음과 같이 기록하고 있다.

> 장로공의회와 경상도 목사들이 심취명으로 부산교회의 장로로 택한 것은 좋다하고 또 경상도 위원들이 심취명의 교회법과 성경요리문답 아는 것이 족하다 한 후에 장로의 직분을 세우기를 허락하였으니 부산교회 주장하는 왕길 목사가 주 강생 일천구백사년 오월 이십칠일에 심취명으로 교회법대로 장로를 삼았더라. 그리한즉 마침내 왕길목사의 공부방에 목사와 장로와 거열 의원 장로로 함께 모혀서 목사가 긔도하야 교회법대로 온전하고 참된 당회를

세웠느니라.[69]

　장로가 된 심취명은 부산지방 교회를 대표하는 한국인이 되었고, 1907년 독로회를 구성할 당시는 부산교계 대표로 공천위원, 정사위원 등으로 참여하였다. 그가 속한 부산진교회에서의 봉사는 차치하고라도 선교사와의 관계와 장로교 치리회와의 관계에서 주요한 역할을 감당했다.

　그러던 중 그는 왕길지 선교사의 추천을 받고 목회자가 되기 위해 평양신학교에 입학하였다. 당시는 계절학기식 수업이었으므로 부산에 거주하면서 평양을 왕래하여 수학을 마치고 1910년 6월 제3회로 평양의 장로교신학교를 졸업하였다. 우리에게 익숙한 김익두, 김종섭, 박정찬, 채정민, 한득룡 등이 그의 동기생들이었다. 신학교를 졸업한 그는 울산병영교회 시무장로로 봉사하다가 1912년 경상노회에서 목사 안수를 받았다. 즉 1912년 7월 2일 밀양읍교회에서 개최된 제3회 경상로회에서 목사안수를 받음으로서[70] 그는 부산, 경남지방 최초의 목사가 되었다. 목사가 된 그는 경상북도 영주

노년의 심취명 목사 부부

---

69) 부산진교회, 『부산진교회 100년사』(부산진교회, 1991), 269.

70) 제3회 경상도 노회록(1912. 7. 2); 최병윤 편, 『경상도노회회록』(부산경남기독교역사연구회, 2009), 11.

풍기읍교회로 부임하여 1년여 목회하고 1913년 출신교회인 부산진교회에 부임하여 왕길지목사와 동사목사로 일했다. 이때부터 4년여기간 동안 시무하였고, 1917년 1월 23일 이 교회를 사면하였다. 경남노회 제2회 회록에는 이 날자로 "사면은 받되 다른 목사를 청빙할 때까지 시무케 하며..."를 보면 실제 목회는 좀 더 계속된 것으로 보인다.

1919년에는 남해지방 5개처 교회를 담임하면서 경상남도 지역 복음화에 매진하였다. 1920-21년에는 경남노회장(제10, 11대)으로 봉사했다. 1923년 3월부터는 현재 부산의 제일영도교회인 영선정교회와 항서교회 목사로 부임했으나 9개월 만인 12월 16일 사임하였다. 1926년에는 울산읍교회로 이동하여 1929년까지 일했다. 그 후에는 개인 사정으로 목회를 중단하였다. 그의 나이 54세 때였다. 그는 1958년 4월 15일 83세를 일기로 세상을 떠났다. 그는 요한, 순희, 요섭(셉), 빌립(결혼 전 사망), 보라(바울), 은섭(은사) 등 5남 1녀를 두었는데, 그 후손들도 교회 직분자로 살았다. 특히 막내인 심은섭은 독립운동에 관여하였고, 한국에서의 도덕재무장운동(MRA)에 깊이 개입하였다.

## 8. 정덕생 1881-1949
### 부산,경남지방 복음화의 선구자, 교회개척자

부산 경남 복음화의 선구자
정덕생 조사, 목사

부산,경남지역 복음화에 기여한 대표적인 초기 인물은 정덕생(鄭德生, 1881-1949) 조사였다. 후에는 장로로 일하던 중 소명을 받고 평양신학교를 제8회로 졸업한 후 목사의 길을 가게 된다. 그는 이 지방기독교 형성에 기여한 매우 중요한 인물이다. 손안로, 왕길지 선교사 등과 부산과 경남지역을 순회하며 선교사의 조사로 활동했는데, 부산·경남지역는 그의 발길이 미치지 않는 곳이

없었을 만큼 그는 이 지역 복음화의 초석이 된 인물이다. 그의 헌신과 봉사가 없었다면 오늘과 같은 부산경남 지역의 초기 교회는 설립되지 못했을 것이다.

정덕생는 1881년 8월 30일 기장군 철마면 고촌리 283번지에서 정재

진(鄭在鎭)과 오성결(吳聖潔)의 5형제 중 차남으로 출생했다. 그의 본
이름은 정치영(鄭致榮)이었으나 1911년 7월 15일부로 덕생으로 개명했
다. 어릴 때는 향리에서 한학을 배우며 자랐다. 다른 형제들은 불교
도로 후처를 두기도 하고 술도가를 경영하기도 했으나 덕생은 기독교
신자가 되었다. 그가 어떻게 입신하게 되었는가에 대해서는 분명한 기
록이 없으나 여러 가지 정황을 고려해 볼 때 호주장로교 선교사들을
통해 입신한 것으로 보인다. 1900년에 내한한 왕길지(G. Engel)는 부
산 동부지역인 송정, 기장, 병영, 울산 등지를 정기적으로 순회했는데
그를 통해 입신했을 가능성이 높다. 거열휴(Dr Hugh Currell) 의사
도 때로 안평 등지를 방문한 바 있다. 예컨대 1903년 11월 30일(월) 커
를은 왕길지와 더불어 안평을 방문한 일이 있지만[71] 정덕생은 이보다
앞서 기독교로 입신했기 때문에 커를의 영향으로 보기는 어렵다. 왕
길지의 순회전도로 안평(安平)에 교회가 설립되었는데, 정덕생의 집은
안평교회 건너편에 있었고, 호주선교사들과 접촉을 통해 개종했을 것
이다. 그 결과로 1902년 안평교회가 설립되었는데, 조선예수교장로회
사기는 다음과 같이 기록하고 있다.

> 동래군 안평교회가 성립하다. 초에 박신연(朴信淵), 정덕생
> (鄭德生), 정희조(鄭喜祚), 정덕선(鄭德善), 박도주(朴道柱)
> 등이 신교(信敎)함으로 교회가 성립되니라.[72]

이 기록이 정확하다면 정덕생은 21세 때 혹은 그 이전, 곧 1902년
이전에 기독교로 입신했음을 알 수 있다. 정덕생은 개종과 함께 안평

71) Diary of G. Engel, dated 30, Nov., 1903.
72) 『조선예수교 장로회 사기』상 (1928), 97.

교회 설립에 관여하였고 이때부터 그는 적극적으로 신앙생활에 몰두하게 된다. 그러던 중 1906년 2월부터 유급 조사로 안평교회 전도사로 일하게 된다.[73] 그리고는 손안로와 왕길지의 조사(助師)로 활동하게 된다. 이 때 그가 부산으로 내려와 부산진교회에 출석했다.[74] 조사(helper)는 이름 그대로 선교사를 도우며 지역을 순례하며 교역을 담당하는 이에 대한 칭호이었다. 한국에서 교육받은 교역자가 배출되기 이전 시기에는 선교사의 지도하에 선교사의 순회전도, 심방, 치리 등을 보좌하며 미조직교회에서 목회활동을 담당한 이가 조사였다. 1912년에 조직된 대한예수교장로회 제1회 총회에서는 조사의 피택도 노회에서 규정화하게 되지만[75] 그 이전에는 선교사 개인에 의해 임명되었다. 우리나라 첫 장로교 목사 7인(길선주, 방기창, 송인서, 서경조, 양전백, 이기풍, 한석진)도 다 조사출신이었다. 1930년에 간행된 조선예수교장로회 헌법 '교회직원'에 관한 항에 보면 '조사'라는 직이 더 이상 나타나지 않는다. 조사는 지금의 전도사와 같은 역할을 감당했는데, 1930년대 이후 조사라는 칭호는 전도사라는 칭호로 대치되었음을 알 수 있다.

정덕생의 지역순회와 교회설립에의 관여와 관련하여 가장 오래된 기록은 이미 1902년에 손안로 선교사와 함께 경남 통영군 욕지, 곧 욕

---

73) 이 점에 대해 호주선교부 기록에는 다음과 같이 언급하고 있다. "Since February the congregation was thus able to employ an evangelist of their own at the full salary, in the person of Chung Duksaing, of Anpyung group..." *The Chronicles* (Feb. 1, 1907), 8.

74) 이 점은 부산진교회 교적부인 생명록을 통해서 확인할 수 있다. 부산진교회 생명록에는 부인 김순남(金順南), 아들 정보라(鄭保羅), 정도라(鄭道羅), 딸 정도금(鄭道金), 정도원(鄭道源) 등이 등재되어 있으며, 이 때 정도라의 연령이 16세 학생으로 기재되어 있다.

75) 제1회 총회록(1912), 33.

지섬을 방문하고 그곳에 교회를 설립했다는 기록이다. 즉 정덕생은 손안로와 함께 욕지도에 동항리교회를 설립했다고 한다.[76] 이 교회는 욕지제일교회로 개칭되어 오늘까지 현존하고 있다. 이 점을 고려해 본다면 정덕생은 21세 이전에 개종하고 21세 때인 1902년에는 안평교회 설립에 관여하였을 뿐만 아니라 선교사의 조사로 호주선교사들과 함께 부산 경남지역을 순회하며 전도하고 교회를 설립하는 등 적극적으로 개척 전도자의 길을 갔음을 알 수 있다. 특히 그는 왕길지의 조사로서 그와 함께 부산, 경남지역을 순회하며 이 지역 복음화에 기여하였다. 1905년에는 기장 동부교회, 동래읍교회(현 수안교회), 통영의 대화정교회(현 충무교회), 의령의 서암교회를 선교사와 함께 설립하였다. 서암교회 설립에 대하여 조선 예수교장로회 사기에 보면 이렇게 기록하고 있다. "의령군 서암교회가 성립하다. 초에 김호용(金浩鏞)이 신도(信徒)하여 설립되었고, 선교사 손안로, 왕길지와 조사 정덕생, 곽경묵, 문덕인 등이 시무하다." 정덕생은 서암교회에 관여하였을 뿐만 아니라 일정기간 시무한 것으로 보인다. 서암교회 원로장로인 김선근은 서암교회 설립에 관여하였던 조부 김동규 장로로부터 들은 전언에 기초하여 김동구와 김호영 등 지방유지 몇 분과 의령 서암에서 별도 집회를 시작했는데, "엥겔(왕길지)의 조사인 정덕생을 청하여 첫 예배를 드리니 이에 서암교회가 설립되었다"고 회고하고 있다.[77] 1906년에는 왕길지와 더불어 양산읍교회, 함안읍교회, 그리고 함안의 부봉교회와 백산리교회 설립에 관여하였다. 1908년에는 왕길지와 함께 동래

---

76) 『초량교회80년사』, 119. 이 점을 확증해 줄 수 있는 다른 기록은 없다. 동항리교회의 후신인 욕지제일교회에도 이런 기록이 남아 있지 않다. 『초량교회 80년사』를 집필한 김성태 장로가 개인적으로 입수한 자료나 증언에 기초한 것으로 보인다.

77) 김성근, 『나그네 80년』(토리, 2004), 91.

군(현 부산) 장전리교회(현 철마교회)[78]와 금사교회[79] 설립에 관여하였다. 그 외에도 송정교회(1909), 두구동교회(1911), 동래 신평교회(현 칠암교회), 동래군 화전리교회(1913) 등의 설립에 직간접적으로 관여하였다고 알려져 있다. 앞으로 세심한 연구가 뒷받침되어야 하지만 정덕생은 부산과 경남지역 40여개 처 교회 설립에 관여한 것으로 알려져 있다.

조사로서 선교사와 동사하며 지역복음화에 매진했던 정덕생은 1910년 혹은 1911년에 장로가 되었다. 1911년 9월 18일 대구 남문교회당에서 개최된 제5회 조선로회(독로회)에 정덕생은 경남대리회를 대표하여 김봉명, 김응진, 리윤팔, 이현필, 심취명 장로와 함께 장로 총대로 참석한 기록이 나온다. 이것이 총대로 참석한 최초의 기록이다. 1911년 12월 6일 부산진교회에서 경상노회가 창립될 때도 정덕생은 장로 총대로 참석하였다. 이런 점을 고려해 볼 때 정덕생은 1911년이나 그 이전에 장로가 된 것이 분명하다. 그러나 정덕생이 어느 교회에서 장립을 받았는지에 대해서도 분명히 알 수 없다. 이 당시 경상노회 관할 하의 장로 총대는 정덕생을 포함하여 10명에 불과했다.[80] 1913년 9월 7일 서울 소안동예배당에서 모인 제2회 총회에서는 정덕생 장로는 한득룡 목사와 같이 경상로회 총대로 참석하였고, 1914년 9월 6일 황해도 재령 남산현예배당에서 개최된 제3회 총회에도 장로 총대로 참석하고 총회주일공과위원회 서기로 피임되기도 했다. 이때부터 계속해

---

78) 『조선예수교 장로회 사기』, 289.

79) 『조선예수교 장로회 사기』, 290.

80) 경상노회가 조직될 당시 장로회원으로는 박신연, 김응진, 이현필, 심취명, 정덕생, 김성호, 김기원, 황경선, 이춘섭, 이윤팔 등이었다.

서 경상노회, 혹은 경남노회 대표로 노회나 총회에 참석하여 부산경
남지역 교회를 대표했다. 정덕생은 1914년 7월 2일 모인 제8회 경상노
회에서도 노회원들의 투표로 총회 총대로 피선되었는데, 이런 점을 보
면 그가 지도적 위치에서 활동했음을 짐작할 수 있다.[81] 이 당시 경
상노회의 총대는 목사 3인, 장로 3인에 불과했다.

조사로 그리고 장로로 봉사하던 정덕생은 보다 직접적으로 하나님
의 교회를 위해 헌신하기로 하고 1912년 3월 6일 대구남문교회당에서
모인 제1회 경상노회에서 신학입학을 청원하였다. 그래서 정덕생은 김
기원, 서성오, 김공명, 박영조, 정재순, 김상삼, 박성애, 박덕일, 김응
진 등과 함께 '다시' 신학교 입학을 허락 받았다.[82] 노회록에서 새로
입학하는 이들과 구별하여 정덕생 등을 '다시 허락했다'는 기록을
볼 때 정덕생은 이미 입학하였으나 휴학하고 다시 복학하기 위해 청원
했던 것으로 보인다. 1912년(?) 평양의 장로회신학교에 입학한 정덕생
은 3년간의 교육을 받고 1915년 제8회로 졸업하였다. 28명의 졸업생
중 우리에게 익숙한 이들은 방효원, 류여대, 서정오, 이기선, 이자익,
정재순 등이었다. 정덕생은 신학교를 졸업하고 신학준사의 자격을 얻
었다.

그가 신학교를 졸업한 해인 1915년 6월 20일 대구동산성경학교에
서 개최된 제10회 경상노회에서 서정오, 정재경과 함께 강도사로 인
허되었다. 특히 이 노회에서 정덕생은 목회로 청빙을 받았다. 즉, "부
산 영주동(현 초량교회), 자갈츄(현 항서교회), 영도(현 제일영도교회),
아치섬(조도) 네 교회에서 월급 20원씩을 작정하고 계실 집까지 주기

---

81) 경상도 예수교장로교 로회록(제8회), 69.
82) 경상도 예수교장로교 로회록(제2회), 10.

평양신학교 졸업 당시(1915)의
정덕생 조사

로 하고 신학준사 정덕생씨를 목사로 교청빙하기로" 노회에 청원했다.[83] 노회는 이 청원을 정사위원회(定事委員會)에 맡겨 검토케 했다. 이 청빙서를 자세히 검토한 정사위원회는 미진한 사례 20원에 대한 4교회 할당액에 대해 세심하게 검토하고, '별노회'로 모여 정덕생을 매견시(N. Mackenzie) 목사와 동사목사로 일하도록 허락했다. 청빙서를 처리한 후 노회는 정덕생을 신학준

사 서성호와 함께 강도사로 인허했다. 제10회 경상노회 결의에 따라 경상노회 '특별회'는 1915년 7월 13일 지금의 초량교회인 영주동 예배당에서 임시회장 매견시 목사의 사회로 정덕생의 위임예배를 드렸다. 이 예배에서 노회는 정덕생 강도사를 목사로 안수하고, 정덕생 목사와 청빙하는 4교회 성도들에게 서약 문답을 했다. 위임 예배 후 특별노회는 홍승한을 회장으로, 정덕생을 서기로 정재순을 회계로 선정하고 한득룡 목사의 평북노회로의 이명을 가결했다. 이렇게 되어 정덕생은 1915년 7월부터 부산의 4교회인 초량교회, 항서교회, 제일영도교회, 그리고 조도교회의 담임목사로 일하게 된 것이다. 선교사의 조사로 순회전도자의 길을 가던 그는 이제 안정된 정착목회자로 일하게 된 것이다.

---

83) 경상도 예수교장로교 로회록(제10회, 수기본), 3-4.

정덕생은 1912년 9월 1일에 조직된 대한예수교장로회 총회 때 경상노회를 대표한 총대로 참석한 이래 장로 총대로 목사로서 노회나 총회에 총대로 참석하는 등 경상도 지방 교회 지도자로 활동했다. 특히 경남노회 제1회(1916. 9)와 4회(1917. 12)시에는 서기로, 제6회(1918, 12)와 16회(1924. 1)에서는 노회장으로 피선되기도 했다. 그는 당시로 볼 때 학적으로도 다른 목사들에 비해 우수했다. 1917년 9월 1일 소집된 조선예수교장로회 제6회 총회에서 신학교육부는 정덕생 목사를 일본 고베신학교(神戸神學校) 유학생으로 파견하기로 한 일을 보고하고 이를 채용한 일이 있다. 즉 "졸업생 중 이년 이상 시무한 이 중에 정덕생씨를 신호신학교에 입학케 하오며, ..."라고 보고한 것을 보면[84] 신학교육부는 정덕생을 유망한 교회지도자로 간주했음을 짐작할 수 있다. 아마 그는 고베신학교에서 유학한 최초의 한국인 일 것이다. 그 후에 김병구, 김영구, 김우현, 박상동, 양태승, 전필순 등이 이 학교에 유학했다.

체격은 작았으나 명석하고 지혜로웠던 정덕생 목사는 부산경남 지역 초기 사역자로 이 지방 복음운동의 초석을 쌓았던 인물이었다. 복음에 대한 열정과 함께 민족의식이 강했던 그는 안희제(安熙濟)가 세운 백산(白山)상회를 통해 독립운동 단체를 지원하였고, 또 독립운동을 위한 자금 확보를 위해 광산업에 투신하기도 했다. 이 일로 그가 초량교회 재임 중인 1922년 2월 제령위반으로 피검되어 수난을 겪기도 했다. 그러나 그가 목회를 중단하고 광산업에 투신한 일로 치리를 받고, 교회와의 관계가 단절된 일은 불행한 일이었다. 그럼에도 불구하고 그가 남긴 부산경남지방 교회 건설의 흔적들은 이 지방 교회에 진하게 배어 있다. 그는 기장군 철마면 고촌리 산록에 묻혀있다.

---

84) 예수교장로회총회 제6회 회록, 28.

# 9. 박성애 1877-1961
### 진주지방 기독교운동의 개척자, 경남지방 첫 목회자

박성애(朴晟愛, 1877-1961) 목사는 부산경남 지방 초기 기독교 인물로서 흥미로운 인물이다. 왕길지선교사 휘하의 권서인으로 활동한 바 있는 그는 의료선교사 커를(Dr Hugh Currell)의 조수로 진주지방 기독교 운동에 기여하였고, 후일에는 목사가 되어 진주교회, 제일영도교회와 항서교회 등에서 봉사했다. 그는 경남 진주지역에서 첫 한국인 목사였다.

박성애는 1877년 5월 10일 부산부 부산진에서 출생하였다. 그의 아버지에 대해서는 알려진 바가 없으나 어머니는 박주련이었다. 그의 젊은 날에 대해서도 알수 있는 자료가 아무것도 없다. 아마 그도 그 시대의 관행에 따라 한문을 배우며 농사짓고 살았을 것이다. 그러다가 그가 24살이 되던 1901년 기독교 신자가 되었다. 호주선교사와의 접촉을 통해 회심하게 된 것이다. 그는 인접한 부산진 좌천동의 호주선교사들을 통해 기독교에 대한 관심을 갖게 되었으나 공개적으로 모임에 참석하거나 선교사들과 접촉하지 않았다. 그러나 그는 점차 기독교 신앙과 그 가르침에 관심을 갖게 되었고 가족들의 눈을 피해 은밀하게 여선교사들을 만나고 접촉하기 시작했

KOREAN HELPERS AT CHINJU,

거열휴 의사와 함께 진주로 이주한 박성애 조사 부부'

다. 그래서 그는 호주 선교사들에 의해 '니고데모'라는 별명을 얻기
도 했다.[85] 이런 과정에서 차츰 선교사와 접촉하면서 그의 삶이 변화
되었고 공개적으로 신앙을 고백하게 된다. 이때가 1901년이었다. 그는
기독교 신자가 되었고, 부산진의 부산진교회에 출석하기 시작했다.

---

85) *The Record*, vol. XVIII, no. 2 (Feb. 1906), 50.

그가 신자가 된 후 가족들과 친지들로부터 비난과 탄압을 받기도 했다. 이런 상황을 두고 하신 예수님의 말씀이 "내가 땅위에 평화를 주려고 온 줄로 생각하지 말라. 평화가 아니라 검을 주려고 왔다"(마 10:34)는 말씀이나, "사람들의 원수들이 집안 식구들이라"(마10:36)는 경우일 것이라고 호주선교사들은 말하고 있다.[86] 가족들의 반대에 직면했으나 그는 그 신앙을 굽히지 않았고, 후에는 가족들까지 개종시키기도 했다. 그러나 처음에는 가족들의 박해를 피하기 위해 집을 떠나 있는 것이 좋겠다고 생각하여 왕길지(G. Engel)의 추천으로 1902년부터 부산지역 권서인이 되어 성경 보급하는 일에 전념했다.[87] 말하자면 박성애는 왕길지의 첫 매서인으로 활동한 것이다.[88] 이듬해에는 김광명(金光明)과 한조가 되어 부산과 경남지방에서 활동했다. 그 후에는 부산진의 호주선교부 직원으로 일했다. 그는 커를 의사(Dr. Hugh Currell, 巨烈休)의 조수이자 어학선생이었고, 선교사들을 도와 선교부에서 시행하는 성경공부반에서 가르치기도 했다.

이런 중에 박성애는 부산지부 선교사의 주선으로 1905년 박순복(朴順福)과 결혼했다. 흔히 순복으로 알려진 이 여성은 고아 소녀로서 호주선교부에 의해 양육을 받고 신앙훈련을 받은 처녀였다. 그를 경제적

---

86) *The Record*, vol. XVIII, no. 2 (Feb. 1906), 50.

87) 호주선교사 휘하의 권서들 또한 진주를 포함한 경남 지방을 순회한 바 있다. 예컨대, 김명광은 왕길지의 감독 하에서 1902년부터 1906년까지, 박성애 역시 왕길지의 감독 하에서 1902년에서 1903년까지, 주찬은은 아담슨의 감독 하에서 1902년부터 1911년까지 각각 경남 지방 권서인으로 활동했다. 특히 김도식(구 김성숙), 박성애, 이봉은(李奉㤚)은 서부경남 지역 개척 권서인들이었는데, 이봉은은 1903년부터 1911년까지, 후에는 1920-1938년까지 진주를 포함한 서부경남지방에서 순회 전도자로 일했다. 이상은 대영성서공회(BFBS) 권서명단을 종합한 것임.

88) *The Chronicles*, no. 4 (February, 1907), 8.

으로 후원한 교회는 멜보른 근교인 발라랏(Ballarat)의 에벤에셀교회 주일학교였다.[89] 호주교회의 후원으로 성장하고 기독교 신앙으로 양육 받은 그는 호주 여선교사들을 통해 개종한 유망한 청년과 결혼하게 된 것이다.

이때 부산에서 의료 활동을 하던 커를 의사는 진주로 가서 일하고자 했다. 커를은 1902년 5월 19일 빅토리아주 청년연합회(YMFU)의 파송을 받고 내한하여 부산에서 일하고 있었으나 부산에는 북장로교회가 운영하는 병원이 있으나 경남내륙 지방에는 사약소마저도 없었으므로 그곳으로 가서 봉사하는 것이 보다 뜻있는 일이라고 판단한

1920년경의 진주교회 지도자들. 앞줄 좌→우 정성도 장로, 박성애 목사, 박영숙 목사, 마라연 선교사, 권임함 선교사

89) *The Record*, vol. XVIII, no. 2 (Feb. 1906), 50.

것이다. 그래서 그는 진주지방으로 옮겨가기로 했다. 이 때 커를은 젊은 한국인 조사 박성애를 데리고 가고자 하여 박성애 부부에게 진주에로의 동행을 요청했다. 박성애씨는 고심 끝에 진주로 이주하기로 결심했다.

이들은 1905년 10월 18일 부산을 떠나 진주로 향했다. 커를 의사가족 네사람과 박성애 어머니와 부인, 그리고 두 누이가 동행했다. 1905년 10월 14일 토요일 개최된 부산진교회 제14회 당회록에는 다음과 같이 기록하고 있다.

> 박성애와 그 모친 박주련과 그 아내 박복순, 이 삼인이 진주로 이사하고 저기서 거열목사 아래 새 교회를 설시할터이니 이별지 내어 주기로 작정하다.

진주로 이주하는 박성애 가족에게 이명서를 써 주기로 했다는 기록이다. 부산을 떠난 이들은 마산까지는 기차로, 마산에서는 말을 타기도 했으나 진주까지 걸어서 이동하였다. 이들이 진주에 도착한 날은 10월 20일 금요일 저녁이었다.[90] 이날은 음력으로는 9월 22이었다. 이보다 앞서 커를은 박성애와 함께 그해 여름과 가을에 몇 차례 정탐방문한 일이 있었다. 진주에 도착한 이들은 진주성 내면 4동(북문안)에 있는 정경칠씨 소유 초가집을 임시 거주지로 얻었고, 이곳에서 이 지방 복음화를 위한 전도, 의료, 교육사업을 시작하였는데 이것이 진주지방에서의 선교 및 기독교운동의 구체적인 시작이 된다. 동시에 호주

---

90) *Messenger* (June 15, 1906), 330.

장로교회의 진주지부 개척의 시작이 된다. 이곳에서 1905년 11월 옥봉리교회, 곧 후일 진주교회로 불리는 이 지방 첫 교회가 설립되었다. 1906년 11월 2일에는 예배당을 헌당했고, 곧 직분자를 선택하였다. 커를 의사는 담임목사였고, 박성애는 조사로서 진주지방 순회조사를 겸했다.

커를 일행이 진주로 이거한 후 후일 광림(光林)학교라고 불리는 안동(安東)학교가 시작되었는데, 커를 의사가 교장이었고 박성애는 학감이었다. 이 학교가 정식 개교했을 때는 1906년 4월 15일이었다. 첫 학생 수는 21명에 불과했으나 후일 이 지방의 유수한 광림학교로 발전했다. 그해 8월에는 커를 부인의 주선으로 여자학교를 시작했는데, 이 학교가 정숙학교였다. 교장은 커를 부인이었고 박성애의 부인 박순복은 교사였다. 이 학교는 1906년 9월 3일 공식적으로 개교했고 후일 시원(柴園)여학교로 발전했다. 커를 의사가 안식년으로 한국을 떠나게 되었을 때는 박성애가 교장대리를 하기도 했다.

이처럼 박성애는 진주지방 기독교운동에 기여하였다. 1907년에는 정식 조사가 되어 진주읍교회(현 진주교회)와 진양군 송곡교회, 송백교회 등을 순회하며 조사로 일했다. 그 결과로 1909년 진주 반성교회가 설립된다. 커를 의사와 조수 박성애에 의해 설립된 것이다. 박성애는 지역교회를 돌보는 중에 정식으로 신학을 공부해야 할 필요를 절감하게 되었고, 특히 커를의 강력한 추천과 후원으로 1912년 평양신학교에 입학하였다. 1915년 8월에는 박영숙과 함께 진주교회 첫 장로가 되었다. 지금은 이해할 수 없지만 당시로는 장로로 시무하는 중에 신학교에 입학하였고, 신학교에 재학하는 동안 장로가 되어야 했다.

목회자는 개교회에서부터 검증되고 신임을 받아야 한다는 의미에서 이런 규정을 두었던 것이다.

평양신학교에서 수학한 박성애는 1917년 평양신학교를 제10회로 졸업하였다. 중국선교사였던 박상순(朴尙純), 대구자치 파동의 주역이 되는 이만집(李萬集) 등이 동기생들이었다. 신학교를 졸업한 박성애는 노회 시취를 거쳐 강도사가 되었고, 1919년 1월 8일에는 진주 알란애(Arthur W. Allen) 선교사 집에서 모인 제6회 경남노회 1차 임시노회에서 목사안수를 받았다. 그는 부산을 제외한 경상남도 지방에서 첫 한국인 목사가 된 것이다.

목사가 된 박성애는 안란애 선교사와 함께 진주교회 위임 동사목사가 되었다. 진주교회에 첫 한국인 목사가 된 것이다. 그러나 불과 얼마 못되어 김정수(후일 장로) 등의 배척으로 교회를 떠나게 되었다. 이 때 "온인자중하던 박성애 목사는 용서와 인내로서 화평스럽게" 교회를 사면하고,[91] 창원읍(현 창원)교회로 이동하였다. 1920년 6월 창원읍교회에 부임한 박성애는 약 3년간 시무하고 1923년 사임했다.

그 후 그는 부산으로 이거하여 현재의 제일영도교회와 항서교회에서 일하게 된다. 즉 1924년 1월 2일 회집된 제16회 경남노회에서 박성애 목사는 "부산 영선동(현재의 제일영도)교회와 자갈치(현 항서)교회의 청빙을 허락받고" 두 교회의 담임목사로 부임하게 된 것이다. 1924년 1월 23일에는 항서교회에서 위임식이 거행되었다. 이로서 박성애목사는 제일영도교회와 항서교회의 제5대 담임목사가 되었다. 이런 상황에서 1925년 12월 29일 회집한 경남노회에서는 제일영도교회는 사면하

---

91) 진주면 옥봉리 예수교장로회 연혁사, 35.

고 항서교회에서만 전담 목회하도록 허락하였다. 이로써 박성애 목사는 1926년부터 1933년 8월까지 항서교회에서 사역했다. 그가 이 교회에서 시무하던 1928년에는 친분이 깊었던 진주의 커를선교사 아들의 죽음을 기념하여 헌금한 자금으로 부용동에 150평의 대지를 마련하고 이곳에 50평 규모의 교회당을 건축할 수 있었다. 이때의 예배당 터가 지금의 항서교회가 자리하고 있는 곳이다. 이 때 그는 교회 유치원을 설립하는 등 진주에서의 경험을 새로운 목회현장에 적용하려고 노력했다.

박성애 목사는 독립운동에도 기여한 분이었다. 평양신학교에서 수학하는 동안 진주지방에서 교회 청년들과 광림학교 학생들을 중심으로 비밀조직을 결성하고 1919년 3월 16일 진주지방에서의 만세운동을 주도하기도 했다. 자기 부인과 시원여학교 졸업생들을 여성 애국부인회에 참여하게 하고 이를 후원하기도 했다. 이 일로 그는 체포되어 귀고막이 터지는 고문을 당하고, 6개월간 옥고를 치르기도 했다.[92]

박성애 목사는 신학수업에 대한 열정도 많았던 것 같다. 부산에서 목회하면서 평양까지는 먼 길이었으나 평양신학교 연구과에 입학하여 공부했다. 연구과란 일종의 목사 재교육과정이자 연장교육 과정이었다. 동료 세 사람과 함께 1933년 연구과를 졸업 했다. 그해 8월에는 약 9년간 일했던 항서교회를 사임했다. 불행한 일이지만 박성애목사는 이 무렵 혹은 1934년 4월 경 계명을 범한 일이 있어 노회 재판국에 회부되었고, 1935년 9월 30일 모인 경남노회 임시노회에서 유죄판결을 받고 제명을 당했다.[93] 그 후 서울에서 아들이 경영하는 목장일

---

92) 김용섭,『제일영도교회 100년사』, 243.
93) 경남노회 제36회 임시노회록(1935. 9), 이인숙, 이덕화 편,『백광일지』(장로교 출판사,

박성애를 데리고 진주로 이주하여 일했던 의료선교사 커를 의사 부부

을 돕기도 했다. 한 번의 실수가 그가 쌓은 믿음의 여정에 흠이 된 것을 보면 일상의 삶이 얼마나 중요한 것인가를 깨우쳐 주고 있다.

1936년에는 경상남도 진양군 반성교회에 부임하여 목회하던 중 1937년 5월 동 교회를 사임했다. 그 때 나이 60세였다. 이때부터 그는 목회 사역에서 떠나 있었다. 1961년 10월 10일에는 84년의 세월을 마감하고 세상을 떠났다.

박성애 목사의 삶의 여정은 호주선교부와 깊은 관련이 있다. 호주선교사를 통해 그리스도인이 되었고 호주선교부를 통해 아내를 얻었을 뿐만 아니라 호주선교사와 동행하며 조사로 혹은 어학선생으로 살았다. 그는 커를 의사 내외와 진주로 이거하여 진주지방 기독교 형성

2006), 126.

에 기여하였다. 그가 경남 지방 첫 한국인 목회자가 되었다는 점도 흥미로운 사실이다. 그는 더 큰 지도자로 활동할 수 있었으나 그의 후반기의 삶이 순탄하지 못했다. 그의 후손이나 가족을 접할 수 있다면 우리가 발견하지 못한 더 중요한 사실을 확인할 수 있을 것이다. 그러나 아직은 안개에 가려져 있다.

~~ 제 2 장 ~~

# 초기 전도자들

1900년대 진주

# IO. 이병수 1859-1947
### 김해 지방 전도자, 대지교회의 설립자

김해 지방 전도자 이병수 장로

부산에서 멀지 않는 김해 군 대저동(大渚洞)에 위치한 대지교회(大地敎會)는 1907년 설립된 교회로 알려져 있다. 그러나 초기 한국의 교회설립에 대한 중요한 정보를 주는 『대한예수교장로회사기(상)』(1928)에는 대지교회 설립에 관한 정보가 없다. 또 조선야소교장로회 총회가 1940년 (소화 15년) 11월에 발행한 『야소교장로회 연감』에서는 대지교회의 설립일을 '미상' (未詳)이라고 기록하고 있고, 단지 금석호(琴錫浩) 전도사가 시무하고 있다는 점만 밝히고 있다. [1] 비록 공식적인 기록에서는 설립연대를 정확하게 기록하고 있지 않지만 지역 교회 역사에 지대한 관심을 가지고 유관 사료

---

1) 『야소교장로회 연감』(1940), 438. 금석호는 후일 장로로 시무하였다.

를 수집하여 『대지교회 70년사』를 집필했던 이승원 목사는 대지교회
는 1907년에 설립된 것으로 확신했다. 이 주장이 정확한 것으로 보인
다. 실제로 『대한예수교장로회 사기』상권에서는 교회설립에 대한 많
은 정보를 누락하고 있는데, 일예가 대지교회 보다 앞서 1905년에 설
립된 대저면의 소덕교회(현 공항제일교회)의 경우이다.

부산에서 볼 때 낙동강 너머에 있는 김해(金海)는 평야로서 곡창지
대로 알려져 왔지만 김해라는 이름이 암시하듯이 대지교회가 위치한
대저읍을 비롯한 김해평야는 바다(海)였다. 과거에는 대저읍이 양산
군에 속해 있었으나 광무 10년인 1906년 9월에는 지방행정 구역정리
에 따라 김해군에 편입되었다. 지금은 대저라고 부르지만 본래는 대
상면과 대하면으로 구성되어 있었는데, 1914년 부군폐합조치에 따라
지금의 대저읍으로 통합되었다. 그런데 백 년 전 이곳에 어떻게 교회
가 세워지게 되었을까? 물론 대지교회가 김해지방 최초의 교회는 아
니다. 행정구역으로 김해군에 속한 지역에 처음 설립된 교회는 1898
년에 설립된 김해읍교회였다. 그 후 신용(新龍)교회(1901), 율하리(栗
下里)교회(1901), 시례(詩禮)교회(1903), 일천(日泉)교회, 시례동교회
(1905), 내삼리(內三里)교회(1905), 시산리(匙山里)교회(1906)가 설립
되었고, 대지교회가 설립되던 해에 생곡리교회(1907)가 설립되기도 했
다. 이런 지역에 이미 한국인 구도자 혹은 전도자들에 의해 기독교가
소개되고 있었다.

이런 상황에서 구포 너머에 있는 대저에도 소덕교회에 이어 기독교
회가 설립되었는데 이것은 전적으로 한 사람 이병수씨의 회심과 구도
로 시작되었다. 이병수(李幷洙, 1859-1947)는 1859년 1월 27일 경남

김해군 대덕면 대저리에서 농부의 아들로 출생했다. 그의 유년 시절이나 청소년 시절에 대해서는 알려진 것이 없다. 그러나 필자의 처 외조모이자 이병수의 딸인 고 이선애 권사의 증언에 의하면 그는 외모가 준수하고 인품이 고상하여 동리에서 칭찬 듣는 사람이었다고 한다. 또 매사에 부지런하고 근면한 성품의 소유자였다고 한다. 이승원목사는 그를 근농가(勤農家)라고 불렀는데,[2] 과장이 아닌 것 같다. 그도 그 시대의 아들로서 낙동강 삼각주 지역에서 농업에 종사하는 부농이었다. 그러나 그가 기독교 신자가 된 것은 자신만이 아니라 그 주변 사회에 커다란 변화를 가져왔다.

그가 낙동강을 건너 부산을 왕래하던 중 구포에서 전도를 받고 기독교를 받아들이게 되었다. 당시 기독교로의 개종에는 몇 가지 유형이 있는데, 민족적 동기나 독립운동에의 관심 때문에 입신의 길을 택하는 일들이 있는가 하면, 어떤 이는 기독교를 통해 서양문물을 받아들이려는 개화의지에서 기독교를 선택하는 경우도 있었다. 다른 한 가지 동기는 순수한 종교적 동기인데, 이병수의 경우는 세번째 경우에 속했다. 그에게는 독립의지나 개화지향적 활동에 대한 흔적은 찾아볼 수 없다. 1905년 구포지역으로 소개된 복음전도의 결과로 1906년에는 이미 구포에 교회가 세워져 있었는데, 그가 구포에서 전도를 받았고, 곧 우상을 버리고 기독교로 개종하였다. 그에게는 새로운 종교에 대한 호기심이 아니라 바른 종교에 대한 확신 때문에 기독교 신앙을 받아 드렸다. 이때는 한국에서 부흥의 불길이 전국으로 확산되던 시기였는데, 이런 전국적인 부흥의 물결 속에서 이병수는 40대 중반을 넘긴 나이에 기독교로 개종하게 된 것이다. 신자가 된 그는 우선 김복숙

2) 이승원, 『대지교회 70년사』(대지교회, 1977), 51.

(金福淑)으로 하여금 입신토록 했고, 곧 친지인 이금순(李今順))과 이금순의 아들 고덕봉(高德鳳) 소년을 전도하고, 고덕봉의 친구인 최선업(崔先業)을 전도했다. 이들 일단의 신자들은 이병수의 인도로 낙동강을 건너 구포로 가서 구포교회에 출석하였다. 구포교회는 1906년 선교사 심익순(Walter E. Smith)[3]의 전도로 김문익(金文益)이 귀도(歸道)하야 설립된 교회였다. 당시는 김해 대저와 구포를 잇는 다리가 준설되기 이전이라 나룻배를 타고 낙동강을 건너야했으므로 교회 출석하기가 여간 불편한 일이 아니었다. 특히 여름에 장마가 지거나 비가 올 때는 강물이 범람하여 강을 건너는 일이 매우 어려웠다. 구포다리가 처음 세워진 때는 1933년이었으니 구포와 김해는 지척임에도 불구하고 불편한 교통 때문에 왕래가 어려웠다.[4] 이런 불편 때문에 이병수는 대저에 별도의 교회를 설립할 필요를 느끼게 된 것이다. 이승원 목사는 이들이 강을 건너는 불편 때문에 "거의 같은 시기에 시작한 소덕교회와 평강 교회에 수개월 동안 출석하였다"고 말하고 있으나[5] 이 점은 분명치 않다. 사실 소덕교회나 평강교회의 존립 자체에 대한 검토가 필요하기 때문이다.

교회 출석이 불편한 상황 중에서도 이병수는 손기업(孫基業)과 손기업의 부인 배분선(裵分善)을 전도하였고, 손기업의 넷째 딸 손명수(孫命壽)는 겨우 15세의 어린 소녀에 불과했으나 또래의 동래친구 배

---

3) 심익순(沈翊舜) 선교사의 원명은 Walter E. Smith인데 1902년 11월 15일 내한하여 1919년 10월 21일까지 한국에서 사역하였다. 부산에서 사역한 기간은 1902년부터 1912년까지 10년 간이었다.

4) 1933년 세워진 구포다리는 당시 조선에서 가장 긴 다리라 하여 낙동장교(洛東長橋)라고 불렸다고 한다. 낙동장교는 1930년 9월 17일 착공되어 2년 6개월 후인 1933년 3월 7일 준공되었다. 총길이 1,060m, 폭 8.4m, 교각 56개로 지어졌고 총공사비는 70만원이 들었다고 한다.

5) 이승원, 51.

두찬[6]을 전도하였고 후일 그와 결혼하게 된다. 배두찬(손명수)의 3아들, 곧 배의사, 배의한, 배의원은 기독교 신자가 되었고, 1949년 10월 오종덕목사가 부민교회를 설립했을 때 설립 교인으로 동참하였다. 이들은 교회 살림살이를 도맡아 재정적인 후원자로 활동했고, 후일에는 삼형제가 순서대로 1955년, 1963년, 그리고 1969에 장로가 되어 교회를 위해 봉사하였다.

대저에서 구포교회를 출입하기가 어렵게 되자 이병수는 자기 소유의 대지를 교회터로 제공하고 한 칸짜리 두옥(斗屋)을 지었다. 그리고 주일이면 이곳에서 회집하기 시작하였다. 이것이 대지교회의 시작이었고 이때가 1907년 11월 5일로 알려져 있다. 선교사에 의해서가 아니라 토착 주민에 의해 교회가 세워지게 된 것은 뜻 깊은 일이었다. 비록 교회가 설립되었으나 전도소에 지나지 않았고, 마땅한 교역자가 없어 북장로교회가 파송한 순회전도자가 교회를 돌보기도 했다. 그 대표적인 인물이 심익순 선교사와 김주관(金周寬, 1858-?)조사였다. 미국북장로교선교사인 심익순 목사는 초기 대지교회를 돌보는 영적 울타리 역할을 감당했다. 이병수보다 일년 앞서 출생한 김주관은 이병수와 근친한 관계로 서로를 의지하면서 교회를 섬겼다. 본래 부산 초량교회 출신인 김주관은 북장로교선교사 심익순의 어학선생이었다. 1903년 8월 5일 세례를 받은 김주관은 매서전도자로, 혹은 조사로 심익순과 동행하면서 부산과 경남 중부지역, 곧 김해군 동편, 마산부 창원, 웅천, 칠원 등지를 순회하였다. 후일에는 호주선교사 예원배(Albert Wright)와 안다손(George Anderson)목사가 김해지역과 대지교회를 순회하며 학습과 세례를 베풀고 성찬을 집례하기도 했다.

---

6) 이승원은 배두찬을 "배차암이라는 이름의 배접장"이었다고 기술하고 있다. 이승원, 51.

이병수는 자신이 직접 지은 예배당을 조금씩 확장하고 수리하면서 집회소로 사용했는데, 1911년에 있었던 대홍수로 이마저 무너지게 되었다. 그러나 이 일로 양철집 예배당을 다시 세웠고, 후에는 기와지붕으로 바꾸었다. 이런 과정에서도 이병수 영수는 주도적인 역할을 했다. 1929년에는 30평에 달하는 예배당을 세웠고, 지붕은 양철로 입혀 비교적 안전한 집회소를 확보할 수 있게 되었다. 이런 과정에서 빚을 지게 되자 자신의 땅을 담보로 대출을 받기도 했고, 손자 이성규가 항해 중 실족사하여 보상금을 받게 되었는데, 이 보상금으로 은행 빚을 해결하기도 했다.

어려운 중에서도 교인들이 증가하였고, 1923년에는 대지교회 세례 신자는 31명, 학습인은 13명에 달했다. 대지교회를 관장하던 예원배 선교사는 장로를 세우는 것이 좋겠다고 판단하고 1923년 7월 4일 부산 초량교회에서 회집한 경남노회 제15회 노회에서 대지교회 장로 1인을 세우도록 청원하여 허락받았다.[7] 이 허락에 근거하여 공동의회를 통해 이병수 영수는 장로로 피택되었다. 시취기간을 거쳐 1924년 11월 8일 이병수 영수는 온 성도들의 축하를 받으며 장로로 장립했다. 그의 나이 65세였다. 당시 김해교회 목사 이기선(李基善), 부산진교회 심취명, 그리고 예원배 선교사가 안수위원이었다. 1924년 12월 30일 마산문창교회에서 소집된 경남노회 제18회 노회에서 부산시찰위원은 "김해 대지교회에서 이병수씨를 장로로 장립한" 사실을 보고하였다.[8] 이렇게 장로가 된 이병수는 1947년 1월 19일 88세로 하나님의 부름을 받기까지 23년간 대지교회를 위해 봉사했다.

---

7) 경남노회, 제15회록, 48.

8) 경남노회, 제18회록, 73.

김해지방 초기 그리스도인이자 교회 설립자인 이병수는 많은 이들을 전도했던 전도자였고, 헌신적으로 교회를 섬겼던 영수이자 장로, 그리고 경남노회 지도자였다. 그의 아들 이우윤(李佑潤)은 1941년 대지교회 3대 장로가 되었고, 손부인 김영순(金英順)은 1대 권사가 되었다. 증손인 이주원(李珠園)은 1973년 제7대 장로가 되었다. 큰딸 이선애(李善愛)는 인접한 구포교회의 김재도와 결혼하였다. 이병수 장로는 단지 믿음이 좋다는 한 가지 이유만으로 김재도를 사위로 맞았다고 한다. 김재도와 이선애의 외동딸 김영선은 구포교회의 최초의 청년집사였던 이갑득과 결혼했는데, 이갑득(李甲得, 1914-1984)은 후일 고려신학교를 제10회로 졸업하고 1962년 3월 목사가 되었다. [9] 이병수의 둘째 딸 이호애(李好愛)는 영도교회(현 영도제일교회) 김근실과 결혼했는데, 그는 후일 제일영도교회 장로가 되었고, 그 아들 김영진은 고신교회 목사이자 최초의 선교사로 대만에서 일생동안 헌신했다.

---

9) 이갑득은 슬하에 8남매(근영, 월자, 성자, 욱자, 양자, 근영, 한나, 성순)를 두었는데 막내사위가 고신대학교 이상규 교수이다.

# 11. 박신연
## 부산지방 초기 지도자, 호주 여선교사들의 어학선생

    사람이 살다가 간 자리에는 자취가 남는다. 나그네처럼 흔적 없이 한세상 지나는 듯 하지만 살다 간 자리에는 흔적이 남기 마련이다. 그러기에 이런 시를 남기지 않았을까?

| | | |
|---|---|---|
| 昨夜初雪薄 | 작야초설박 | 간밤에 첫눈이 엷게 내리니 |
| 今朝後庭素 | 금조후정소 | 오늘 아침 뒤뜰이 하얗게 되었네 |
| 拘走梅花落 | 구주매화락 | 개가 걸어가니 매화꽃이 떨어지고 |
| 鷄行竹葉成 | 계행죽엽성 | 닭이 지나가니 대닢이 생기는구나 |

    뒤의 두 행은 세조실록 편찬에 간여했던 채수(蔡壽)가 손자 무일(無逸)과 주고받은 댓구로서 《어우야담》(於于野談)에 실려 있는데, 앞의 두 행의 뜻을 더 분명하게 하기 위해 누군가가 덧붙인 시로 알려져 있다. 눈이 내린 날 "개가 걸어간 자국마다 매화꽃이 그려지고, 닭이 지나간 자리에는 대나무 잎이 그려진다"고 했는데, 우리의 여정에 어찌 흔적이 없겠는가? 비가 온 후 학교에서 돌아오면 마루 위를 걸어갔던 닭이 남긴 대나무 잎이 지금도 내 머리에 선하다. 학위 논문을 쓰는 대학원생을 지도하다보면 늘 듣는 말이 있다. "자료가 없다"는 불평

이다. 그 때마다 나는 이렇게 말한다. 자료는 없는 것이 아니라 찾지 못할 뿐이라고. 역사의 흔적을 뒤지다 보면 생각지도 못한 고급 정보와 맞딱뜨리게 되기 때문이다.

호주 선교사들의 어학선생이자 부산지방 초기 지도자였던 부산진교회 박신연 장로

벌써 20년이 훌쩍 지나갔지만 나는 호주선교사들의 활동에 대해 공부하면서 한 장의 사진을 접하게 되었다. 내한한 초기 두 여선교사가 갓을 쓴 한국인 어른에게 한글을 배우는 모습이다(사진 참고). 1906년에 촬영한 것으로 보이는 이 사진의 구도나 명암, 선명히 드러난 여선교사의 표정, 이 모두가 명품이었다. 두 여 선교사가 1905년 11월에 내한했기 때문에 이 사진은 1906년에 촬영된 것이 분명하다. 그런데 갓끈을 길게 매고 조선말을 가르치는 이 한국인 어르신은 누구일까? 두 선교사는 다름 아닌 니븐(Alice Nieven, 왼쪽)과 켈리(Mary Kelly, 오른 쪽)임을 확인했지만, 두툼한 검정색 태 안경을 쓴 조선인은 누구인지, 그리고 그가 어떻게 젊은 미혼 여선교사를 좌우편에 두고 한글을 가르

치게 되었는지 알 수 없었다. 아무런 단서도 찾을 수 없었지만 그 어디엔가는 그가 살아갔던 흔적이 있을 것이라고 생각했다.

오랜 의문을 가지고 지내던 중 그 한국인 어학선생이 박씨 성(姓)을 가진 분이라는 사실을 알게 되었고, 그의 이름이 호주선교사의 기록에서 Shin Yun Park으로 표기되었음을 확인하게 되었다. 이 영문 표기는 박신윤, 혹은 박신연으로 옮길 수 있는데, 그가 다름 아닌 박신연(朴信淵)이란 점을 알게 된 것은 그로부터 또 두 달이 지난 후였다. 그렇다면 그는 어떤 분이었을까? 그의 후손을 찾을 수 없을까? 그의 후손을 만날 수 있다면 박신연이란 인물에 대해 보다 분명한 정보를 얻을 수 있겠지만 후손을 찾을 수 없었다. 그러나 옛 것을 뒤지는 추적 끝에 그가 어떤 인물인가를 차츰 알게 되었다. 그는 한학자였고 과거에도 급제한 일이 있으나 돈이 없어 관직에 나가지 못했고 유학에 깊었던 인물이었다. 바로 그가 우연한 기회로 기독교신자가 되어 선교사의 어학선생으로 일하게 되었고, 후에는 심취명에 이어 부산진교회 제2대 장로가 된 것이다. 사람이 지나간 자리에는 흔적이 남기 마련이고, 그 흔적은 백년의 세월이 지났으나 여전히 손 뻗으면 닿을 수 있는 곳에 남아 있었다.

우연하게도 대정(大正) 2년, 곧 1913년 3월에 발행한 부산진 일신여학교 졸업증서를 보게 되었는데, 거기 게재된 교사명단에 박신연(朴信淵)이 들어 있었다. 말하자면 박신연은 일신학교 교사였던 것이다. 1910년 내한하였고 후일 일신여학교 교장이 되는 마가렛 데이비스(M. Davies)는 1930년에 쓴 내한 당시를 회고하는 글에서 일신학교 교사로 "한학으로 유명하시던 박장로가... 계셨으며(Elder Park, noted for his knowledge of the Chinese classics)"[10]라고 말하고 있는데, 그가 바로 박신연 선생을 의미했다. 말하자면 한학에 조예가 깊은 박신연은 1910년 이전부터 일신여학교에서 가르치고 있었고 그 때 이미 장로가 되어 있었음을 알 수 있다. 또 이 사진이 1905년 촬영된 것을 미루어 볼 때 적어도 1905년 이전에 선교사와 접촉했고 이때를 전후하여 기독교 신앙을 받아드렸을 것이다.

그런데, 『조선예수교장로회 사기』 97쪽을 보면, 1902년에 설립된 동래군 안평교회 설립과 관련하여 박신연의 이름이 언급되고 있다. 즉 "동래군 안평교회가 성립하다. 초에 박신연(朴信淵), 정덕생(鄭德生), 정희조(鄭喜祚), 정덕선(鄭德善), 박도주(朴道柱) 등이 신교(信敎)함으로 교회가 성립되니라."가 그것이다. 여기서 언급된 박신연은 일신여학교에서 일한 박신연과 동일인물로 간주되는데, 이런 기록을 종합해 보면 박신연은 적어도 1902년 이전에 기독교로 개종했음을 알 수 있다. 그렇다면 그가 어떻게 기독교인이 되었을까?

내가 20년 전에 호주 멜보른에 있는 빅토리아주립 도서관에서 복사해 왔으나 대수롭지 않게 여기고 접어 두었던 몇 가지 자료 묶음에 있던 The Record라는 잡지에서 흥미로운 기록을 접하게 되었다. 바로 The Story of Park's Conversion이란 글이었다. 위의 잡지 18권 9호(September, 1906)에 실린 이 글이 다름 아닌 박신연의 회심기였던 것이다. 바로 그 박신연에게 한글을 배웠던 메리 켈리(Mary Kelly, 후일 메켄지, 곧 매견시의 부인이 된다)가 쓴 글인데, 마치 박씨 자신이 쓴 글처럼 일인칭으로 기술되어 있었다. 이 글에 나타난 박신연의 입신

---

10) 동래일신여학교 간, 《일신》제4호(1931. 7), 2, 3; 학교법인 동래학원, 『80년지』(동래학원, 1975), 186.

동기는 흥미로웠다.

박신연이 가르쳤던 한 학동이 부산에 왔다가 '신약성경'이라는 책을 접하게 되었다. 이 학생은 책을 읽기 위해서라기보다는 종이 구하기 어렵던 시절에 책값이 싸다는 이유에서 이 책을 사가지고 와서 박신연에게 보여 주었다. 박신연이 책을 받아보니 한문으로 되어 있었는데, 아름다운 서체에 매혹되어 책을 읽게 되었다. 그러나 뜻을 알지 못한 채 책을 돌려주었다. 이런 일이 있은 후 부산에서 큰 행운권 추첨행사가 열렸다. 박신연도 구경삼아 부산으로 왔는데 아담슨(A. Adamson) 선교사의 집에서 멀지 않는 곳에 묵게 되었다. 그런데 그

호주 여선교사 켈리(좌)와 니븐(우)에게 한글을 가르치는 박신연

때 그의 친구가 운수대통한 날, 결혼이나 이사 날 잡는 법, 좋은 묘터 잡는 법 등에 대해 말하는 토정비결 책을 가져왔다. 박신연도 이 책을 사고 싶었으나 가진 돈으로는 살 수가 없었다. 누군가가 그 책을 사기 보다는 그 책을 베끼면 되지 않는가라고 충고해 주었다. 그러나 종이를 살 형편이 되지 못했다. 이 때 떠오른 생각이 '아담슨이라는 서양 선교사 집에 가면 책을 값싸게 살 수 있으니 그 책 여백이나 뒷장에 토정비결을 베끼면 되겠구나' 하는 생각이 들었다. 그래서 아담슨 집에 찾아가니 선교사 부부가 즐겁게 맞아 주었고 소책자 3권을 아주 싼 값으로 살 수 있었다.

선교사는 기독교에 관심을 가진 이라고 생각했겠지만 사실은 그것에는 관심이 없었다. 집에 돌아와 성경책 여백에 토정비결을 옮겨 적는 중에 마음이 편치 못했다. 선교사는 이 책을 읽으라고 거저 주다시피 한 것인데, 내가 불의한 일을 하는구나 하는 생각이 들었다. 여러 날이 지난 후 박신연은 박석사(Pak Suksa)라는 24세의 젊은 전도자를 만나게 되었다. '박석사'라고 말할 때 그것은 그의 이름을 의미하지 않고 박씨 성을 가진 유식한 이를 높여 부르는 말이었다. 선교사들이 박씨를 높여 부르면서 박석사라고 불렀던 것이다. 그는 다름 아닌 왕길지(G. Engel)의 파송을 받은 매서전도자였다. 그를 통해 책을 받았는데 그 책은 이전에 그가 가르친 학생으로부터 받았던 바로 그 책과 유사한 것이었다. 박신연은 이 매서전도자를 다시 만나면서 신앙을 갖게 되었다. 여전히 의심과 유교와 조상 제사에 대한 미련을 버릴 수 없었으나 엥겔선교사를 만나게 되면서 의심의 안개는 걷히고 기독교 신앙을 굳게 받아드리게 되었다. 대충 이런 내용의 회심기였다.

이렇게 1902년 경 기독교 신자가 된 그는 정덕생, 정희조, 정덕선, 박도주 등과 함께 고향 안평교회 설립에 동참하게 된 것이다. 그러다가 1905년 니븐과 켈리의 어학선생이 되어 부산으로 이주해 왔고, 이때 찍은 사진이 바로 내가 입수한 사진이었다. 호주선교사들과 일하게 된 그는 일신여학교에서 한문을 가르치면서 부산진교회에 출석한 것은 당연한 일이었을 것이다. 그는 곧 성도들의 신임을 받았고, 1908년 정월 초에는 장로로 피택되었다.[11] 1909년 3월 5일 금요일 저녁 박신연은 아담슨 선교사의 집으로 가서 아담슨, 엥겔, 그리고 앞서 장로가 된 심취명 장로 면전에서 장로문답을 받았다. 이 자리에서 만족할 만한 믿음과 변화된 생활을 확인하고 이튿날인 3월 6일 회집한 부산진교회 당회는 3월 7일 주일 오후 그를 장로로 장립하기로 결의했다.[12] 장립절차는 급속도로 이루어졌고, 다음날인 3월 7일 주일 오후 그를 장로로 장립했다. 이처럼 신속한 장립 절차가 외국인으로 볼 때는 이해할 수 없는 것이었기에 니븐은 장로장립에 대해 보고하는 1909년 3월 10일자 편지에서 "때로 어떤 일들은 한국에서 신속하게 처리 된다."(So things sometimes get done quickly in Korea at all)고 부연하기도 했다.

이로써 박신연은 심취명에 이어 부산진교회 두 번째 장로가 되었고, 당회원으로 봉사하게 된 것이다.[13] 흥미로운 일은 박장로는 한국과 중국의 선비들을 대상으로 한 '기독교와 유교의 상대적 유익'이라는 한문 글짓기 대회에서 2등을 차지했다는 점이다. 세사람의 수상자 가

---

11) 부산진교회 제26회 당회록(1908 1. 11) 참고.
12) 제34회 당회록(1909. 3. 6). "Letter of Miss Niven (1909. 3. 10)," *Chronicles* vol. 3 no. 5( 1909. 5), 5
13) *Chronicle*, vol. 3 no. 5 (1909. 5), 5.

운데 한 사람이 된 것이다.[14]

1911년 7월 26일(제56회 당회)부터 박신연은 당회 서기로 봉사했다. 그러나 그는 1913년 6월 부산진일신학교 한문교사직을 그만 두고 동래읍으로 이사 갔다.[15] 그해 7월 19일 회집된 부산진교회 제76회 당회 기록에 의하면 박신연 장로는 동래읍으로 이사하여 부산진교회가 이명 해 주었음을 기록하고 있다. 말하자면 그는 약 5년간 부산진교회 당회원으로 봉사한 것이다. 동래로 이주한 그는 동래읍교회(현 동래 수안교회)나 안평교회로 이명한 것으로 보인다. 그런데 그의 후손들은 전혀 알려져 있지 않다. 앞에서 소개한 박신연의 회심기는 호주 빅토리아 주 여전도연합회가 발간하던 *The Chronicles* 제3호(1907. 1)에도 게재되었는데, 당시 그에게는 두 아들이 있었다고 한다. 그 중 한 아들이 크리스챤이라고 했다. 그의 후손들은 어디서 무엇하고 있을까?

그런데 박신연(朴信淵) 장로를 일신여학교 학생이었고 후에는 교사가 되는 박시연(朴時淵)과 혼돈하는 일이 빈번하다. 박시연은 동래군 기장면 송정리 345번지 출신으로 1918년 7월 부산진 일신여학교를 제6회로 졸업했다. 곧 그는 일신여학교 교사로 일했다. 후에는 박정인과 혼인하여 동래군 동래면 원리(院里) 492번지에서 살았다. 그러나 학교법인 동래학원이 출간한 『八十年誌』에서는 박신연(朴信淵)이 1919년 3월 당시 교사였던 것으로 기록하고 있다. 즉 이 책에서는 일신여학

---

14) *Chronicles*, vol.4 no. 12 (1909. 12), 8.

15) 박장로의 동래에로의 이사에 대한 기사가 *Chronicle* 1913년 7월호에 게재된 것을 보면 6월 이전에 이사하였음을 알 수 있다. 니븐의 이 기록에서 박신연은 한문교사직을 사임하고 동래로 이주했다고 쓰고 있다. *Chronicle*, vol.7, no. 7 (1913. 7), 5.

교의 3.1운동 가담과 관련하여 "이때 일신여학교 학생들은 주경애(朱敬愛), 박신연(朴信淵) 교사들로부터 민족적인 정신감화를 받고 있었다,"[16]고 기록하고 있고, "3월 11일 수업을 마치고 기숙사로 돌아와 저녁식사를 마친 고등과 학생 11명(김응수, 송명진, 김순이, 김난출, 박정수, 김반수, 심순의, 김봉애, 김복선, 김애련, 이명시)은 교사 주경애, 박신연(朴信淵)과 더불어 오후 9시 준비한 태극기를 손에 들고 독립만세를 부르며 기숙사 문을 뛰쳐나와 좌천동 거리를 누비면서 만세시위를 전개하였다."[17]고 기록하고 있다. 심지어는 일신학생들의 만세운동에의 참여와 관련하여 11명의 학생과 교사 2명이 부산형무소에 수감되었다는 점을 기록하고, 교사인 주경애와 박신연(朴信淵)은 징역 1년 6개월을 언도받았다고 쓰고 있다.[18]

『八十年誌』의 이 기록은 정확하지 못하다. 박시연(朴時淵)을 박신연(朴信淵)으로 잘못 기록한 것이다. 앞에서 지적했지만 박신연 장로는 이미 1913년에 일신학교를 사임했고, 1919년 3월 일신여학교의 만세사건 당시의 교사는 박신연(朴信淵)이 아니라 박시연(朴時淵)이었다. 박시연은 동래읍교회 교인이기도 했다. 그런데, 『대한예수교장로회 사기, 하』권을 보면 아래와 같은 기록이 나온다. "1919년(기미)에 3.1사건으로 인하여 각 교회 남녀청년이 더욱 환란이 다수(多受)하는 중 부산진 일신여학교 교사 주경애(朱敬愛)가 박시연(朴時連)을 위시하여 묘령(妙齡)의 여학생이 부산감옥에 징역자(懲役者) 다(多)하였

---

16) 동래학원, 『八十年誌』(동래학원, 1975), 27.

17) 위의 책, 27-28.

18) 위의 책, 28. 독립운동사편찬위원회가 펴낸 『독립운동사』제3권 (3.1운동사 하, 1971)에서 박시연(朴時淵)은 주경애와 더불어 징역 1년 6개월을 언도받았다고 기록하고 있다. 독립운동사편찬위원회, 『독립운동사』제3권 (3.1운동사 하) (1971), 179-181.

다.[19]고 기록하고 있다. 이 기록에서 박시연(朴時連)은 박신연(朴時淵)의 오기이다.

---

19) 『조선예수교장로회 사기』하, 251-252.

# 12. 김동규 1857-1915
## 의령지방 교회 지도자

경상남도 의령군 봉수면 서암(西岩)이라는 곳은 소백산맥의 하류 덕유산과 황메산으로부터 연결된 국사봉 해발 688m 산 아래에 위치한 산골이다. 고려시대에는 이곳이 한지(漢紙) 생산지라 하여 지촌(紙村)면으로 불리기도 했는데, 동서로 길게 뻗은 계곡이 있었고, 계곡 아래로는 맑은 물이 흘러 한지생산의 적지라고 불릴 정도로 심산유곡이었다. 이 한적한 촌락에도 이미 100년 전에 복음이 전해지고 교회가 설립되었다는 사실은 놀랍기만 하다. 후배 목사의 봉고차로 서암리는 지나며 백년이 넘는 세월 동안 묵묵히 자리해 온 교회당을 보면서 등섭지로(登涉之路)의 험한 길을 갔던 전도자를 생각하게 되었다. 먼 길을 돌아 그날 저녁 늦게 집으로 온 나는 문헌을 뒤적이며 의령을 거쳐 봉수면 서암리 어두운 계곡으로 흘러들어간 복음의 역사를 추적하기 시작했다. 백년의 세월을 거슬러 나는 초기의 구도자 김호용(金浩鏞, 어떤 기록는 金好容)과 김동규를 만나게 되었다. 김호용은 호주 선교사 아담슨(A. Adamson)의 전도로 신도(信道)하였고, 1905년 서암교회 설립에 관여하게 되지만 그 이상의 자료는 찾을 수 없어 나는 다시 김동규(金東奎, 1857-1915)라는 초기 인물을 추적하기 시작했다. 놀랍게도 그의 후손들이 서암교회를 지키며 오늘까지 그 선대의 유산을 이어가고 있었다.

1857년 5월 26일 생인 김동규(때로 김동구로 불리기도 했음)는 유가적 배경에서 농업에 종사하며 살았으나 예기치 못한 병을 얻었다. 육신의 아픔을 안고 이런 저런 치료를 받았으나 건강을 회복하지 못했다. 그러던 중 진주를 오가는 서양 의사가 있다는 소식을 접하고 그를 찾아가게 되었는데 그가 경남 지방 최초의 서양 의사였고, 후일 진주 배돈병원을 설립하게 되는 커를 의사(Dr Hugh Currell)였다. 그와의 만남을 통해 김동규는 커다란 변화를 경험했다. 육신의 아픔도 치유 받았지만 진정한 치유자는 하나님이라는 사실을 알고, 오직 그에게만 소망이 있다는 점을 깨닫게 된 것이다.

김동규는 한학에 능한 인물로서 한시(漢詩)도 쓰고 문장에도 능한 인물이자 술도 즐기던 분이었다. 그러나 나라의 운명이 기울고 을사조약이 체결되는 국치를 경험하면서 국가와 민족의 자강(自強)을 위해서는 서양 문물을 받아드려야 한다는 사실을 알게 되었다. 이런 상황에서 커를 의사를 만나게 된 것이다. 말하자면 김동규는 직접적으로는 신병 치료차 선교사를 만나게 되었지만 평소의 애국적 의식이 기독교 신앙을 받아들이는 동기가 된 것이다. 이때가 1904년 9월 혹은 10월경으로 추정되는데, 48세 때였다. 곧 그는 엥겔선교사와 그의 어학선생 정덕생(鄭德生, 1881-1949)과도 접촉하게 되면서 기독교 신앙을 더 깊이 깨닫게 된다. 이것은 그의 삶의 행로에 커다란 변화를 안겨 주었다. 그는 그 동안 즐겨하던 술과 담배를 끊고, 상투를 자르고 때가 잘 타는 흰 두루마기 대신 검은 색 두루마기를 입었다. 또 술과 담배의 해악을 깨닫고 금주단연을 주장하게 된다. 김동규는 서구문명에 눈을 뜬 선각자였던 셈이다.

고향에도 교회를 세워야겠다고 생각한 그는 아담슨을 통해 신앙을 갖게 된 김호용과 함께 교회를 설립했는데, 이것이 의령 지방의 역사 깊은 서암교회의 시작이었다. 이들은 지역 사회에서 좋은 평판을 듣던 이들이었으므로 예상과 달리 지역유지들의 협조를 받게 되었고, 의령군 봉수면 신촌의 손응칠씨의 곡간을 빌려 임시처소로 사용하게 되었다. 설교는 아무나 할 수 없었으므로 호주의 왕길지(G. Engel) 선교사의 조사 정덕생을 청하여 첫 예배를 드렸다. 이 날이 1905년 4월 10일이었다. 이곳 첫 집회소가 의령군 봉수면 신현리 376-1번지였다. 의령읍에 교회가 설립되기 2년 전이었다.

앞서 언급한 김호용 또한 서양문물에 눈을 뜬 인물인데, 젊은이를 교육해야 한다는 일념으로 교회당을 교실로 하여 학교도 설립했는데 이 학교가 1911년에 설립된 보신(普信)학교였다. 후일 마산 창신교회 장로가 되는 이순필, (부산을 제외한) 경남지방 최초의 목사가 되는 박성애, 그리고 곽경묵 조사 등이 초기 교사였고, 김동규는 한문선생이었다. 초라한 시골학교였지만 배움에 목말라하던 그 때 봉수면의 유일한 학교였다. 이 학교 출신으로 널리 알려진 인물이 일본 고베신학교에 유학했던 김창근(金昌根)목사, 고신 교단의 지도자가 되는 황철도(黃哲道) 목사 등이다.

교회가 설립되었으나 마땅한 교역자는 없던 때에 김동규는 교회 일을 도맡아 했고, 예배 처소도 이곳 저곳으로 옮겨가지 않으면 안 되었다. 정덕생 순회조사가 한번씩 방문하기는 했으나 처음에는 마땅한 예배 인도자도 없어 김동규 영수가 교역자 역할까지 감당했다. 그는 1908년 3월 10일에는 공식적으로 영수로 선임되었다. 어려운 교회 형편 가운데서도 점차 믿는 이들이 일어나게 되었고, 김호용씨가 헌납한 160평의 대지에 목조 초가 5간 2둘 약 20평의 교회당을 건축하게 된다. 이곳이 현재의 서암교회당이 있는 서암리 362-3번지였다.

초대 영수가 된 김동규씨는 1907년 설립된 의령교회의 지도자가 없을 때는 60리 산길을 걸어 다니며 예배를 인도하는 등 주변 교회까지 돌보며 헌신된 일생을 살았다. 그의 봉사와 수고의 값으로 의령군 산골에도 교회가 세워지고 구원의 방주로 백년의 세월을 지내게 된 것이다. 의령지방 선각자이자 교회지도자였던 김동규는 1915년 3월 27일, 59세의 나이로 하나님의 부름을 받았다. 그는 비록 의령의 산골에 살았으나 부산진교회에서 사경회가 열리면 먼 길 마다않고 짚신 3,4족을 삼아 부산까지 걸어 다니며 말씀을 배우고 가르쳤던 인물이었다. 그가 부산을 왕래하던 중 개량 버드나무를 꺾어와 동구 밖에 심었는데, 그것이 지금의 봉수면 양버들의 원조가 되었다고 한다. 그의 장례식은 교회장으로 치러졌고, 국사봉 교회묘지에 안장되었다.

그의 자녀들은 다 주안에서 믿음으로 살았고, 장남인 김시

서암교회를 3대째 섬기고 있는
김동규 영수의 손자 김성근 장로
(1925- )

찬(金始燦, 1887-1936)과 차남 김경찬(金庚燦, 1889-1983)은 1936년
과 1941년 각각 서암교회 영수로 주님을 섬겼고, 손자 김성근(金聖根,
(1925- )은 장로가 되어 서암교회를 3대 째 지키고 있다. 4대 손들은
전국각지로 흩어져 교회 장로로, 권사로, 혹은 집사로 봉사하면서 신
앙가문의 전통을 이어가고 있다.

특히 김동규 영수의 손자이자 김경찬 영수의 아들인 김성근은 서암
교회에서 유아세례를 받고 서암교회에서 자랐다. 17세 소년 때부터 주
일학교 교사로 봉사하기 시작한 그는 30년간 한결같이 선대가 이뤄놓
은 서암교회를 위해 일했다. 교회 일을 도맡아 하던 그는 1966년 장
로장립을 받고 서암교회를 이끌어 왔다. 부인 김창숙(1927- )은 권사
로 봉사하고 있다. 의령군 봉수면장으로 일했던 김성근 장로는 사회
적으로도 존경을 받았고, 마음만 먹으면 고위 공직자로 더 좋은 자리
로 옮겨갈 수 있었지만 선대가 눈물뿌리며 세워 온 교회를 지키기 위
해 봉수면을 떠나지 않고 일생을 살았다. 장로로 30여년 간 일한 그
는 1995년 원로장로로 추대되었고, 교회 100주년 행사를 주도하기도
했다. 김성근장로는 의령군 봉수면 면장으로 재직할 당시 공사 중 큰
돌을 캐내게 되었는데, 서암교회가 설립 백 주년이 되면 사용하려는
의도로 30여년간 간수하고 있다가 2005년 서암교회 100주년을 기념
하여 기념석으로 삼았다. 그가 2004년에는 『나그네 80년』이란 회고
록을 출판했다.

# 13. 김주관 1859-?
### 경남지방 초기 전도자, 교회설립자, 초량교회 초대 장로

　부산경남 지방 초기 기록을 섭렵하다보면 '김주관'이라는 인물과 조우하게 된다. 비록 빈번하지는 않으나 그의 이름이 심익순 선교사와 함께 거론되고 있다. 특히 서부경남 지방, 곧 합천 거창 함양 등지에서의 심익순의 개척선교와 관련하여 그의 행적이 우리의 관심을 끈다. 그는 1910년 전후 부산경남지방 개척전도자로 등섭지로의 길을 간 것이 분명하지만 그의 이력은 거의 알려진 바 없다. 그는 지금의 부산 초량교회의 전신인 영주동 혹은 영선정 교회의 초대장로였지만, 초량교회에도 그에 대한 기록이 없고, 초량교회 100년사에서도 그가 1913년 장로로 장립한 사실은 기록하고 있으나 그에 대한 정보는 아무것도 없다. 그렇다면 그는 어떤 인물이었을까? 이 지방의 숨은 전도자의 여정을 추적하는 것도 성령께서 일하신 역사의 뒤안길을 헤쳐가는 기쁨이 아니던가? 이글은 여기 저기 흩어진 흔적의 편린을 엮어 그가 걸어간 전도자의 자취를 추수했다.

　김주관(金周寬, 1859-?)은 1859년경 경상남도 칠원군에서 출생했다. 그의 출생년은 1958년이나 1860년 일 수도 있다. 1922년에 작성된 초량교회 교적부에는 45세로 기제 되어 있고, 수세일이 1903년 8월 5

일로 되어 있다.[20] 여러 정황을 고려해 볼 때 교적부의 연령은 수세일을 기준한 것으로 판단되어 출생연을 1859년으로 판단한 것이다. 초량교회 당회록을 기록했던 그의 필적을 보면 그는 향리에서 한학을 공부한 것이 분명하다. 아마도 보통 이상의 교육을 받은 것으로 보인다. 그는 3살 아래인 차리아 양과 결혼하였고 슬하에 딸 김한순을 두었다. 상인이었던 그는 칠원을 떠나 부산을 왕래하던 중 선교사를 만나 기독교 신자가 되었다. 이때 그는 가족을 데리고 1900년경에는 부산으로 이거하여 초량교회에서 멀지 않는 영선동의 영선고개라고 불리는 곳에 정착하였다. 이렇게 되자 김주관은 초량교회에 출석하기 시작하여 신앙생활을 하게 되었고, 부인 차리아는 1902년 4월 2일에, 자신은 1903년 8월 5일 세례를 받았다. 부인이 먼저 세례를 받은 것을 보면 남편 보다 신앙적 열성이 깊었던 것으로 보인다. 부인 차리아씨가 세례 받던 그날 김주관의 딸 김한순(1892- ?)은 유아세례를 받았다. 그로부터 6년 후인 1908년 5월 15일에는 한순양은 문답을 거쳐 입교하게 된다.

1903년 세례를 받은 김주관은 이때부터 보다 적극적으로 이 지역 전도자로 활동하게 된다. 즉 미국북장로교 선교사 심익순(沈翊舜)의 어학선생 겸 조사이자 매서인(賣書人)으로 활동하게 된다. 심익순이라는 한국 이름으로 알려진 월터 스미스(Walter E. Smith, 1874-1932)는 미국 북장로교 선교사로 1902년 11월 15일 그의 아내 그레이스 퓨르넬(Grace Purnell, 1869-1945)과 함께 내한하였다. 필라델피아에서 출생한 그는 매릴랜드대학을 거쳐 프린스톤대학교 대학원에 진학하여 석사학위를 받았다(1897). 그는 당시 미국에 큰 영향을 끼

20) 『초량교회 100년사』, 111.

쳤던 학생자원운동(SVM: Student Volunteer Movement)의 영향을 받고 프린스톤신학교에서 공부하고 1898년 이 학교를 졸업하였다. 그후 한국선교사를 자원하여, 28세의 나이로 1902년 11월 15일 내한하였다. 내한 한 그는 아내와 같이 서울에 체류하면서 주한 선교사들과 교류한 후, 그해 12월 임지인 부산으로 왔는데, 부산지부에 배속된 14번째 선교사였다. 김주관은 그의 어학선생이 되었고, 그의 도움으로 '심익순'(沈翊舜)이라는 한국명을 갖게 되었다. 심익순은 이때부터 1912년까지 약 10년간 부산경남지방에서 활동하면서 지역순례와 전도, 교회 설립을 주도하였다. 김주관은 그의 사역의 동료이자 반려자였다.

심익순은 부산에 체류하는 동안 부산부 서남편 지역, 곧 지금의 부산 영도, 서구, 사하구, 사상구 지역과 구포, 김해, 마산, 창원, 웅천, 칠원 지역 순회책임자로 활동했는데,[21] 이때 김주관은 그와 함께 조사로 혹은 전도사로 활동하면서 이 지역을 순회전도했다.

이런 노력으로 1904년에는 거창군 개명리(開明里)교회가 설립되었다. 『조선예수교장로회 사기』상권에 의하면, 개명리교회는 1904년 가을에 설립되었고, "박순명, 김종한 외 10여인이 신종하여 교회가 성립되고 선교사 심익순, 조사 김주관이 시무하니라"고 기록하고 있다. 이처럼 김주관은 심익순과 더불어 거창, 함양, 합천지방을 순회하며 전도하여 여러 교회를 설립하였다. 즉 거창 노현리교회(1906), 거창 마상동교회(1906), 거창 웅양교회(1906), 거창 가조교회(1906), 합천교회(1907), 함양 봉산(현 安義)교회, 함양 사근(현 수동)교회(1907), 거창 가천교회(1907), 함양의 함양교회(1908), 산청의 산청교회(1908), 합천

---

21) 제1회 경샹도 예수교 장로교 로회록, 제1회 로회록, 2.

팔산리교회(1908), 합천 구원교회(1909) 등이다. 김주관은 이런 교회를 돌보며 일했지만 특히 함양교회의 전신인 함양기도처 초대 조사로 일하는 등 서부경남지역에서 전도자의 길을 갔다.

이런 상황에서도 김해 구포지역 교회를 돕기도 했는데, 예컨대 1907년 대지교회가 설립되었을 때 김주관은 심익순과 동행하며 대지교회를 영적으로 돌보며 관할하였고, 이 교회 설립자 이병수와 동갑 나이로 교류하기도 했다.[22]

김주관은 1909년 6월까지 서부경남지방에서 일하고 부산으로 돌아

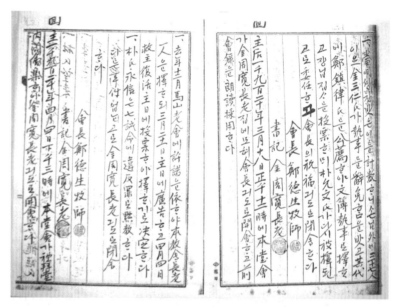

초량교회 당회 서기였던 김주관 장로의 필체

---

22) 이병수와 대지교회 기원에 대한 더 자세한 글은 이상규, "대지교회 설립자 이병수장로." 『부산성시화신문』 28호(2007. 12), 8쪽을 참고할 것.

가 활동한 것으로 보인다. 그는 심익순선교사 관할교회였던 초량교회로 다시 돌아갔고 조사(助事) 봉사하던 중[23] 초량교회 초대 장로로 선임된다. 즉 1912년 3월 6일 제2회 경상노회가 대구남문예배당에서 개최되었을 때 영선현(초량)교회는 장로 1인을 청원하였다.[24] 이 청원은 위철지 선교사의 동의로 가결되어 초량교회는 설립 20년만에 당회를 조직하게 된다. 이런 절차를 따라 공동의회를 개최하였는데, 그해 8월말에 모인 제4회 경상노회에서 김주관씨가 장로로 피택되었다는 사실을 보고한 것을 보면 1912년 8월 이전에 김주관 씨가 장로로 피선되었음을 알 수 있다.[25] 1912년 12월 19일 대구남문안 예배당에서 회집한 제5회 경산노회는 대구남문교회 백신철, 북순조씨와 함께 영선현교회 김주관씨를 장로문답하기로 하였고, 문답위원 3인을 선정했는데, 노회장 왕길지 목사와 한득룡목사, 박영조 목사였다.[26] 장로문답 결과가 만족하다는 보고에 따라 김주관씨를 적당한 날 장립하기로 하였는데, 1913년 11월 이전에 장로로 장립하였다. 장립일을 정확하게 알 수 없으나 1913년 9월 혹은 10월 경으로 추측된다. 장로가 된 김주관은 한득룡 목사, 후에는 정덕생 목사와 함께 당회원으로 활동했다.

김주관은 장로가 된 후에도 조사로 활동 했는데, 그 한 가지 예가 구포교회와 인근교회의 담임이었다. 그는 1919년 이전에도 구포교회 조사로 일한 것으로 보이는데, 1919년에는 공식적으로 구포교회 조사로 임명되었다. 즉 1919년 12월 16일 마산예배당에서 개최된 제8회 경남노회에서 부산시찰위원의 보고를 받았는데, 김주관 장로를 조사

---

23) 최병윤 편, 『경상도노회회록(1911–1916)』, 6.
24) 최병윤 편, 24.
25) 최병윤 편, 16.
26) 최병윤 편, 23.

로 시무케 한 사실을 밝혀주고 있다. 노회록의 기록은 다음과 같다.

동래군 월전교회에 박성태 조사, 산성교회에 우봉석, 동래 동편 4
개 처 교회에 윤병항, 동래군 기장구역 9처 교회에 김민수, 동래서편
4처 교회와 김해동편 6처 교회에 김주관 제씨로 조사 시무케 하였사
오며...[27]

여기서 말하는 동래 서편 4개 처 교회란 덕포, 화단, 엄궁교회와 구
포교회를 의미했다. 김주관은 이들 교회의 교역자였고, 구포교회의 경
우, 첫 한국인 교역자였다고 할 수 있다. 그는 1920년까지 일하고 사임
했다. 1920년 12월에는 박성태(朴成太) 조사가 이들 지역 교회의 제2대
교역자로 부임했다. 이 점에 대하여 경남노회록의 기록은 다음과 같
다.[28] "송정, 못골, 초읍, 구포, 덕포, 엄궁, 화단 7교회에 박성태 조사
로 시무케 원하오며, ..." 김주관 조사는 개인 사정으로 사임하고[29] 그
후임으로 박성태조사가 시무하게 된 것이다.

김주관 장로는 1913년 장로로 장립한 이후 초량교회 제2대 장로인
김성국 장로가 세워지기까지, 곧 1923년 1월까지 10년 간 당회서기로
봉사했다. 그의 딸 김한순은 여집사로 봉사했다. 1925년말에는 김주관
장로가 구포로 이사하게 된다. 그래서 1926년 1월 10일 회집된 초량교
회 당회는 김주관의 장로직 사면을 받고 그를 이명해 주기로 했다. 구
포로 옮겨간 그가 구포교회로 이명했을 것으로 보이지만 구포교회에

27) 경남노회록, 1-8회(1920), 47.
28) 경남노회록, 9-21회(1926), 7.
29) 경남노회록, 9-21회(1926), 7.

는 아무런 기록이 없다. 이 때 그의 나이가 거의 70에 가까웠으므로 교회 일에서도 은퇴한 것으로 보인다. 그의 삶의 여정을 더 자세하게 추적할 수 없으나 그는 선교사의 어학선생, 조사, 매서인, 전도자, 장로로 일생을 살았던 부산경남 지방 초기 인물이었다.

## 14. 임치수 1873-1953
### 경상로회가 공식 임명한 경남지방 첫 순회전도자, 영수, 장로

경상노회 파송 경남지방 첫 순회전도자
임치수 장로

복음전도나 목회형태는 역사적 변화를 거쳐 오늘에 이르게 되었다. 역사적으로 말할 때 정착목회는 2세기 말부터 자리 잡기 시작한다. 물론 지리적으로 약간의 차이가 없지 않지만 그 이전까지는 순회목회였다. 복음전도자들이 어느 한곳에 정착하지 않고 이동하면서 전도했는데 이런 목회 형태를 순회목회라고 말한다. 사도 바울이 대표적인 인물이었다. 그는 소아시아 연안지방과 비두니아(현재의 터키) 지방을 순회했고 보스포러스해협을 건너 유럽으로 진출했다. 그리고 에게해를 가로질러 그리스의 도시들을 순회하며 전도했다. 그 결과로 기독교는 당시 세계로 전파되었다. 초기 한국에 온 선교사들에게도 순회전도는 가장 주효한 선교방식이었다. 즉 선교사들은 필요한 행장을 갖추고 선교지 답사를 겸한 지역순회를 통해 전도하고 교회를 설립했다. 경남지방에서도 이런 방식으로 순회하며 일했던 전도자가 있었다. 그가 임치수(任致守, 1873-1953) 장로였다.

1873년 5월 26일 통영군 산양면 대남포에서 임성옥(任成玉)과 김선아(金善牙)의 3남으로 출생한 임치수는 한문서당에서 8년간 한문을 배우며 유학의 길에 입문하게 된다. 26세가 되던 1899년 창원군 웅동면 용원리의 최모씨와 결혼한 그는 용원리에 정착하였다. 그도 그 시대의 아들로 농업에 종사하며 주색을 마다않고 살았던 평범한 사람이

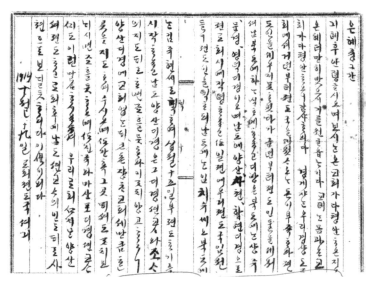

임치수 장로를 경상노회 첫 순회전도사로 파송한 노회 전도국 서기
홍승한 목사의 서신 (1914년 10월 19일)

었다. 그러나 1910년 주님을 만나게 되고 그의 삶은 커다란 변화를 겪게 된다. 선교사가 준 쪽 복음 성경을 받고 자신의 표현대로 신주(信主)의 길로 들어서게 된 것이다. 분명하게 말할 수는 없으나 여러 정황을 고려해 볼 때 맹호은(F. J. L. Macrae) 선교사와 접촉한 것이 분명하다. 그를 통해 성경을 받은 그는 큰 감화를 받고 이런 책은 누워서 읽을 책이 아니라고 생각하고 정좌하여 읽던 중 성령의 감화를 받고 회개하였다. 온종일 회개의 눈물을 쏟은 그는 1910년 5월 첫 주 예수를 구주로 받아드리고 용원교회에 출석하기 시작하였다. 이때부터 그는 술과 담배를 끊고 성경 읽고 기도하는 데 전념하였다.

일주일간 성경과 기도를 통해 성령의 감화를 체험한 그는 주색과 우상숭배를 완전히 절연하고 새로운 생활을 결단했다. "성령이여 강림하사 나를 감화하시고..."를 부를 때는 언제나 눈물을 쏟으셨다고 한다. 영적 변화를 체험한 임치수씨는 입신 2년 째인 1912년 세례를 받고 용원교회 집사가 되었고, 1913년에는 용원교회 영수(領袖)가 되었다. 자신의 표현대로 "세상이 알 수 없는 희열이 충만하여 전도와 설교를 하지 않고는 견딜 수 없어" 전도자의 길을 자원하였고, 1914년 10월 19일 경상노회 순회 전도인으로 공식임명을 받게 된다. 말하자면 그는 경상로회가 인정한 최초의 '순회 전도자'로 임명된 것이다. 당시 경상로회 전도국 서기 홍승한 목사에 의해 발행된 임명장에서, "...우리 경상도로회에서 거년부터 전도국을 세웠사오나 돈이 부족하야 전도인을 세우지 못하였다가 금년부터 전도인 둘을 세워 남북도에 하나식 하게 하얐고, 지방은 북도에는 상쥬, 문경, 영덕 지경이요 남도에 양산, 사천, 합천지경으로 전 노회시에 작정하였고, 또 일전에 우리 전도국 임원들이 전도인을 택하되 남도에는 임치수씨와 북도에는 김규현씨로 택하여 10월 15일부 전도하기를 시작하였고, ...”라고 그 경위를 통보하였다.

경상로회에서 첫 전도인으로 임명을 받은 임치수 영수는 울산, 울주 등 경남동부 지역과 창녕, 영산, 남지 등지를 순회하며 전도하였다. 자동차나 대중교통수단이 없던 시절 그는 산을 오르고 물을 건너는 수고(登涉之勞)를 마다않고 이 골목 저 마을을 찾아 다녔다. 그 결과 웅촌의 반계동(盤溪洞)과 창녕읍에 교회가 설립되었다. 1914년 12월 30일 부산진여학교에서 개최된 제9회 경상로회에서 임치수는 순회전도 현황을 보고한 바 있다. 노회록은 이렇게 기록하고 있다. “로회 전도인 임치슈씨의게 언권주어 전도한 형편듯기를 회중이 동의한야 가로 결뎡한다.”

1915년에는 창원 좌여(左如)에서 3개월(三朔) 동안 전도하여 교회를 설립하였고, 1916년에는 함안지역과 진동의 14개처 교회 조사로 일하는 한편 고성,[30] 통영, 마산 시찰의 교회를 25년간 시무하였다. 따라서 이 지역에는 그의 발길이 닿지 않는 곳이 없었다. 그가 남긴 1917년도 분 일기를 보면 그의 쉼 없는 전도여정을 읽을 수 있고, 그가 걸어간 전도자의 자취를 헤아릴 수 있다. 정월 초부터 그는 함안읍교회에서 평림교회를 거쳐 기동교회, 윤외교회로 갔고, 백산교회를 거쳐 함안 북면, 진동, 마산을 거쳐 용원으로 갔고, 다시 마산, 안골로 그리고 군북으로 순회의 길을 갔다. 1921년 12월 14일 마산문창교회서 열린 제12회 경남노회에서 그는 박명출, 강상은, 박종하와 함께 장로

---

30) 고성읍교회의 경우 임치수의 후임으로 최상림(崔尙林) 조사가 1919년부터 일하게 된다.

장립 문답을 받고 장로로 장립을 허락받았다. 장로가 된 그는 웅동면 용원교회, 웅천면 명동교회, 김해 대동의 조눌교회 당회원으로 시무하였다. 그는 웅천면에 소재한 명동교회 담임교역자로 시무하기도 했는데, 당시 시무장로가 이홍필, 주상수였는데, 주상수 장로는 후일 재건교회 목사가 된다. 고려신학교 교수, 고려신학대학 학장을 역임한 홍반식 박사의 장인이시기도 하다. 주상수는 1932년에는 가술교회 조사로 교회를 섬겼다.

임치수 장로는 전도자의 길을 갔을 뿐만 아니라 투옥되기까지 했다. 1939년 6월 1일부터 4년간 창녕군 고암면(高岩面) 중대리(中大里)에서 일한 결과 고암교회가 설립되어 40여명이 회집하였다. 그러나 일제의 정책에 반한다 하여 고암 주재소에 피검된 이후 66일간 창녕경찰서에 구금되었다. 일제는 한국교회를 일본 기독교에 편입시키고 일면일교회로 통폐합하는데 새로운 교회를 설립하는 것은 일제의 정책에 반하는 것이었기 때문이다. 보다 직접적 이유는 신사참배를 거부했기 때문이다. 교인을 인솔하여 고암국민학교 신사에 참배하도록 요구했으나 이를 거절했다. 또 고암교회 설립계를 제출하지 않았다는 것도 이유였다. 사실은 경남교구장 김길창 목사에게 제출하였으나 처리되지 않음으로서 무계출 교회설립이란 죄명으로 사상범으로 분류되어 투옥되었던 것이다. 임치수 장로는 경찰 발길에 맞아 솜바지 무릎이 찢어지는 등 고문을 당하기도 했으나 변함없이 전도자의 길을 갔다.

그는 45년간 믿음으로 살았고, 36년간 조사로, 전도자로 혹은 교역자로 일하고 80세가 되던 1953년 1월 8일 하나님의 부름을 받았다. 슬하에 5남 2녀를 두었는데 장남이 고 임성은(任聖恩) 목사, 5남이 현재 부산 삼일교회 원로장로인 임성업(任聖業)장로이시다.

# 15. 황보기 1881-1956
### 서부경남지방 교회개척자, 함양교회 장로

서부경남지방 교회개척자 황보기 장로

서부경남지방 기독교 형성에 기여한 대표적인 인물이 함양교회 황보기(皇甫 琪, 1881-1956)장로였다. 가난한 농부의 아들로 출생하여 15살 때부터 자신의 길을 개척해 가며 여러 직업에 종사하던 그는 하와이로 이민의 길을 선택한다. 약 7년간 하와이 사탕수수 농장에서 일하면서 약소민족의 아픔을 체험한 그는 이곳에서 기독교로 개종하였고, '예수 위해' 생애를 바치기로 다짐하고 1911년 1월 귀국 길에 오른다. 귀국한 그는 진주의 호주선교사 맹호은의 어학선생으로 출발하여 조사, 순회전도사, 후에는 장로로 일하면서 거창, 안의, 함양 등 서부경남지방에서의 교회 개척과 교회 건설을 위해 봉사하며 서부경남지방 기독교형성에 기여하였다. 이

제 그의 삶의 여정을 정리해 두고자 한다.

    황보기 장로는 1881년 8월 15일(음력, 양력으로는 10월 7일) 경상남
도 김해읍 동하리(東下里)에서 황보선(皇甫善, 1843-1920)과 김연수
(金連守, 1858-1934)의 4남 1녀 중 차남으로 출생하였다.[31] 농부의 아
들로 출생한 그는 8살 때인 1888년부터 1894년까지 7년 동안 서당(私
塾)에서 한학을 배우며 성장했다. 선친을 따라 농업에 종사하기도 했
으나 15세 때인 1895년부터 자신의 길을 개척하고자 농업 외에도 상
업과 공업 등 여러 직종에서 일하며 청소년기를 보냈다. 그는 한곳에
정착하지 않고 전국을 다니며 질긴 댓잎으로 허리띠를 만들어 파는
장사를 하기도 했는데, 이 일로 인천 제물포에 갔을 때 인천내리감리
교회에서 미국 하와이 이민단을 모집한다는 광고를 보게 되었다. 늘
새로운 세계에 대한 동경으로 가득차 있던 그는 견문을 넓히며 미국
을 경험하고자 하는 마음에서 하와이 이민 신청을 하게 되었다.

    예상보다 쉽게 내리감리교회의 주선으로 2차 이민 선발단의 일원으
로 뽑힌 그는 1903년 9월 일본으로 가 고베(神戸)에서 신체검사를 받
고 미국령인 하와이로 향하게 된다. 그의 나이 23세 때였다. 하와이
제1차 이민단은 101명이었고, 1903년의 제2차 이민단은 1133명이었는
데 황보기는 그 중의 한 사람이었다. 하와이로 간 그는 사탕수수 농
장에서 사탕수수 재배 노무자로 일했다.

    하와이에서 사탕수수가 재배되기 시작한 것은 1850년대부터였다.
처음에는 필요한 노동력을 하와이 본토에서 충당했으나 농장 규모
가 확대되자 노동력을 외국에서 충원해야 했다. 처음에는 중국인 노

---

[31] 이하의 황보기 장로의 생애 여정에 대한 중요한 정보는 그가 남긴 친필 이력서에 근거함.

동자들을 받아들였는데, 1876년부터 1885년까지 10년 동안 5,037명의 중국인 노동자들을 받아들였다고 한다. 그 후 중국인 이민이 금지된 1897년까지 4만6천명에 이르는 중국인 노동자들이 유입되었다.[32] 그런데 동일민족 집단의 과다한 유입은 자국민의 이익에 반한다고 판단한 하와이 사회는 더 이상의 중국인의 유입을 금지하고 1885년부터는 일본인을 받아들이기 시작했다. 그런데 일본인의 유입도 급증하여 1902년 당시 일본인은 무려 31만명에 달했다고 한다. 이런 상황에서 이제는 한국인 노동자들을 받아들이게 된 것이다. 한국인의 하와이 이민은 1903년부터 한국정부가 이를 금지한 1905년까지 총 65척의 선편으로 7,226명이 이민하였는데, 이 중 남자가 6,048명, 부녀자가 637명, 어린아이가 541명에 달했다.[33]

　1903년 하와이로 이주한 황보기는, 하와이에 체류하는 동안 약소민족의 애환과 고통을 경험하였고, 하루 10시간 가까이 일하면서도 인간 이하의 취급을 받고 착취 당해야 했다. 농장주의 학대에 항거하여 일어난 노동자들을 대변하기도 했고, 부당한 처우에 대항하여 고초를 당하기도 했다. 그래도 다행스러운 일은 하와이에 체류하는 동안 영어를 배우게 되었고, 특히 기독교신앙을 접하게 되었다는 점이다. 미국의 힘의 원천이 무엇인가에 관심을 가졌던 그는 호놀룰루에서 1904년 12월 25일 성탄을 맞게 되었는데, 많은 이들이 모여서 경건하게 예배드리는 모습을 보면서 신앙의 위력을 보게 되었다고 한다. 이 때 뭔가 알 수 없는 신비한 깨달음을 얻게 되었고, 이때부터 주 예수를 위하여 일생을 살기로 다짐했다. 그는 제2차 이민단의 통역으로 따라갔던 현순(玄楯) 전도사에게 찾아가 신앙을 고백하고 학습교인이 되

32) 유동식, 『하와이의 한인과 교회』(그리스도연합감리교회, 2006), 23.
33) 유동식, 30.

었다. 이때가 1905년 4월이었다. 학습 서약을 하고 성경말씀에 심취한 그는 4개월 후인 그해 8월에 미국출신 선교사 마포삼열(馬布三悅, Samuel Moffett) 목사에게 세례를 받고 공식적인 기독교인이 되었다.

신자가 된 그는 수세 후 1개월이 지난 9월 1일부터 1906년 말까지 카와도니후니 감리교회 속장직을 맡아 봉사하였고, 1907년에는 카우아이 지역의 하나마우루(Hanamaulu) 교회의 권사로 활동했다. 1904년 당시 카우아이 지역에는 7개 처에 한인교회가 있었는데, 하나마우루 교회 교인은 7명에 불과했다. 1907년 당시는 적어도 30명 이상의 교인이 있었을 것이다.

하와이에서 7년간 생활했던 황보기는 1911년 1월 하와이를 떠나 조국으로 돌아오게 된다. 그가 한국을 떠나 있는 동안 한국은 일제의 강점 하에 놓이게 되었고, 슬픈 역사의 질곡 속에서도 기독교는 융성하여 1907년 대부흥을 경험하고 1909년부터는 백만인 구령운동이 실시되고 있었다. 이런 와중에서 하와이 카와도지방 한인연회는 한국교회를 위해 뭔가 필요한 일을 하도록 황보기 청년을 한국으로 파송하는 형식을 취한 것이다.

귀국한 황보기는 경성(京城)과 충남에서 활동하고 있던 서원보(徐元甫) 감리사를 도우면서 백만인 구령운동에 동참하기도 했다. 그러나 그는 안정된 생활이 필요했다. 고향 김해로 내려왔고, 경남 지방을 선교하던 호주선교부를 찾아 가게 되었다 이런 과정에서 그는 진주에서 사역하고 있는 맹호은(孟浩恩) 선교사의 어학선생이 되었다. 그가 외국 생활 경험이 있고 어느 정도 영어를 이해할 수 있었다는 점 때문에 호주 선교부는 그를 어학 선생으로 채용한 것이다.

그가 호주선교사와 접촉하게 된 것은 그의 생애에 있어서 커다란 의미를 지니게 된다. 그가 전도자의 길을 가게 되었을 뿐만 아니라 후일 고아원을 설립했을 때 호주교회의 지원을 받게 되었고, 호주 교회와 밀접한 관련을 갖게 된 것이다.

어학 선생으로 채용된 그는 진주로 내려가 1911년 2월부터 1912년 10월까지 약 2년간 맹호은(Fred J. L. Macrae)의 어학 선생으로 일했다. 한국선교사로 파송된 맹호은은 1910년 11월 2일 부산에 도착하였고, 11월 8일 부산을 떠나 진주에 도착했을 때는 11월 9일이었다. 내한한 그에게는 한국어 선생이 필요했는데, 황보기는 적절한 인물이었다.

이 기간 동안 맹호은의 신임을 받은 그는 맹호은의 중매로 부산의 호주선교사관에서 일하고 있던 심선애(沈瑄愛)와 결혼하게 된다. 심선애 양은 어린 나이에 부모를 잃고 호주선교부의 보호 아래 성장하여 호주선교부에서 일하고 있던 여성이었다. 호주선교부가 맹호은으로 하여금 거창지부를 개척하도록 했을 때도 맹호은은 황보기 조사와 함께 일하기를 원했다. 그래서 황보기는 1912년 11월 맹호은을 따라 거창으로 이거하게 된다.

이때부터 황보기는 호주선교부의 후원 하에서 호주 선교사들을 도우면서 거창, 함양, 안의 지역에 여러 교회를 세우며 조사로 활동했다. 그의 주된 사역과 봉사의 현장은 함양교회였으나, 맹호은 선교사를 따라 거창으로 이거한 이후 아래와 같은 여러 교회에서 활동했다.

즉 1912년 11월부터 1916년 3월까지 거창, 안의, 함양 3군(郡)의 여러 교회, 곧 거창의 위천(渭川), 가천(加川), 가조(加租), 함양의 사근

(沙斤)교회 등에서 조사(助事)로 봉사하였다. 1916년 4월부터 1917년 2월까지 10개월 간은 호주선교회(미슌회) 서기로 일 했다. 그러다가 1917년 3월부터 12월까지는 거창군 내 7개 교회 조사로 일했다. 1918년 3월부터 1919년 2월까지는 거창, 함양지방 전도인으로 있었는데, 이 기간 동안 함양으로 이사하여 함양에 거주하였다. 1919년 3월부터 1920년 10월까지는 함양군의 4개 처 교회, 곧 함양, 안의, 사근, 개평 교회 조사로 봉사했는데 그 중심 지역은 함양교회였다. 당시 함양교회는 다른 교회에 비해 교인 수가 많아 이 지역의 지도적 위치에 있었다. 1920년 11월부터 1921년 10월까지는 함양군 전도인으로, 1921년 11월부터 1923년 2월까지는 합천군 적중면(赤中面) 옥두리(玉斗里)에서 전도하였고, 1923년 3월부터 1927년 2월까지는 합천군 묘산면(妙山面) 관기(館基), 성기(城基), 독골, 구원(舊源), 가조(加祚), 가천(加川) 교회에서 조사 혹은 전도사로 활동했다. 1927년 3월부터 1936년 5월까지는 함양군의 4개처 교회, 곧 함양, 안의, 개평(介坪), 사근(沙斤) 교회 조사로 일했다. 1936년 6월부터 1938년 12월까지는 거창군 고제면 농산리(農山里)에서 전도사로, 1939년 1월부터 1941년 12월까지는 함양군 휴천면 목현리(木峴里)교회에서 전도사로 일했다. 이것이 그의 목회 생활의 마지막이었다. 이제 그는 60이 넘었으므로 지역 교회를 담임하거나 순회하기 어려워 목회를 중단하게 된 것이다.

이때부터 그는 함양교회에 정착하여 교회를 도우며 봉사했다. 황보기 조사가 함양교회에 처음 부임한 때는 1912년 11월이었다. 이때부터 1916년까지 함양, 거창, 안의 등 3군에서 순회조사로 활동하였고, 1917년 3월부터는 거창군 7개 교회 조사로 잠시 함양교회를 떠나 있

었으나 1919년 3
월부터는 다시
함양군의 함양,
안의, 개평, 사근
교회 등 4처 교
회 순회조사로
활동하면서 함
양교회 중심으
로 활동했다. 함

성민보육원을 개원한 황보기 장로(1948년)

양교회는 1932년 1월 경남노회 제30회 정기노회에서 장로 선출 허락
을 받고 황보기 조사를 장로 선출했다. 절차를 거쳐 1932년 12월 11일
에는 함양교회 초대 장로가 되었다.[34] 장로로 봉사하면서 지역교회
조사로 활동했으나 1938년 11월에는 장로직을 사임하게 된다. 이 당시
장로는 전도사직을 겸할 수 없다는 경남노회의 결의에 따른 것이다.
말하자면 그는 전도사로 일하기 위해 장로직을 사임하게 된 것이다.
장로직을 사임한 황보기는 함양의 목현교회에서 만 3년 간 일하고 교
역 생활을 마감하게 된다.

  앞에서 열거하였지만 황보기 전도사는 안수 받은 목사가 많지 않
던 시절 거창, 안의, 함양 지역의 여러 교회를 순회하며 교역 활동을
했고, 이 지역 기독교 형성에 있어서 실로 값진 봉사를 했다. 교역 활
동을 중단한 그는 호주장로교 선교부의 후원을 받으며 보육원을 설
립했는데, 그것이 1948년에는 함양군 석복면 이은리 326번지에서 개
원한 성민(聖民)보육원이다. 생애 말기에 사회 사업에 매진했고, 호주

---

34) 함양교회 당회록 서문 참고.

장로교 선교부는 그의 보육 사업에 많은 도움을 주었다. 황보기 장로는 1956년 9월 2일, 76세를 일기로 고향 김해에서 하나님의 부름을 받았다.

# 16. 엄주신 1890-1973
### 주님 사랑과 조국사랑으로 일생을 헌신한 함안지방 교회 지도자

대한예수교장로회 고신교(단)회의 출범과 관련된 문서에 보면, 경남법통노회측 총대가 축출 당하게 되자 "엄주신 장로의 고별 선언으로..." 총회장을 나왔다는 기록이 나온다. 나의 책에서도 이 점을 인용한 바 있다. "1952년 4월 29일 대구 서문교회당에서 열린 제37회 장로교 총회에서 경남법통노회 총대가 다시 참석하여 총회와의 관계

한의사이자 독립운동가,
함안지방 교회지도자였던 엄주신 장로

정상화를 힘썼으나 동 총회는 경남법통노회가 파송한 12명의 총대를 제명처단하고 '고려신학교와 그 관계 단체와 총회는 하등의 관계가 없다'는 제 언명으로 총회는 경남법통노회를 총회 밖으로 축출하였다. 이 때 경남법통노회 총대였던 엄주신 장로가 고별 선언을 함으로 그 동안 시도된 총회와의 관계 정상화는 수포로 돌아가고..."

고신 교회의 역사를 공부하기 시작하던 때 맞닥뜨린 '엄주신'이란 이름이 늘 내 머리에 맴돌았다. 그는 어떤 분이었을까? 장로인 그가 왜 고별선언을 하게 되었을까? 그렇다면 그는 경남법통노회에서 어떤 위치를 차지한 분이었을까? 이런 의문으로 지내던 중 부산에 위치한 부전교회 엄옥란 권사를 만나게 되었고, 그가 엄주신 장로의 손녀라는 사실을 알게 되었다. 말하자면 그는 엄주신 장로의 장남인 엄영환 장로의 장녀였다. 이제 오랜 의문이 풀리기 시작했고, 칠원지방을 순회했던 호주선교사가 말하는 '엄장로'(Eum of Chilwon)가 바로 엄주신 장로임을 확인하게 된 것이다. "칠원교회 엄 장로는 한의사로서 기풍이 당당하고 체격이 크신 분으로 함안 지방의 지도적 인물로서 위엄과 권위를 지니신 분이며 신앙심이 깊고 … 손종일 장로와 함께 칠원교회를 이끌어가는 분이다." 한 이국인 순례자의 눈에도 엄주신 장로는 기풍이 당당한 애국자이자 믿음의 사람으로 비쳐졌듯이 그는 경남, 특히 함안 지방의 지도적 인물이었다.

엄주신(嚴柱信, 1890-1973)은 1890년 4월 15일 함안군 칠원면 구성리 728번지에서 엄순업(嚴順業)의 차남으로 출생했다. 향리에서 한문을 배우며 성장한 그는 유가적(儒家的) 전통에 만족하지 못하고 새로운 학문에 눈을 뜨게 된다. 19세가 되던 1909년 10월 3일 임명남과 결혼하였고, 함안군 칠서면 무능리 274번지에서 이적하였다. 그 후 슬하에 3남 6녀를 두었다.

칠원에서 예수를 믿게 된 그는 1910년 12월 17일 위철치(George H. Winn) 선교사로부터 학습을 받았다. 당시 교역자는 박명원 조사였는데, 그는 1910년 칠원교회에 부임한 최초의 한국인 교역자였다. 엄주신은 1913년 3월 5일에는 평안북도 선천 주재 미국 북장로교 선교사였던 남행리(Henry W. Lampe)로부터 세례를 받았다고 한다. 그러나 경상남도 함안 지역에 사는 그가 어떻게 선천 주재 북장로교 선교사에게 세례를 받게 되었는지는 알 수 없다. 당시 남행리 선교사는 라부열에 이어 선천 남성경학교(Men's Bible Institute) 교장으로 재직하고 있었다. 세례를 받은 엄주신은 1914년에는 칠원교회 서리집사가 되었다. 이때부터 그는 신앙인이자 애국자로서의 길을 갔다.

그 첫 사례가 1919년의 만세운동에의 가담이었다. 칠원에서의 경우 만세운동은 손종일(孫鐘一)과 박순익의 지도로 엄주신, 박경천(朴敬天), 윤사문(尹士文) 등을 중심으로 기획되었다. 손종일은 손양원 목사의 선친으로 함안 지방 유지이자 이 지역 독립운동을 주도한 인물 중의 한 분이었다. 이들은 밀회를 거듭한 끝에 3월 23일 만세운동을 벌이기로 모의했다. 이 날이 칠원 장날이었기에 효과적인 시위일로 본 것이다. 이날 오후 4시경 장터에 모인 1천여 명의 주민들에게 태극기를 나눠주고 독립선언식이 거행되었다. 이 일은 3월 19일의 함안읍 의거와 3월 20일의 군북에서의 만세 시위에 이은 이 지방의 중요한 만세운동이었다. 손종일이 독립선언서를 낭독한 후에 태극기를 들고 시가행진에 들어갔다. 시위 군중은 칠원 시가지를 행진하였다. 마산 경찰서의 지원을 얻은 왜경은 선두에서 만세를 부르고 군중을 선동하던 엄영환, 신영경, 신영수 등을 체포하였다. 이어서 착검한 총칼로 군중을 위협하였다. 4월 3일 칠원 장날에는 2차 만세시위가 일어났다. 이때는 1차 의거 때 보다 3백여 명이 더 많은 1천 3백여 명이 회집했다. 이런 독립운동과 관련하여 체포된 엄주신은 1919년 5월 20일 부산지방법원 마산지청에서 보안법 위반으로 징역 8월형을 언도받았으나,

칠원교회 50주년기념 및 엄주신 장로 장립 25주년 기념(1954)
사진 중앙 엄주신 장로, 엄주신 장로의 좌 송상석 목사, 우 황철도 목사

'내 나라를 찾기 위한 것이 어찌 죄가 될 수 있느냐'며 항소하였다. 그러나 1919년 6월 10일 대구복심법원(고등법원) 형사 1부에서 조선총독부 검사 노구찌(野口)가 관여한 심리에서 이렇게 판결했다. "피고 엄주신은 조선 독립의 여망을 달성할 목적으로 원심 공동피고 손종일이 발의한 모의에 동참하여 원심 공동피고 박경천, 윤형규 등과 손잡고 구한국 대형 태극기를 들고 소형 태극기를 제작 준비하여 1919년 4월 3일 오후 3시경 전기 손종일 등과 7~8명이 칠원 장날 군중 안에 들어가 미리 계획된 순서에 따라 피고 엄주신 장로로 하여금 태극기를 군중에게 배포하고 손종일 등과 같이 대형 태극기를 높이 쳐들고 대한독립만세를 크게 선창하면서 읍내를 누볐다. 그러므로 원판결은 지당한 것이므로 항소 이유는 없다. 따라서 형사 소송법 제261조 제1

항에 준하여 항소를 기각한다."

대구 복심법원 형 제558호의 판결로 형이 확정된 엄주신은 대구 감옥에서 8개월의 옥고를 치렀다. 이와같은 독립운동에 대한 기여로 엄주신 장로에게는 1992년 4월 13일 대통령 표창이 추서되었고, 2001년 7월 27일에는 국가유공자(보훈처장)로 추서되었다. 2002년 10월 31일 그의 유해가 국립대전현충원 애국지사 제2묘역(1015번)에 이장되었다.

엄주신은 애국자이기 전에 하나님을 두려워했던 신앙인이었다. 만세운동으로 옥고를 치른 그는 변함없이 믿음의 길을 갔다. 1919년 2월 19일에는 칠원교회의 영수가 되었다. 칠원교회 당회록(1922년 1월 2일자) 등에서는 그를 "엄영수(嚴領袖) 주신(柱信)"이라고 기록하고 있는데, 그는 칠원교회의 영수일 뿐 아니라 함안지방, 그리고 경남지방 기독교 자도자로서의 역할을 감당했고, 교회에서도 변함없이 중추적인 역할을 감당했다.

1924년의 칠원교회당 건축 때도 그는 헌신적으로 봉사했다. 함안군 칠서면 무릉리에 한의원을 개원하고 있던 그는 칠원교회까지 4km되는 거리를 오가며 교회당 건축을 감독하였고, 재정적인 지원과 교회의 모든 뒷바라지를 감당했다고 한다. 엄주신 영수는 1931년 1월 25일는 칠원교회 장로로 피택 되었고, 1933년 1월 26일에는 손종일에 이어 칠원교회 제2대 장로가 되었다. 엄주신 장로는 손종일 장로와 더불어 경남지방 교계 지도자로 활동했다.

특히 그가 경남지방을 대표하는 인물로 신망을 얻게 된 것은 신사참배 반대와 투쟁이었다. 1935년 이후 신사참배가 문제시되기 시작하였고, 1938년 이후에는 '시국인식'이란 이름으로 신사참배 요구가 거세겼다. 다수의 교계 인물들이 불가피한 적응이란 이름으로 신사참배에 순응하거나 어떤 이는 면종복배(面從腹背)의 길을 갔으나, 엄주신 장로는 이 점에 있어서 단호했다. 이미 독립운동으로 일제와 맞섰던 그는 요시찰 인물로 일경의 감시를 받고 있었다. 그러나 엄주신 장로는 '신사는 명백한 우상숭배이자 신앙과 양심에 반하는 일'이라 하여 강력하게 거부했다. 이 일로 그는 함안 경찰서로 불려가 취조와 고문을 당하기도 했다. 그는 가족들에게는 말할 것도 없지만 교우들과 한의원을 찾아오는 환자들에게도 신사참배 강요의 부당성을 고취하였다.

그의 장남 엄영환(1914-1993)이 신사참배 반대로 취조와 고문을 당했던 것도 자신의 신앙적 결단이었지만 따지고 보면 선친의 영향이 컸다. 당시 엄영환은 칠원교회 청년이었으나 신사참배를 반대한다 하여 함안경찰서로 불려가 취조와 고문을 당하고 수난의 날들을 보냈다. 그는 1956년 8월 24일 칠원교회에서 장로장립을 받고 봉사하다가 1963년 칠원을 떠나 부산으로 옮겨가게 되었고, 부산 부전교회 장로로 일생을 살았다. 엄주신 장로의 쌍둥이 아들인 2남 엄문섭과 3남 엄무섭은 칠원공립보통학교 4학년에 재학 중이었으나 신사참배와 '히노마루'(日の丸), 곧 일장기에 대한 배려 거부로 어려움을 겪었고, 결국 퇴학처분을 받았다. 이 때 손양원 목사의 두 아들 동인과 동신도 동일한 이유로 퇴학처분을 받았다. 국기에 대한 배례는 국가에 충성을 맹세하는 국민의례이며, 동시에 국가에 대한 충성심을 시험하는 수단이었다. 따라서 이를 거부하는 것은 "비국민"의 행위이며 국가에 대한 '불경', 혹은 '반역'을 의미했다. 엄주신 장로 가정은 손종일 장로 가정과 함께 하나님 사랑과 조국 사랑을 함께 했던 믿음의 동지였다.

　엄주신 장로는 일생동안 한의사로 살았다. 20대 청년 때 한의학에 관심을 가지고 정진한 결과 1914년 3월 20일에는 한의사 면허를 취득하였고, 그의 일생동안 한의사로 활동했다. 그는 함안지방의 이름난 한의사로써 병마에 시달리는 백성들에게 인술을 펴는 존경받는 의사였다. 당시 함안과 인근 지방에서 이질이나 설사 환자가 급증했을 때 일본인 의사에게 치료 받던 환자들은 거의 다 사망했으나, 그에게 치료를 받았던 환자는 모두 살았다고 한다. 이런 일로 서부 경남에서는 아주 용한 한의사로 소문났고, 수많은 환자들을 치료하며 이를 통해 복음을 전했다.

　그는 경남법통노회 지도자이기도 했다. 1952년 4월 29일 대구 서문교회당에서 개최된 제37회 총회석상에서 그는 고별선언을 하고 물러나 고신교회(단) 설립에 동참했다. 고신이 총회로부터 축출되자 고신에 대한 조치는 단호했다. 이날 총회측 경남노회장 김석진 목사는 고신파는 대한예수교장로회 간판을 쓰지 못하게 해야 한다고 헌의했다. 이때의 총회 기록에 보면, "경남노회장 김석진씨는 고신파는 본 총회와 상관이 없다는 것을 교회에 선언하여 달라는 것과, 대한예수교장로회 간판을 부치지 못하게 하여 달라는 것과, 피난민으로서 신분이 분명치 못한 자들을 주의하여야 할 것"을 헌의하였을 정도였다. 고려신학교를 중심으로 교회 쇄신을 주장하던 이들은 결국 총회로부터 단절되어 엄주신 장로는 고별 선언을 하게 된 것이다.

　엄주신 장로는 독립운동에 참여하셨던 애국지사였고 주님에 대한 사랑으로 교회를 위해 헌신했던 경남 지방 기독교계의 지도자였다.

엄주신 장로는 하나님 사랑과 조국 사랑, 그리고 아픈 자에 대한 연민의 정으로 일생을 사셨던 믿음의 사람이었다.

~ 제 3 장 ~

# 순교자와 수난자들

1890년대 부산의 모습

# 17. 주남선 1888-1951
## 독립운동가, 목회자, 신사참배 거부자, 고려신학교 설립자

독립운동가이자 애국자, 신사참배 거부자였던 거창지방 지도자 주남선 목사

경상남도 거창 출신으로 거창교회 설립에 동참하고 그 교회의 집사, 장로, 담임목사로 활동한 주남선(朱南善, 1888-1951)목사는 경남지방의 교계 지도자였고, 이 지방 독립운동가이자 애국지사였다. 일제하에서는 신사참배를 반대하고 신앙의 자유를 위해 투쟁하였으며, 해방 후에는 교회쇄신운동을 전개하여 바른 교회 건설을 위해 일했던 목회자였다. 특히 그는 한상동과 함께 고려신학교를 설립하고 초대 이사장으로 봉사했다. 그럼에도 불구하고 그의 생애와 사적, 독립운동과 목회활동, 교회를 위한 봉사와 신학교육 운동 등에 대해서 구체적으로 연구되지 못했다.[1]

---

1) 그의 생애 여정과 목회활동 전반에 대한 연구로는 이상규, 『거창교회와 주남선 목사』(경남: 거창교회, 2009)가 있다.

온유함과 겸손한 덕성을 지닌 그는 존경받는 목회자였고, 불신자들로부터도 신뢰를 받았다. 경남지방 기독교의 지도적 인물인 주남선의 삶의 여정은 다섯 가지 측면, 곧 독립운동에의 관여, 신사참배 반대운동과 저항, 고려신학교의 설립, 해방 후의 교회쇄신운동, 그리고 그의 목회활동으로 정리될 수 있다. 이 글에서는 5가지 사실에 주목하면서 그의 생애와 목회 활동에 대해 간단히 정리해 두고자 한다.

## 가정 배경과 입신 및 신앙 활동

주남선는 1888년 9월 14일 경남 거창군(居昌郡) 읍내면(邑內面) 동동(東洞) 28번지에서 한학자인 주희현(朱喜賢)과 최두경(崔斗卿) 사이의 3형제 중 차남으로 출생하였다. 어릴 때 한학을 배우며 성장했으나 아버지는 그의 나이 15세 때 세상을 떠났다. 17세까지 한학을 공부하며 농사일을 돕던 그는 1911년 9월에는 경상남도 안의에 있는 잠업(蠶業)실습소를 수료하였다. 한학(漢學)에 능했던 그는 19세 때에 지방 관청에 등용되어 군수의 비서로 일했다. 1912년 6월부터 3개월간은 진주에 있는 잠업강습소에서 강습을 받고 누에 재배 전문가가 되기도 했다.

농업에 종사하던 주남선은 1908년 친구인 오형선(吳亨善), 조재룡(曺在龍)과 함께 시장에서 전도하는 호주 선교사를 통해 복음을 받고 기독교로 입신하였다. 그는 이들과 함께 이 지역 교회를 설립키로 하고 죽전(竹田)이라는 곳에 위치한 초가집을 매입했는데, 이것이 1909년 10월 10일 설립된 거창읍교회였다. 후일 이 교회가 거창교회로 불리게 되었다. 1911년 12월에는 호주 선교사인 맹호은(Rev. F. J. L. Macrae)에게 학습을 받고, 이듬해인 1912년 6월에는 역시 맹호은에게 세례를 받았다. 1913년에는 권서(勸書)가 되어 1916년까지 활동했는데,[2] 이 기간 동안 약 6천여권의 성경을 거창군 일대에 반포했다.[3] 이 기간 중에도 거창교회 집사로 활동했다. 즉 1914년 4월에는 거창교회 집사로 임명되었는데 이것은 거창교회의 첫 집사임명이었다. 그해 5월 10일에는 의령 남병현씨의 2녀인 남술남(南述藍)과 혼인하였다.[4] 집사가 된 후 교회를 봉사하던 중 복음을 더욱 깊이 깨닫기 위해 성경학교에서 수학하고자 한 그는 1917년 3월 진주에 위치한 경남성경학원에 입학하였고, 1919년 졸업하였다. 이 학교는 호주장로교 선교부가 주관하는 신학교육기관이었다. 그해 2월 28일에는 오형선에 이어 거창교회 제2대 장로로 장립을 받았는데, 이 때 그의 나이는 31세였다.

### 만세운동과 독립운동에의 참여

그가 경남성경학원을 졸업하고 또 장로가 되던 해는 3·1운동이 발발한 해였다. 국가와 민족에 대한 사랑도 깊었던 그는 이 지방 독립운동에도 가담하였는데 이 지역 독립운동은 거창교회가 중심이었다고 볼 수 있다. 즉 거창 지방에서는 3월 20일 만세운동이 일어났는데 주남선은 장로였던 오형선(吳亨善), 고운서(高雲瑞) 등과 독립 시위를 주도하였는데, 이때부터 그는 보다 적극적으로 독립운동에 가담하게 되었다. 주남선은 형인 남재(南宰)와 동생 남수(南守)와 함께 만세운동에 가담하였는데, 이들 형제들은 그해 8월에 있었던 국권회복운동(國

---

2) 유대영, 옥성득, 이만열, 『대한성서공회사, II』(대한성서공회, 1994), 408.

3) 위의 책, 593. 이 책에는 주남선의 권서 활동에 대한 켈리(J. T. Kelly)의 1915년의 기록이 소개되어 있다. 장희근은 주남선이 거창지방 권서인으로 5년간 활동한 것 외에도 진주지방에서 권서인으로 8년간 일했다고 기록했지만 그 근거가 없다. 장희근 『한국장로교회사』(아성출판사, 1970), 285.

4) 후일 슬하에 경중(璟重), 경도(璟道), 경효(璟孝), 경세(璟世)등 4남과 경순(璟順), 경은(璟恩) 등 2녀를 두었다. 부인은 1973년 7월 24일 세상을 떠났다.

權恢復運動)에도 관여하였다. 1919년 8월에는 이덕생(李德生), 김태연(金泰淵), 오형선 등과 독립군 자금과 의용병 모집에 관여한 혐의로 체포되었다. 주남선의 동생 주남수는 의용병에 가담하여 만주까지 가서 독립운동에 참여하고 순국하였다. 주남선은 이덕생, 김태연 등 13명과 함께 1921년 1월 검거되어 의성경찰서, 대구형무소로 이동 수감되었고, 1921년(大正 10년) 3월 4일 재판에서는 소위 "대정(大正) 8년 제령(制令) 제7호 위반"이라는 죄명으로 징역 1년의 선고를 받고 복역 중 1921년 12월 29일 부산감옥 진주분감(晋州分監, 흔히 진주형무소로 불림)에서 가출옥하였다.[5] 이때는 만기를 3개월 앞둔 때였는데, 그의 투옥 기간은 약 1년이었다. 그의 출생과 성장기는 우리나라 역사의 변혁기였다. 일제의 침략이 노골화되고 기독교가 소개되는 역사의 길목에서 그는 그 시대의 민족과 신앙의 강(江)에 두 다리를 적시고 이 민족의 독립과 해방을 위해서도 분투하였던 것이다. 그는 독립운동을 이 민족 공동체에 속한 일원으로서 당연한 의무로 여겼고,[6] 그 것이 신앙운동과 배치되지 않는다고 생각했다. 그가 독립운동에 관여한 것은 기독교에 입신하여 집사, 장로가 된 이후였고, 또 경남성경학교에서 수학한 이후였음을 주목해야 한다. 그는 당시의 다수의 교회 지도자들처럼 신앙행위는 독립운동 참여의 정신적 힘이었다. 출옥 후 1922년에도 짧은 기간 권서로 일한 것으로 보이지만 성서공회 측 자료에는 기록이 없다.[7]

---

5) 釜山監獄晋州分監長 朝鮮總督府典獄補 布村茂隆명의의 大正 十年 十二月 二九日字로 발행된 假出獄證票에 근거함. 심군식, 『해와같이 빛나리』, 304 참고.

6) 이 점은 그가 독립운동에의 관여한 일로 그에게 독립유공자 포상을 수여하려 했을 때, 독립운동은 애국운동이고, '애국은 국민의 당연한 의무이며 생활이지 공로가 될 수 없다'며 이를 거절했다고 한다.

7) 유대영, 옥성득, 이만열, 『대한성서공회사, 2』(대한성서공회, 1994), 593.

## 신학교육, 신사참배 반대운동

만세운동과 군자금 및 의용병 모집 건으로 체포되기 전 주남선은 이미 평양신학교에 입학하여 재학하고 있었다. 주남선은 1919년 12월 16일 마산예배당에서 회집된 제8회 경남노회에 신학공부를 시작하려는 청원을 냈고[8], 오형선, 김준동, 한익동, 주학수 등과 함께 신학입학을 위한 면접을 거쳐 허락을 받고[9], 1920년 7월 6일 부산 영주동 예배당에서 회집된 경남로회 제9회에서 1920년 추기 평양신학교 입학 허락을 받았다. [10] 그래서 그는 1920년 평양신학교에 입학하였다. [11] 이때 그의 나이는 32세였다. 당시 평양신학교는 3년 과정이었으나 계속 공부하지는 못했다. 경제적인 어려움도 그 중요한 이유였다. 그가

---

8) 『경상남도 로회록』(경남로회, 1920. 7), 50.

9) 위의 책, 53.

10) 『경남로회 회록』(경남노회, 1927), 3.

11) 주남선의 신학교 입학 시기에 대해서는 분명히 정리해 둘 필요가 있다. 심군식은 『해와 같이 빛나리』에서(44, 434), 그리고 거창교회가 발행한 『거창교회사』에서는 주남선의 평양신학교 입학시기를 1921년이라고 잘못 기록하고 있다. 주남선는 1919년 8월에 있었던 국권회복운동(國權恢復運動), 곧 독립군 자금과 의용병을 모집한 일에 관여한 일로 1921년 당시 이덕생(李德生), 김태연(金泰淵), 오형선 등과 체포되어 구금된 상태였다. 주남선은 1921년 1월 검거되어 의성경찰서, 대구형무로로 이동 수감되었고 1921년(大正 10년) 3월 4일 재판에서는 소위 "대정(大正) 8년 제령(制令) 제7호 위반"이라는 죄명으로 징역 1년의 선고를 받고 복역 중이었다. 또 주남선이 신사참배 반대운동으로 체포되어 재판 받았던 기록인 '평양지방법원 예심종결서(豫審終結書)'에 보면 그가 평양신학교 재학 중에 국권회복운동으로 피검된 것을 알 수 있다. 피검되었을 때가 1921년 1월이므로 이해 3월에 신학교에 입학했다는 기록은 옳지 않다. 그가 평양신학교에 입학했을 때는 피검되기 이전인 1920년이었다. 참고로 예심종결서의 유관부분을 옮기면 다음과 같다. "피고인 주남고는 ... 30세 경에 전도사로 올라가 경상남도 거창군 내 7개 교회를 맡는 일방(一方) 경남성경학원에서 3년간 성경연구하고 33세시 평양신학교에 입학했는데 동교 재학 중 대정(大正) 8년 제령(制令) 제7호 위반죄에 의하여 대구 복심법원(覆審法院)에서 징역 1년에 처하여 복역하고 34세에 가출옥 은전을 입어 출감하고 계속하여 전도사직에 있으면서 43세에 우 신학교를 졸업하고..." 또 심군식은 그의 『해와 같이 빛나리』에서 주남선은 1921년 3월 주기철과 함께 전도사 시취를 받은 것으로 기록하고 있으나(44), 사실은 이보다 앞서 1919년에 시취를 받았고, 주기철은 "1921년 12월 13일 경남노회가 제12회로 문창교회에서 회집되었을 때 신학지망자 홍수원, 주정택, 강상은과 함께" 시취하여 신학교 입학 추천을 받았다(민경배, 『순교자 주기철 목사』, 69).

학교에 재학하고 있는 동안 거창교회 전도사(1922. 1-10)로, 거창 지방 권서인으로 일하기도 했다. 주남선은 신학교에 입학한 지 약 10년이 지난 1930년 3월 평양신학교를 제25회로 졸업하였다.[12] 그해 6월 11일, 건강이 좋지 못해 교회를 사임하게 되는 이홍식(李弘植) 목사 후임으로 거창교회 교역자로 부름을 받았다. 1930년 10월에는 경남노회에서 목사장립을 받고, 1931년 2월 거창교회 위임목사가 되었는데[13] 이 때 그이 나이는 43세였다.

평양신학교 졸업 당시의
주남선 목사

그의 목회생활이 길지 못했다. 1935년부터 일제는 기독교계 학교에 신사참배를 강요하였고, 1936년부터는 교회나 기독교 기관에도 신사참배를 강요하였기 때문이다. 그는 신사참배는 우상숭배로 간주하였기 때문에 신사참배를 반대하였고, 거창지방에서 신사불참배 운동을 주도하였다. 이점에 대해서는 필자의 한상동 목사에 관한 여러 글에서 이미 언급한 바 있으므로 여기서 다시 말할 필요가 없을 것이다.

이미 주남선은 1938년 3월 부산 해운대에서 모인 봄 노회에서 김길창, 김만일, 김석진 목사 등에 의해 제기된 신사참배안을 최상림, 한상동, 이약신 등과 함께 반대하였으므로 주남선은 거창지방의 대표적인 신

---

12) 장로회신학대학, 『장로교신학대학 70년사』(장로회신학대학, 1971), 193.
13) 주남선목사는 1931년 1월 6일 부산 초량교회에서 회집된 제29회 경남노회에서 거창교회 위임을 허락 받았고(『경남노회록』, 159-160), 위임일은 2월 22일이었다(동 회의록, 163).

사불참배론자로 지목되어 요주의 인물로 감시의 대상이 되었다.

그해 4월 거창 경찰서에 호출된 이래로 그는 여러 차례 위협을 받아왔고, 1938년 9월 장로교 제27회 총회에서 '신사참배는 종교의식이 아니라 국민의례'라는 이름으로 신사참배를 가결했을 때, 그는 부당하고 불법적인 결의에 반대하고 신사불참배 운동을 전개하였다. 그래서 금족령이 내려지기도 했으나 신사참배 반대의사를 굽히지 않다. 곧 그는 사퇴압력을 받았고, 1938년 9월 거창교회 당회에 시무사면서를 제출하였다.

1938년 9월 12일 회집한 거창교회 제223회 당회록에는 "회장이 부득이한 사정에 의지하야 본교회 시무 사면을 제출한고로 회중회에서 쳐결하는 되로 하기로 가결하다"라고 기록되어 있다. [14] 비록 분명하게 언급하고 있지는 않으나 '부득이한 사정'이란 신사참배 반대로 인한 외부의 압력이었다. 당시 거창교회 교인 평균출석수는 약 400명에 달했다. [15] 그해 12월에는 거창교회 위임목사직에서 물러나고[16] 1939년 1월 이운형목사[17]가 부임했다. 사실 교회는 일경의 압력과 협박을 받고 마지못해 주목사의 위임목사 해임을 결의했던 것이다. [18]

---

14) 거창교회 제223회 당회록.

15) 1938년 5월 당시 거창교회 교세통계표에 의하면, 목사 1인(주남고), 장로3인, 교인총수 744명, 수세자 수 186명, 주일 평균출석수 390명으로 집계되어 있다.

16) 해임 시기는 평양지방 법원 예심종결서에 근거함.

17) 이운형(李運衡)목사는 명치 24년(1891) 3월 24일 밀양군 밀양읍 내일동(內一洞) 55번지에서 출생하였고, 1926년 3월 31일 평양신학교 입학하여 1930년 3월 13일 졸업하였다. 웅천교회(1930. 6. 4–1933년 12. 31), 밀양읍교회(1934. 2. 4–1938. 12. 31)를 거쳐 1939년 1월 20일 거창교회 담임목사로 부임했다. 1941년 7월 29일에는 거창유치원을 설립하였다.

18) 1939년 11월 20일부터 일주일간 거창교회 부흥사경회를 인도한 목사는 주남선목사의 교회 사임건에 대해 "어떤 사정으로 인하여 얼마동안 무목(無牧)상태에서 어려움을 겪고 있었으나 주님의 보호하심으로 별 이상 없이 현 담임목사 이운형씨를 맞이하였다"고 쓰고 있고, 주남선목사는 "어떤 사정으로 인하여 지금 휴양 중이신데 대단 은혜로우신 목사님이시다. … 속히 그에게 목회의 기회를 주옵소서"라고 했다. 『십자가』제4권 1호(1939. 12),

담임목사직에서 해임된 그는 사택마저 비워주고 교회를 떠나야 했다. 그러나 그의 신사 불참배 운동은 계속되었고 이일로 1939년 12월 6일 연행된 것을 비롯하여 여러 차례 경찰의 호출을 당하기도 했다. 때로 그는 거창의 명덕학교 음악선생이었던 박성희의 친정집에 숨어 지내기도 했다.[19] 그러던 중 1940년 7월 16일 소위 일제검거 시에 체포되어 7월 17일 진주 경찰서 유치장으로 압송되었고, 1941년 3월 13일 부산경찰서로, 1941년 7월 11일 평양 형무소로 이감되었다. 이때 함께 평양으로 압송되었던 이들이 최상림 목사, 한상동 목사, 이현속 장로, 조수옥 전도사 등이었다. 이미 평양형무소에는 주기철, 최봉석, 방계성, 이인재, 이광록, 안이숙 등이 구금되어 있었다. 여기서 5년간 투옥되어 있다가 1945년 8월 17일 해방과 함께 출옥하였다. 그의 이름은 원래 주남고(朱南皐)였으나 옥중에서 주남선(朱南善)으로 개명하였다. 심군식의 기록에 의하면 그는 꿈속에서 은사인 윤산온(Rev. George S. McCune)선교사를 만났는데 그가 주남선으로 개명하라는 권고를 받았다고 한다.[20]

그가 신사참배를 반대한 것은 신사참배 행위를 우상숭배로 간주하였고, 그것은 배교 행위로 보았기 때문이다. 그에게는 16세기 이래로 개혁교회 전통에서 발전되어 온 저항권사상에 대한 이해가 있었음을 보여주는 흔적은 없으나 지상의 권세보다 상위의 권위인 하나님의 말씀에 대한 확신이 있었다. 그는 어떤 국가나 권력도 신앙의 자유를 침해할 수 없다는 내적 확신이 있었다. 그는 신사참배는 우상숭배요 신

23-4.

19) 박성희 여사와의 면담(1998. 5. 21, 함양교회당)

20) 심군식, 『해와같이 빛나리』, 193.

교(信敎)의 자유를 침해하는 것이며, 교회의 순결을 훼손하는 것이라는 확신 때문에 연약한 육신을 지키며 반대운동에 가담했던 것이다.

그럼에도 불구하고 주남선은 통합적인 인물이었다. 그는 신사참배를 반대하고 싸웠으나 해방 후 산사참배를 용인했던 이들이 회개하고 돌아올 것을 권면하면서 겸손하게 한국교회를 향한 책임을 공유하기를 원했다. 그는 "승리자로 자처하지 않고 모든 것에 대하여 함께 책임을 지는 형제로서 동료 노회원들을 대했다."[21] 그래서 그는 통합적인 인물로서 주목을 받았고, 호주 선교사들조차도 그의 이런 점을 인정하고 있었다.[22] 이약신도 주남선의 의견에 깊이 찬동하고 있었다.

주남선은 실로 굽힐 줄 모르는 투지의 신앙인이었고 나라를 사랑한 진정한 애국자였으나, 그것을 자신의 공적으로 내세우지 않았다.[23] 그것은 자신의 행위가 신앙에 바탕을 둔 신앙적 가치이자 신앙적 정의였음을 보여준다.

## 해방과 고려신학교 설립

해방과 함께 8월 17일 평양감옥에서 출옥한 주남선은 거창교회의 부름을 받고 그해 12월 부임하였다. 해방된 조국에서 평양과 서울 그리고 경남지방에서는 교회쇄신운동이 시작되었다. 대한예수교 장로

---

21) 김영재, 『한국교회사』(이레서원, 2004), 246.

22) George Anderson's Letter to D. Hocking, 3, April, 1947, Uniting Church Archives of Victoria.

23) 그의 애국운동과 독립운동에 대해서는 앞에서 언급했지만 해방 후인 1946년 3 . 1절을 기념하여 정부는 주남선목사에게 애국표창을 하겠다고 제안했으나 '애국은 국민의 당연한 의무이며 생활이지 공로가 될 수 없다' 며 이를 거절했다고 한다. 또 1948년 제헌국회를 구성할 때 중앙의 정치 지도자들은 주목사에게 국회의원 출마를 강권하였다. 거창지방의 좌익계인 인민위원회와 우익계인 광복위원회 양측은 주목사를 후보로 옹립하려고 하였다. 주남선은 거창지방 유지였고 애국지사였으므로 그가 출마한다면 그의 지명도 때문에 무투표로 당선될 수 있었다. 그러나 그는 순수한 종교인으로서의 길을 가겠다며 이를 거절했다.

회 총회는 일제의 강압에 의해 1943년 5월 5일자로, 경남노회는 1943년 5월 26일자로 해산되었다. 일제는 한국교회조직을 해산하고 일본 기독교단에 편입시켰던 것이다. 이러한 상황에서 해방을 맞았으므로 조직의 재건과 정비는 시급한 과제였다. 그러나 이보다 더 중요한 일은 영적 쇄신이었다. 일제하에서 소위 시국을 인식하고 친일했던 지도자들은 조직의 재건을 통해 기득권을 유지하려고 신속한 변신의 길을 추구하였으나, 신사참배반대자들은 교회 재건을 조직의 재건이 아니라 영적 쇄신(刷新)의 차원에서 이해하고 있었다. 이 인식의 차이는 그 후의 한국교회의 대립의 핵이었다. 이러한 상황에서 주남선은 거창교회 담임목사로 부임한 것이다. 교회조직의 재건운동이 전국적으로 일어날 때인 1945년 11월 3일에는 부산진교회당에서 제47회 경남노회가 모였는데, 주남선은 노회장으로 추대되었다.[24] 그는 이 지방의 교계 지도자로 인정받고 있었다.

주남선 목사는 옥중에서 6가지를 위해 기도했는데, 그것은 우상을 섬기는 일본의 멸망, 신앙의 자유, 조선의 자주 독립, 일본 신사(神社)의 소멸, 한국교회 교역자들의 수련을 위한 수도원의 건립, 그리고 거창에 성경학교를 설립하는 일이었다고 한다.[25] 이 기원에 따라 1946년 5월 20일 한상동, 박윤선과 더불어 신학교 설립 기성회를 조직하였고, 6월 23일부터는 진해에서 신학강좌를 개설했는데 이것은 고려

---

24) 그의 주도하에 교회쇄신을 위한 방안이 1945년 12월 5일 경남노회에서 채택되었는데, 그 내용은 다음과 같다. 1945년 12월 5일 경남노회 채택건 1. 본 노회 소속 일반 교회는 내년 부활주일 전 주일까지 성례거행을 정지하기로 함. 2. 본 노회소속 교회 제직은 내년 1월 10일까지 시무사면을 단행하기로 함. 3. 본 노회소속 목사와 전도사는 전기 기간 중 자숙 수양하되 1946년 1월 1일부터 동 10일까지 일정한 장소에서 공동집회하여 수양하기로 함. 4. 각 교회 교역자는 전기 수양회 후에 청빙키로 함. 5. 내년 1월 제1차 주일은 금식 참회일로 정함. 6. 심사참배 결의 취소를 총회에 헌의 하기로 함.

25) 박윤선, "고 주남선목사 옥고기,"『파수군』15호(1952. 3), 33-36참고, 심군식, 『해와 같이 빛나리』(교회교육연구원, 1990), 146-7.

신학교 설립의 시원이 된다. 이 당시 주남선은 형식상으로 조선신학교의 이사였다.[26) 그러나 그는 진보적인 조선신학교에 한국교회의 미래를 맡길 수 없다는 확신 때문에 고려신학교를 설립하게 된 것이다. 고려신학교 설립에서 한상동은 주도적인 역할을 했다. 그러나 간과할 수 없는 사실은 주남선과 한상동은 일제 하에서의 경험 때문에 진보적 신학은 한국장로교회의 미래

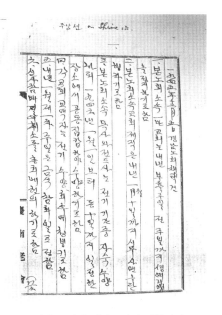

주남선 목사가 경남노회에 제출했던
경남노회 쇄신안

를 계도해 갈 수 있는 적절한 신학일 수 없다는 내적 확신을 공유했다는 점이다. 주남선과 한상동, 이 두 목사는 신학교육의 뜻과 신학교 운영의 의지는 있었으나 신학교육을 시행할 학문적 토대는 갖추지 못했다. 그러기에 그들은 신학교육의 의지를 실행할 수 있는 신학자를 필요로 하고 있었다. 이러한 필요를 박윤선과 박형룡에게서 찾았고,

26) "조선신학교 리사 와 교수 씨명, 주소 (1946. 11. 7)" (Archives, Synod of Victoria, Uniting Church, Melbourne) 참고. 조선신학교 이사회 대표 함태영과 교수회 대표 송창근 명의로 장로교회 호주선교단에 보내진 청원서에 포함된 조선신학원 이사 명단에 경남노회 장 주남선은 총회장 배은희, 경기노회장 함태영, 전북노회장 김영욱, 충북노회장 구연직 등 전국노회장, 김관식 총회 총무 등 총회임원들과 유각경 연전도회 회장 등 21명과 함께 이사로 등재되어 있다. 이것은 경남노회장으로 당연직으로 추대된 것으로 보인다.

박윤선은 고려신학교 설립 후 1960년까지 14년간 교수로 일하게 된 것이다. 주남선은 고려신학교 설립자이자 이사장이었으나 신학교 교육과 운영에 깊이 개입하지는 않았다.

## 주남선의 목회활동

앞에서 언급했지만 주남선은 1908년 기독교에로 입신한 이후 권서인으로, 집사 혹은 장로로 봉사하였고, 1930년 6월 거창교회에 부임한 이후 1938년 말까지 약 7년, 1945년 말에서 1951년 3월까지 약 6년, 도합 13년간 거창교회에서 목회했다. 그는 기도의 사람이었고, 일생동안 어려운 문제가 있을 때마다 금식하며 기도했다고 한다. 1950년 6·25가 발발했을 때도 일주일 금식으로 조국을 위해 기도했다고 한다. 그는 성경은 부분과 전체가 영감된 하나님의 말씀이라는 확신과 성경의 무오성(inerrancy), 그리고 성경의 최종적 권위를 확신했다. 그에게 '오직 성경'(sola scriptura)은 '성경 전부'(tota scriptura)였다. 이 성경에 대한 확신으로 설교하고 가르쳤다.

주남선 목사는 온화한 성품의 소유자로서 따뜻한 인간미를 지니고 있으면서도, 하나님의 말씀에 위배될 때는 한 치의 타협도 없으신 외유내강한 분이셨고, 죽음의 고비를 넘나들었던 현실 초월적인 도량과 신앙적 인격을 겸비한 분이었다. 따라서 이런 그의 삶의 여정이 그의 목회 전반에 나타나 있다.

6.25 동란이 발발했을 때 자신의 생명을 지키기 위해 피난가지 않고 교회를 지키며, 피난가지 못한 성도들을 말씀으로 위로했다. 불행하게도 그의 봉사의 날들은 길지 못했다. 1951년 3월 23일(금요일) 오후 6시, 민족상잔의 가슴 저미는 전화의 와중에서 간암으로 세상을

떠났다. 향년 63세였다. 3월 29일에는 한상동 목사의 주례로 장례가 치러졌다.[27] 그의 사후 1977년 정부는 그에게 건국공로훈장을 추서하였다.

---

27)『면려청년』15호(1951. 3. 26) 2면 참조.

# 18. 최상림 1888-1945
## 경남노회 지도자이자, 목회자, 신사참배 거부자, 순교자

최상림 목사는 부산경남지방 기독교 형성에 기여하신 인물인 동시에 이 지방이 배출한 순교자이기도 하다. 경남 출신의 순교자라고 하면 주기철 목사나 손양원 목사를 생각한다. 이 두 분은 한국교회가 낳은 위대한 순교자이자 위대한 영적 지도자였다는 점에 의의가 없을 것이다. 그런데 경남에는 이 두 분 외에도 신사참배 거부로 목숨을 바친 세분의 순교자가 더있는데, 그 한 분이 바로 최상림(崔尙林, 1888-1945) 목사이다. 최상림 목사는 경남지방의 목회자이자 영적 지도자였고, 신사참배 반대자로서 한국에서 드물게 노회 차원의 신사참배 제안을 부결시켰던 인물이지만 그에 대해서는 별로 알려져 있지 않다.

그는 주기철 목사 보다 9년, 손양원 목사 보다는 14년 연상으로서 두 분에게도 영향을 끼쳤고, 경남지방 신사참배 거부의 지도적 인물이었지만 그 분에 대해서는 정당한 관심을 보이지 못했다. 아마도 그의 후손들이 소수 집단인 재건교회에 속해 있었기 때문일 것이다.

최상림목사는 1888년 11월 27일(음) 경남 기장읍(機張邑) 월전리(月田里)에서 최영석(崔永碩)과 박효심(朴孝心)의 5형제 중 장남으로 출

생했다. 서당에서 배운 일이
있으나 독학으로 한학을 공
부한 그는 소학, 주역(周易)을
익혀 '유식한 선생'으로 통
했고, 22세가 되던 1910년 기
장군 남면 송정리의 김말옥과
결혼하여 슬하에 2남 9녀, 곧
11남매를 두었다.

월전리 구장(이장)으로 있
던 최상림은 기장면장으로 있
던 박순천 여사의 선친 박재
형(朴在衡)씨가 준 한문성경
을 읽고 감동을 받아 1909년
기독교 신자가 되었고, 기장

신사참배거부로 순교한 최상림 목사.
이 사진은 호주선교사 서덕기(Jim
Stuckey)가 촬영한 것이다.

동부교회(현 기장교회)에 출석하기 시작했다. 예수를 믿은 지 1년 후
인 1911년에는 박재형과 함께 호주선교사 왕길지(Gelson Engel)와 정
덕생 조사의 도움을 입어 향리에 월전교회(현 죽성교회)를 설립하기
도 했다. 『대한예수교장로회 사기』상권의 기록은 다음과 같다.

> 동래군 월전교회(月田敎會)가 성립하다. 선시(先是)에 최상
> 림, 박재형(朴在衡)이 신종(信從)하고 인가귀도(引家歸道)
> 하야 기장읍교회에 내왕 예배하더니 지시(至是)하야 예배
> 당을 신축하고 교회를 성립하니라. [28]

28)『조선예수교장로회 사기』상, 306.

1912년 조선 총독부가 전국토지 조사령을 내리게 되자, 최상림은 세부측량기사 자격을 얻고 동래지역 토지 측량 업무에 종사했다. 1914년에는 월전교회 3대 조사로, 그리고 기장읍교회 조사로 시무하면서 교역자의 길을 가게 된다. 이 무렵 그는 관가와 관리들의 비리, 일제의 수탈을 목도하고 측량기사직을 버리고 교역자로의 길을 가기로 결심했다.

1916년 9월 20일 경남노회의 조직과 함께 공식적으로 조사로 임명되었다.[29] 조사가 된 그는 통영 대화정교회(현 충무교회)의 초빙을 받고 목회자로서의 삶을 시작하게 된다. 후일 신사참배 반대자가 되는 최덕지는 이 때 15세의 아동으로 이 교회에 출석하고 있었고, 최상림의 신앙 지도를 받았다. 대화정교회와 그 인근 지역, 심지어는 욕지도까지 순회하며 전도하던 최상림은 1917년 12월 19일에는 경남노회에서 김길창, 김만일, 진종학과 함께 평양신학교 입학을 허락 받고, 이듬해 3월에는 평양신학교에 입학하였다.

1919년 7월에는 3년간 시무하던 대화정교회를 떠나 고성읍교회로 이동했다. 이 교회에서 시무중인 1921년 10월에는 33세의 나이로 장로가 되었다. 사실은 1917년 6월 26일 부산진 예배당에서 개최된 제3회 경남노회에서 장로로 피택되었음이 보고되었고 장로고시문답 시취에도 합격했으나 노회는 장립을 천천히 시키기로 결정한바 있다.[30] 모든 자격을 갖추었으나 아마도 나이가 어리다는 이유 때문에 장립을 유보한 것으로 보인다. 당시 평양신학교 규정에 3학년이 되면 장로장립을 받아야 한다는 조항이 있었는데, 이것은 교역자가 되기 위해서는 개 교회에서 신임을 받아야 했고, 또 교회 장로로서의 경험이 필요

---

29) 『조선예수교장로회 사기』하, 239.

30) 경상남도로회록, 제3호(1917. 6), 11.

하다는 취지에서 정한 규정이었다. 최상림은 조사로서 장로직을 겸하게 된 것이다.

1924년 1월 2일 회집된 제16회 경남노회에서는 노회서기로 피선되었고, 이때부터 5년간 노회 서기로 일하게 된다. 그가 장로로서 노회 서기가 된 일이나, 10회기 곧 5년간 서기로 일한 경우도 이례적인 일이었다. 이 만큼 그는 노회원들의 신뢰를 받고 있었고 교회 행정에도 안식(眼識)이 있었음을 보여준다. 당시 경남노회 산하에는 5개 시찰, 230여개처의 교회가 있었으니 서기 일도 적지 않았다. 또 그해 경남 진주에 있었던 경남성경학원에서 가르치기 시작하는데, 1940년 신사참배 반대로 체포되기까지 16년간 강사로 일했다. 주기철은 동료강사였고, 손양원은 초기의 학생이었다.

고성읍교회에서 4년 6개월간 일한 그는 1925년 1월 부산 동래의 동래읍교회(현재의 수안교회)에 김만일 목사 후임으로 부임했다. 1926년 12월에는 평양신학교를 제20회로 졸업했다. 신학교에 입학한지 8년만의 졸업이었다. 졸업과 함께 1927년 1월 4일 부산진교회당에서 회집된 제22회 경남노회에서 목사 안수를 받았다. 이로써 최상림은 안다손 선교사와 위임 동사목사로 동래읍교회에서 봉사하게 된다. 동시에 그는 인근의 두구동, 금성, 금사교회 등 3개처 교회의 당회장으로 봉사하게 되었다.

7년간 동래읍교회에서 사역한 최상림은 교회를 사임하고 짧은 기간 부산진교회와 수영교회 임시 당회장으로 봉사하기도 했으나, 1934년 남해읍교회를 비롯한 평산, 용소, 무림, 지족교회 등 4개 처 교회 목사로 부임하게 된다. 당시 남해는 부산서 선편으로 7시간 걸리는 거리로서 한적한 해안의 촌락이었다. 그의 부임 첫 설교가 "일사각오의 기로에 선 한국기독교"였다고 한다. 그는 교회 내의 분파와 지역주의, 남북교회 간의 대립, 그리고 예견된 신사참배 문제를 앞에 두고 교회의 각성을 요구한 설교였다.

최상림은 그 동안의 목회를 통해 우상 철폐와 미신타파를 강조하고, 특히 신앙적 절개를 강조한 것으로 알려져 있는데, 그가 남해교회에서 시무할 당시 신사참배 문제가 제기되었고 이제 그는 불가피하게 수난의 길을 걸어가게 된다. 그는 신사참배 강요로 험난한 수난의 때가 올 것을 예견했던 것 같다. 1936년 부노회장이었던 그가 노회장이었던 초량교회의 이약신 목사를 만나기 위해 아들 최일구를 대동하고 부산으로 와 이약신 목사 사택에서 하루 밤을 지내게 되었다. 이목사 가정에서는 편안히 주무시도록 배려 했으나 최상림 목사는 요와 이불을 아들에게 밀치면서 "내가 앞으로 요 깔고 이불 덮고 자겠느냐"면서 싸늘한 마루에서 잠을 청했다고 한다. 1937년 총독부는 국체명징이니 내선일체를 말하면서 신사참배를 요구했을 때, 최상림은 이를 적극적으로 반대하였고, 자신은 물론이지만 교인들인 곽영삼, 김갑숙, 이학섭, 최덕지 등은 수없이 경찰에 소한되는 등 교회적으로 수난을 겪기 시작했다.

1937년 12월 7일 항서교회당에서 회집된 제40회 경남노회에서 최상림 목사는 노회장에 피선되었고, 이제 그의 지도력 하에서 신사문제 거부는 심각한 현안으로 제기되었다. 한상동 목사가 주기철 목사의 뒤를 이어 마산 문창교회 목사로 부임했을 때도 이 때였다. 신사불참 배론자인 최덕지와 최경애를 경남여전도회연합회 지도자로 이끈 이도 다름 아닌 최상림 목사였다. 이 당시 최상림 목사의 지도력이 없었다면 경남지역에서의 신사참배 거부나 반대는 강력하지 못했을 것이다.

경남지방에서 사역하던 호주장로교회의 경우, 1936년 2월 8일 긴급회의를 소집하고 장시간 논의 끝에 신사차배를 거부하기로 결정한 바 있다. 그리고 그 결의 사항을 본국 교회에 보고하였는데, 이것은 선교부가 설립한 학교의 즉각적인 폐쇄를 의미하는 것이었다. 그러나 본국 교회는 신사참배론자이자 선임 선교사인 매견시(Noble Mackenzie)의 충고를 받아드려 "어떤 명예스러운 방법"을 모색하라는 일종의 타협을 요구했다. 일본 경찰당국은 호주교회의 답신을 검열하는 과정에서 본국 교회의 의도를 파악하고 호주장로교 선교부에 압력을 가했고, 결국 호주장로교선교부는 당국과 타협하게 된다. 그것은 신사(神社)에는 가되 '참배'하지 않고 '묵도'한다는 것이었다. 학생들은 신사에 나가되 천황에게 충성을 맹세하는 것이 아니라 하나님께 이 나라의 안녕과 평화를 위해 기도한다는 논리였다. 기독교 학교를 유지하기 위한 불가피한 타협이었다. 그런데 그로부터 2년 후인 1938년 6월 호주장로교선교부는 '묵도'도 할 수 없다며 강경한 태도로 돌아섰다. 이런 변화를 가져 온 것은 다름 아닌 최상림 목사의 영향 때문이었다. 이처럼 최상림 목사는 경남 지역 신사참배 반대운동에 가장 큰 영향을 준 인물이었다.

시국은 점점 험악해져 갔고, '시국인식'이라는 이름으로 교회의 훼절도 심화되어 갔다. 일제는 노회 단위로 신사참배를 결의하도록 압력을 넣었고, 신사참배 건과 관련하여 당국과의 협의가 필요하다고 하여 노회마다 소위 '교섭위원회'가 구성되었다. 경남노회의 경우 김길장(항서교회), 김석진(부산진교회), 양성봉 장로(초량교회)가 위원으로 선임되었다. 1938년 6월 제41회 경남노회가 해운대교회에서 개최되었다. 이 노회에서 교섭위원장 김길창 목사는 "신사참배는 종교상의 문제가 아니므로 신앙양심에 위배되지 않는다."는 내용의 보고서를 제출했다. 노회장 최상림 목사는 다른 모든 안건을 취급한 후 제일 마지막에 "교섭위원회의 권고는 노회의 양심에 반 한다"며 이 건을 부결시키고, 요한계시록 2장 10절을 낭독했다. "네가 장차 받을 고난을 두려워 말라 볼지어다. 마귀가 장차 너희 가운데서 몇 사람을 옥에 던져 시험을 받게 하리니 너희가 십일 동안 환난을 받으리라 네가 죽도록 충성하라 그리하면 내가 생명의 면류관을 네게 주리라." 그리고는 최상림 노회장은 교회당 뒷문으로 황급히 교회당을 빠져 나갔다. 이렇게 함으로서 당시 23개 노회 중 평북노회 등 17개 노회가 신사참배를 가결했으나 경남노회는 신사참배를 거부했던 것이다.

이 일로 최상림 목사는 경찰서로 연행되었고, 곧 수난이 뒤따랐다. 남해교회 성도들은 평소의 최상림 목사의 지도에 따라 "우상숭배의 강요에서 승리하게 하옵소서, 시험을 이기게 하옵소서, 시련을 극복하게 하옵소서"라고 기도했다. 최상림 목사는 그 동안 무려 49번이나 경찰서에 연행되었고, 1940년 6월말 한국인 형사 김을도에 의해 체포되어 사천경찰서에 수감되었다. 8개월 후인 1941년 3월 13일에는 부산 남부경찰서로 이감되었고, 그해 7월 11일에는 주남선, 이현속, 한상동, 조수옥 등과 같이 평양으로 옮겨가 평양형무소로 이감되었다.

이때부터 5년간 투옥되어 있던 최상림의 육신은 부숴지고 쇠잔해져 영양실조로 기력을 상실했다. 이미 최봉석(1944. 4. 15), 주기철(1944. 4. 21), 박관준(1945. 3. 13) 장로가 하나님의 부름을 받은 후였다. 죽음이 임박했다고 판단한 일제는 1945년 4월 30일 최상림의 병보석을 허락했다. 최목사는 평양연합기독병원으로 옮겨갔으나 6일 후인 5월 6일 57세의 나이로 순교자의 길을 갔다. 해방을 3개월 앞둔 때였다.

그런데 우리에게 널리 알려진 평양지방법원(平壤地方法院) 예심종결결정서(豫審終結決定書)에는 손명복, 주남선, 최덕지, 한상동 등 21명의 결정문이 있지만 최상림 건은 빠져있다. 그것은 예심종결 이전에 순교했기 때문이다. 이 결정문 생산일이 소화20년(1945년) 5월 18일인데, 최상림목사는 5월 6일 사망했기 때문이다.

최상림 목사가 즐겨 읽고 묵상하고 암송했던 말씀이 베드로전후서인데, 특히 1장 5-7절의 말씀으로 힘을 얻고 감옥의 시련을 이겨냈다고 한다.

> 너희가 말세에 나타내기로 예비하신 구원을 얻기 위하여 믿음으로 말미암아 하나님의 능력으로 보호하심을 입었나니 그러므로 너희가 이제 여러 가지 시험을 인하여 잠간 근심하게 되지 않을 수 없었으나 오히려 크게 기뻐하도다. 너희 믿음의 시련이 불로 연단하여도 없어질 금보다 더 귀하여 예수 그리스도의 나타나실 때에 칭찬과 영광과 존귀를 얻게 하려 함이라.

그가 평소에 즐겨 불렀던 찬송은 "나의 갈길 다가도록 예수인도 하시니..."였다. 그는 이 찬송처럼 하늘의 위로를 구하며 믿음으로 살았고, 36년간의 교역자의 삶을 마감하고 하늘나라로 옮겨가셨다. 그의 믿음, 의지, 확신, 그리고 일사각오의 정신이 경남지방 신사참배 반대자들에게 영향을 주었고 선한 싸움의 여정이 어떠한가를 보여준 것이다. 그의 시신은 주기철목사와 마찬가지로 돌발산 기독교인 묘지에 묻혔다. 최상림 목사는 주님을 사랑하는 것은 그의 계명을 지키는 것이라고 보았고, 그 계명에 충실하기 위해 신사참배를 반대하였다. 그리고 그 확신 때문에 기꺼이 순교자의 길을 간 것이다.

# 19. 서성희 1893-1943
## 숨겨진 순교자 전도사

순교자 서성희 전도사

서 성 희(徐 聖 熙, 1893-1943) 전도사는 잊혀진 순교자이다. 부산경남 지방에도 여러 순교자들이 있고 저들의 거룩한 여정이 비교적 소상히 알려져 있으나 서성희 전도사에 대해서는 거의 알려져 있지 않다. 그는 경남지방에서 조용학(1940. 8. 14일 순교)에 이어 두 번째로 순교한(1943. 11. 6) 인물이며, 그 후에 주기철(1944. 4. 21), 최상림(1945. 5. 6), 이현속(1945. 5. 23) 전도사가 순교자의 길을 갔다. 6.25 동란 중에는 배추달(1950. 8. 7), 조용석(1950. 9. 18), 박기천(1950. 9. 26) 전도사가 순교했다.

필자는 서성희 전도사의 신앙여정을 조사하기 위해 자료를 추적해 왔으나 그가 걸어갔던 삶의 여정은 여전히 가려져 있다. 다행히 서성희 전도사가 시무한 바 있는 하기교회에서 목회를 시작한 이금도 목사를 통해 그의 신앙과 순교에 대한 정보를 들을 수 있었고, 또 서성희 전도사의 차녀 서명선 권사(부산 가야성안교회)을 통해 약간의 정보를 얻을 수 있었다. 또 하기교회 출신인 부산의 괴정제일교회 성해규 장로를 통해, 그가 선친 성외섭 집사로부터 전해 들었다는 서성희에 관한 일화들도 도움이 되었다. 그러나 순교자의 거룩한 자취를 해명하기에는 여전히 부족했다. 더 밝혀야 할 점이 적지 않지만, 그 동안 필자가 조사해왔던 바를 종합하여 서성희 전도사에 대해 기록해 두어야겠다고 생각한 것은 그의 장남인 서완선(徐完宣, 1922-2011) 목사의 소천이었다. 서완선 목사는 고려신학교 7회 졸업생(1953. 3. 26)으로 부산북교회에서 26년(1963. 10-1989. 4) 간 시무하시면서 제32회 총회장을 역임하셨는데, 1988년 11월에 은퇴와 함께 원로목사로 추대되었다. 그 동안 경남 김해에서 거주하시던 중 2011년 7월 17일 소천하셨다. 서목사님이 살아계실 때 두,세 차례에 걸쳐 선친의 순교와 관련한 정보를 청했으나 오래된 일이고 본인이 어렸을 때 일이라 기억나지 않는다는 대답만 들었다. 직계 가족마저 세상을 떠나게 되니 더 늦기 전에 잊혀진 순교자의 흔적을 기록해 두어야할 일종의 의무감으로 이 글을 쓰게 되었다.

서성희 전도사는 1893년(명치 26년) 12월 4일 경남 함안군 대산면 평림리 256번지에서 달성 서(徐)씨인 서재영(徐在榮)과 정점분(鄭點分)의 장남으로 출생했다. 농민의 아들로 출생한 그는 함안지방을 순회하던 호주선교사를 통해 기독교 신앙을 갖게 되었다. 부모의 반대로 집에서 쫓겨나기도 했으나 그는 신앙을 포기 하지 않았다. 그의 나

경남지방 교역자 퇴수회 때(1935. 6. 3)의 서성희 전도사
(앞줄 우측에서 5번째)

이 22세 때인 1915년에는 함안군 대산면의 김덕순(金德順)과 혼인했다. 같은 면이기는 했으나 다른 동리에 살고 있던 김덕순은 김수갑과 류금이씨의 장녀였다. 비록 결혼은 했으나 농사일로는 가난을 극복하기 어려웠다. 그래서 그는 새로운 삶을 개척하려는 꿈을 안고 부인을 데리고 일본으로 건너갔고 한국인들이 비교적 많이 살고 있던 나고야 지방에서 갔다. 이곳에서 얼마동안 체류했는가는 분명히 알 수 없으나 이곳에서 장녀 서정선(후일 권사)과 장남 서완선이 태어났다. 서완선이 네,다섯살 때 귀국했다는 증언을 고려할 때 서성희는 1928년 이전에 귀국한 것이 분명하다.

귀국한 그는 교역자의 길을 가기로 작정하고 진주의 경남성경학교에 입학했다. 1915년 설립된 진주성경학교는 호주장로교선교부가 설

립한 일종의 단기 신학교육기관으로서 교회에 시급히 요청되는 전도
사 양성기관이었다. 당시 경남지방에서 활동한 교역자들은 거의가
이 학교에서 수학했고, 목사가 되기 위해서는 다시 평양의 장로교신
학교로 가서 교육을 받았다. 따라서 진주성경학교는 평양신학교로
가기 전의 중간 교육적 기능을 지닌 학교였다. 서성희는 진주성경학
교에 입학하여 공부하면서, 함안군 군북면 중앙리에 위치한 군북교
회 조사로 초빙 받았다. 군북교회 기록에 보면 그는 1928년 5월에 부
임하여 약 3년간 사역하고 1931년 3월 교회를 사임했다. 서성희 조
사의 차녀(서명선)가 1929년 11월 생인데, 군북에서 출생했다는 점을
고려해 볼 때 이곳에서의 사역 기간에 대한 군북교회의 기록은 정확
하다고 볼 수 있다. 그러나 군북교회 기록에는 서성희를 '서서은'으
로 오기(誤記)되어 있다.

군북교회를 사임한 서성희 조사는 1933년 함안군 대산면의 5개처
교회 전도사로 초빙을 받고 함안군 대산면 하기리 963번지의 하기교
회로 이동했다. 군북교회에서 김익두 목사를 강사로 부흥사경회가 개
최되었을 때 이 집회에 참석했던 김화선 장로가 서성희 전도사를 만
나게 되었고, 그를 5개 처 교회 교역자로 모셔갔다고 한다. 후에 김화
선 장로는 신사참배 강요를 피해 만주로 이거하였고, 그곳에서 세상
을 떠났다고 한다. 서성희 전도사를 초빙했을 당시 대산면에는 1909
년 11월에 설립된 하기교회를 비롯하여,[31] (의령)마산교회(1910년 설
립), 취무교회(1924), 옥열교회(1926)와 구혜교회(1929) 등 5개 처 교회

---

[31] 대한예수교장로회 사기에는 하기교회의 연원에 대해 이렇게 기록하고 있다. "함안군 하기
리 교회가 성립하다. 초에 박성태의 전도로 안승환, 김만협 등이 신종하고 백야동(白也洞)
교회에 왕래 예배하더니 지시(至是)하야 예배당을 건축하니라."『조선예수교장로회 사기』
상, 126.

가 있었다. 그 중 하기교회는 역사도 오래고 교세도 주변 교회보다 많았다. 또 지리적으로도 그 지역 교회의 중심지에 위치하고 있었다.[32] 1931년 2월에는 24평의 목조 예배당을 건축했고 초가 3간의 사택도 보유하고 있었다. 그래서 서성희 조사는 5처 교회 담당 교역자로 부임했으나 하기교회에 정주하면서 주변 교회를 순회하며 목회하게 된 것이다.

서성희 전도사가 하기교회에 부임한 때를 분명히 알 수 없으나 이금도 목사는 1933년 초라고 증언하고 있다. 이 교회에 부임한 그는 하기교회를 거점으로 5개처 교회를 순회하면서 교역자로 활동했다. 그는 계명을 지키고, 주일을 성수하며 우상을 배격하고 경건생활에 힘쓰고 절제하는 생활을 강조하는 분이었다. 그는 성경중심의 신앙을 강조하여 오직 하나님만 섬기는 철저한 실천을 강조했다고 이금도 목사는 증언하고 있다. 서성희 전도사는 1934년 3월에는 5처 교회 '친목회'를 조직하고, 1935년도에는 회장으로서 친목회를 이끌어 갔다. 그 후에는 친목회 고문으로 활동했다. 당시 함안에는 서성희 외에도 황철도, 염애나 전도사 등이 있었고, 인근 함안군 산인면 부봉리 부봉교회에는 이현속 전도사가 일하고 있었다. 또 이들과 생각을 같이 했던 태매시(Miss M. G. Tate) 선교사가 있었다. 창원 중리 출신인 황철도 전도사는 당시 호주선교부 마산지부 미션회 전도사로 함안지역 16개 개체 교회 순회 전도사로 일하고 있었다. 그런데 이들 모두가 신사참배를 반대하는 이들이었다.

잘 알려진 일이지만 신사참배는 1935년부터 강요되기 시작했다.

---

32) 하기교회는 호주선교부 마산지부 관할 하에 있었고, 당시 순회 선교사는 맹호은이었다.

1938년 장로교 총회에서 신사참배는 국가의식이라는 결의가 있은 후 심사참배 강요도 심화되었지만 이에 대한 반대 또한 심화되었다. 경남 지방은 신사참배 반대이 중요한 거점이었다. 당시 일제는 신사참배를 강요하면서 지역교회 교역자들이나 지도자에 참배 동의서를 요구했다. 실제로 참배했는가의 여부를 떠나 동의서를 제출하면 신사참배한 자로 간주했고, 동의서 제출을 거부하면 참배거부자로 인식했다. 서성희 전도사는 신사참배는 명백한 우상숭배였으므로 이를 거부했고, 그의 지도하에 있는 5개처 교회 지도자들도 신사참배 동의서를 제출하지 않았다. 때로 주제소에서 교회당 내벽에 황국신민서사를 붙이고 황국신민임을 음송케 하면 서성희 전도사는 이를 철거하고 강대상 뒤편에 십계명을 써 붙이기도 하는 등 일제와 대결했다. 이런 일로 서성희는 신사참배를 반대하는 중심인물로 간주되었고, 대산면 지역교회에 신사참배 반대를 주도하는 인물로 지목되었다.

함안경찰서의 선택은 한 가지 뿐이었다. 그를 경찰서로 호출했고 함안경찰서 무도장에서 그를 몽둥이로 구타하고 고문했다. 순사들의 요구는 신사참배에 동의하고, 교인들을 설득하라는 것이었다. 구타하는 소리와 비명소리가 경찰서 밖에까지 들려왔다고 한다. 고문은 수일 동안 계속 되었다. 서 전도사는 기력을 잃었고 회복이 불가능해 보였다. 가족들은 의식을 잃은 그를 집으로 엎고 와 치료했으나 건강이 회복되지 못했다. 이금도 목사는 가족품으로 돌아온 후 곧 소천한 것으로 증언하고 있으나, 가족들에 의하면 집에서 2달가량 휴식을 취하게 하고 건강을 돌보았으나 회복하지 못했다고 말한다. 결국 서성희 전도사의 사위로서 마산문창교회 집사였던 김병우의 주선으로 마산중앙병원에 입원했다. 당시 중앙병원은 마산 석정 123-1번지에 소재하고 있었다. 병원에서의 치료도 부서진 육체를 회복시키지 못했다. 의식이 있던 그는 "일본이 패망하는 것 보고 죽어야 하는데..."하시면서 아쉬워했으나 1943년(소화18년) 11월 6일 오전 12시 15분 하나님의 부름을 받았다.

임종이 가까워지자 평소 즐겨하던 찬송을 불러 달라고 했다. 305장이었다. "만세반석 열린 곳에 내가 숨어 있으니 원수 마귀 손 못대고 환란풍파 없도다. 만세반석 열린 곳에 내가 편히 쉬리니 나의 반석 구주예수 나를 숨겨주소서," 1절이 끝나자 그는 조용히 숨을 거두었다. 만세반석 열린 곳에서 안식을 확인했으니 더 지체할 필요가 없어서일까? 이렇게 그는 이 땅에서의 50년의 세월을 마감했다.

장례식은 5처 교회가 연합하여 성대히 거행했고, 시신은 함안군 대산면 하기리 동촌 뒷산에 안장 되었다. 이금도 목사는 이 장례식에 참석했던 목격자였다. 5처 교회 성도들은 서 전도사의 순교를 보고 굳은 결심으로 신앙을 지킬 것을 다짐했다. 대산면 일대에서 이 장례식에 참석한 불신자까지도 일본 경찰의 비인간적인 만행에 대해 분노했다고 한다. 서성희 전도사는 일생동안 주님 말씀 의지하고 살았기에 신사참배를 반대하고 싸웠고 결국 순교의 길을 가게 된 것이다. 지금부터 꼭 70여년 전의 일이다.

여러 증언을 종합해 볼 때 서성희 전도사는 철저한 신앙의 인물로서 한치의 타협도 없이 신앙의 정조를 지킨 인물이었다. 그는 여러 사람들에게 깊은 영향을 주었다. 하기 하기교회 출신인 김덕곤, 박유생, 이금도 등이 그의 영향을 받고 목사가 되었고, 박유생, 이금도 목사는 필자와의 면담에서 서전도사로부터 순교정신을 배웠다고 증언했다. 이들은 그를 잊을 수 없는 사표로 여기고 있었다. 또 하기교회의 성외섭 집사(1915-1995)는 서성희 전도사로부터 신앙의 깊은 감화를 받았다고 한다. 성해규 장로는 선친 성외섭 집사로부터 들은 이야기라며, 주일 예배가 어려울 때는 이 두 사람이 비밀히 집회하여 예배드렸고, 서전도사가 피첩되어 있을 때 성집사가 대신 예배를 인도한 일도 있었다고 한다.

## 20. 주기철 <sup>1897-1944</sup>
### 목회자, 설교가, 순교자

한국을 대표하는 설교자, 신사참배
거부자, 순교자 주기철 목사

순교자 주기철목사(朱基徹, 1897-1944)에 대해서는 잘 열려져 있으므로 다시 거론할 필요가 없을 것이다. 그러나 필자는 최근 주기철목사의 새로운 설교 30여편을 새롭게 발굴했는데, 이 설교는 신사참배가 문제화되기 이전 설교들이다. 이 점은 신사참배 반대와 순교라는 시각으로 경도된 우리에게 주목사님의 초기 신앙과 신학을 엿볼 수 있다는 점에서 중요하고 이런 점이 이 글속에 다소 반영되었다는 점에서 주기철의 순교에 대한 수다한 글이 있음에도 불구하고 약간의 차별성이 있다고 하겠다. 주기철목사는 일제의 신사 참배 강요와 이에 대한 저항이라는 순교적 여정을 사신 인물로서 그는 한국교회를 대표하신 순교자였다. 그는 어떤 삶을 살았을까?

주기철은 1897년 11월 25일 경남 창원군(昌原郡) 웅천면(熊川面) 북부리(北部里)에서 주현성(朱炫聲) 집사(후일 장로)와 조재선(曺在善) 여사의 넷째 아들로 태어났다. 8세 때인 1906년 고향의 개통(開通)학교에 입학하여 7년간 수학하였고, 전국을 순회하며 계몽강연을 하던 이광수(李光洙)와의 만남을 통해 정주 오산학교 입학을 결심하게 된다. 당시 정주, 선천, 안악 그리고 평양은 민족교육의 중심지였는데 오산학교는 그 대표적인 학교였다. 주기철은 1913년 이 학교에 입학하여 조만식과 이승훈으로부터 신앙, 애국 그리고 민족정신 등 많은 영향을 받았다. 1916년 3월 오산학교를 졸업한 후 연희전문학교 상과에 입학하였다. 연희전문학교는 1915년 언더우드에 의해 설립된 학교로서 기독교교육을 지향했다. 그러나 주기철은 안질로 시력이 약해져 곧 중퇴하였고 약 4년 반 동안 실의와 좌절의 날들을 보냈다. 만 20세 때인 1917년 김해출신 안갑수(安甲守, 1900-1933)와 결혼하여 5남 1여를 두었다. 그러나 주기철 목사는 1933년 5월 안갑수 여사와 사별하였고 2년 후인 1935년 오정모(吳貞模)와 재혼하였다.

청년 주기철이 목회자의 길을 가게된 것은 연희전문학교를 중퇴하고 웅천에서 칩거하던 있을 때 마산 문창교회에서 열린 김익두 목사의 부흥집회에 참석한 것이 계기가 되었다. 이 때 주기철은 큰 은혜를 받고 목회자의 길을 결심하고, 1922년 3월 평양의 장로회 신학교에 입학하였다. 1923년 봄 부터 주기철은 양산교회와 그 인근 교회 전도사로 일하게 되었는데, 양산에서 평양을 오가며 3년간의 과정을 이수하고 1925년 9월 이 학교를 졸업하였다. 그 후 그는 부산 초량교회(1926-1931), 마산 문창교회(1931-1936), 평양 산정현교회(1936-1944)

에서 시무하였다. 1938년 2월 제 1차 검속이후 약 5년간 옥중에서 투쟁하였고, 1944년 4월 21일 밤 47세를 일기로 순교하였다.

그는 신사참배 강요와 싸우며 신앙을 지켰던 신념의 사람이었지만 그의 초기 설교를 보면, 그는 따스한 가슴을 지닌 온정 어린 목회자였고, 그에게도 목회현장에서의 아픔과 가족과의 이별에서 오는 인간적 고뇌가 있었다. 그에게도 평안과 안락함 삶을 지향하는 소시민적 바램이 있었지만 더 높은 소명을 위해 자신의 안거위락(安居爲樂)을 거부했다. 그는 처음부터 투쟁적인 인물이 아니었다. 단지 그 시대의 소명 앞에서 자신과 한국교회와 하나님의 영광을 위해 연약한 육신을 이끌고 고난의 길을 외면하지 않았을 뿐이다.

주기철에게 있어서 기독교 신앙은 그의 생을 이끌어 간 힘의 원천이었다는 점은 말할 필요가 없을 것이다. 그런데, 그가 기독교에로 입교했을 때가 1910년 12월 25일이었다. 이해는 일제의 식민지배가 시작된 해였다. 그가 향리의 개통(開通)학교와 정주의 오산학교를 거쳐 평양 신학교에 입학할 때는 일제의 식민통치가 구체화되고, 암담한 조국의 현실에서 반일감정이 무르익던 1922년이었다. 그가 3년간의 신학교육을 마치고 졸업할 때가 1925년이었는데 이 해는 조선인의 사상통제의 수단으로 치안유지법(治安維持法)이 공포되고, 한국에서의 신사제도의 총본산인 조선신궁(朝鮮神宮)이 건립되었을 때였다. 주기철이 목회자로의 길을 가는 바로 그해에 그가 앞으로 싸워야 할 투쟁의 대상이 한반도 중심에 분명한 모습을 드러냈고 후일 그를 참기 어려운 고통으로 이끌어 갔던 고난의 굴레가 법제화되었던 것이다. 이런 그의 여정을 헤아려보면 그는 숙명적으로 일제의 식민지배, 그리고 개인의 신앙과 양심을 유린하는 조직적 폭력과 대결하도록 역사 앞에 부름 받고 있었다. 이것이 그를 부르신 하나님의 뜻이었을 것이다. 그가 목사 안수를 받고 부산 초량교회에 부름 받았을 때는 1926년이었는데 이때는 신사참배 문제가 문제시되기 시작했을 때였다.

주기철 목사가 직접적으로 신사참배 문제에 연루된 때를 경남노회가 신사참배를 거부키로 결의했던(이 점에 대한 실증적 기록이 없어 이를 부인하는 이도 없지 않으나) 1931년으로 본다면 그는 이때로부터 1944년 순교할 때까지 13년간 신사참배 강요에 맞서 싸웠고, 드디어는 자신의 신념과 확신의 희생자가 되었다. 이런 그의 생의 여정을 살펴볼 때 신사참배 문제는 그의 생애를 '믿음의 선한 싸움'으로 인도해 간 영적 싸움의 대상이었다. 그는 완전무장한 조직적인 거대한 세력 앞에서 외로운 투쟁을 계속했던 것이다. 그의 싸움은 '신앙만의' 싸움이었고 그의 싸움의 기초는 '신앙적 정의'(Recht)였다. 따라서 그의 생애와 신앙의 자취, 그리고 오늘 우리가 본받아야 할 신앙적 삶의 방식을 이해하는데 있어서 신사참배 문제는 매우 중요하다.

한국에서 신사참배가 '문제시'된 것은 1930년대 이후이지만 신사와 신도가 조선에 소개된 것은 이보다 훨씬 앞선다. 1876년 개항 이래 부산에서의 일본인의 집단 거주가 시작되면서 일본인의 토착종교인 신사가 세워지기 시작하였다. 그러나 신사는 어디까지나 일본인의 종교생활을 위한 것에 지나지 않았다. 그러나 1925년에는 이미 42개의 신사(神社)가, 108개의 신사(神祠)가 세워졌고, 1925년에는 조선에서의 신사제도의 총 본산인 조선신궁(朝鮮神宮)이 남산에 건립되었다. 1930년대를 거쳐 가면서 정세는 급변하였다. 일본의 군국주의자들이

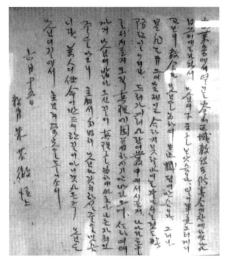
주기철 필적 사진

득세하기 시작하였고, 일제는 전쟁정책 수행을 위한 소위 '국민정신 총동원'(國民精神總動員)의 일환으로 신사참배가 권장되고, 1935년부터 강요되기 시작했다. 기독교계는 처음에는 강력하게 반대했으나 탄압이 심화되면서 회유와 변절이 일어났고, 천주교는 1936년 5월에, 감리교는 1938년 9월에, 장로교회도 그해 9월 10일 제27차 총회에서는 신사참배를 공식적으로 가결하게 된다. 1938년 이후 소위 시국(時局) 인식이란 이름 하에 행해진 기독교계의 친일행각은 암울한 역사의 한 단면이었다. 이러한 신사참배 강요의 과정에서 이를 강하게 반대하고 저항했던 대표적인 인물이 주기철목사였다.

주기철은 신사참배가 강요될 것을 미리 예견하고 이를 반대하기 시작했고, 1934년 장로교 종교교육부가 발간한 『종교시보』 8월호에 "사(死)의 준비"라는 설교문를 기고했는데, "사망을 두려워하지 않도록 준비해야 한다"는 주장은 그의 삶의 행로를 예견해 주는 것이었다. 1938년에도 "사의 준비"라는 동일한 제목으로 설교한 점을 보면 그는 신사문제에 대해서 이미 확고한 신념을 가졌고 순교적 각오가 있었음을 보여 주고 있다. 그의 순교는 오랜 순교적 삶의 결과였다.

1935년 5월 1일에서 5일까지 200여명의 장로교 목사들이 금강산 수양관에서 집회할 때 주기철은 마태복음 3장 1-13절을 본문으로 "예언자의 권능"이라는 제목으로 설교를 했다. 이 설교에서 "목사는 일사 각오를 가질 때 예언자의 권위가 서는 것이다."라고 했다. 이 때 설교는 제지당했다. 평양신학교에서 행한 설교는 비장한 순교를 암시하고 있었다. "부활의 복음이 우리에게 이르기까지 피로서 전지 우전하여 나려오는 것이다. 로마제국의 박해 하에 오십만 성도의 피가 흐르고 참 복음을 위하여 로마교 법왕 악형 하에 백만 신자의 피가 흘렀다. 바티칸 궁중에 봉쇄된 성경을 개방하여 만민의 성경이 되기 위하여는 위클리프의 백골이 불에 타지고 틴달의 몸이 재가 되지 않았는가?"라고 설교했던 것이다. 이제 그는 하나님의 의를 위해 분연히 일어났고, 하나님 앞에 자유로운 양심을 위하여 황량한 들판에서 외로운 싸움을 시작한 것이다.

1936년 7월 평양 산정현교회로 부임한 주기철은 감시의 대상이 되었다. 주기철목사 부임환영회 석상에서 이성휘(李聖徽)목사는 "우리는 산정현교회 주목사를 환영하는 것이 아니라, 평양교회 주목사를 환영하는 것이요, 조선교회의 주목사를 환영하는 것입니다."라고 했다. 이제 주기철은 한국교회 마당 안으로 서서히 죄어 오는 어두움의 사슬을 척결해야 하는 보다 거룩한 사명에로 부름 받고 있었다.

주기철 목사는 공개적으로 일제의 종교정책, 특히 신사참배 강요를 반대했기 때문에 그의 체포와 투옥은 예정된 것이었다. 그가 처음으로 구속된 것은 1938년 2월이었는데, 현존질서를 문란케 한다는 죄목이었다. 피검시기와 피검 기간에 대해서는 상이한 기록이 없지 않으나 이때로부터 그는 4차례, 곧 1938년 2월에서 6월까지(1차), 1938년 8월에서 39년 2월까지(2차), 1939년 9월에서 1940년 4월까지(3차), 1940년 8월에서 1944년 4월 21일 순교시까지(4차) 투옥되어 7년여 동안 형언할 수 없는 고난과 혹독한 고문을 당했다. 그가 4번째 투옥되었을 때 평양노회는 주목사를 목사직에서 파면했고, 신사참배 반대의 상징적 보루였던 산정현교회는 폐쇄 당했다.

1944년 4월 13일, 네 번째로 투옥된 지 3년 8개월이 지났을 때, 그의 몸은 극도로 쇠잔해 졌고, 병고와 심한 고문으로 얼마 안 되는 육신마저 지체할 수 없어 병감(病監)으로 옮겨졌다. 이때쯤 기록된 것으로 보이는 유언적 기록에는 이런 내용이 있다. "여드레 후에는 아무래도 소천될 것 같습니다. 지금까지 몸이 부어 올랐습니다. 막내 광조에게 생명보험을 든 2백원으로 공부를 시키십시오. 어머님께 봉양 잘해드리고, ... 어머님께는 죄송합니다." 4월 20일 부인 오정모와 마지막 대면했을 때 "내 하나님 앞에 가면 조선교회를 위해 기도하오리다"라는 말을 남긴 그는 그 이튼 날 "내 영혼의 하나님이여, 나를 붙들어 주십시요."라는 기도를 남기고 1944년 4월 21일 금요일 밤 9시 47년의 생애를 마감했다. 그는 아무도 없는 외로운 감옥에서 쓸쓸히 죽음을 맞았다. 그것이 신앙적 정의를 위한 일념으로 살았던 한 목회자의 순교였다. 그가 1934년 평양신학교 사경회에서 했던 말, "이 사람이 다른 것으로 우리 한국교회에 바칠 것은 없습니다. 주님을 위하여 목숨을 바치는데 앞장서겠습니다."는 진실이었다.

주기철 목사가 신사참배를 반대한 것은 3가지 이유때문이었다. 첫째는 신사참배는 하나님의 계명에 반하는 우상숭배로 간주하였기 때문이다. 그는 신사참배는 제 1, 2계명을 범하는 죄로 간주하였다. 이 점은 그가 신사참배를 반대했던 가장 중요한 이유였다. 둘째는 신사참배는 개인의 신앙 양심과 신교의 자유를 억압, 탄압하는 것으로 보았다. 셋째는 교회의 순수성과 거룩성을 지키기 위해서였다. 신학은 한 사람의 사회적 활동을 규정짓는 가치체계인데, 주기철 목사는 철저한 보수주의 혹은 복음주의자였고 성경을 신앙과 생활의 유일한 규범으로 믿고 있었다. 그는 교리적 전통과 순전성 혹은 순수성에 깊은 관심을 가졌던 보수주의자였다. 그는 신사참배를 개인 양심의 자유에 따라 반대했지 조직을 이용하여 반대 운동(movement)으로 이끌어가지는 않았다. 현재 남아 있는 30여편의 주기철의 설교(비록 그 전부가 주목사 자신의 친필기록은 아닐지라도)에서 신사참배를 조직화하여 전개해야 한다고 주장하거나 이를 권고하지 않았다. 그는 가치체계의 집단화는 조직의 강점은 살릴 수 있으나 도리어 가치의 상실을 가져올 수 있다고 본 것이다.

어떤 이는 주기철 목사는 몰역사적 영웅주의자였고 성경에 대한 무지와 무모한 고집으로 죽음을 자초하였다고 말했으나 이것은 부당한 비평일 뿐이다. 그는 뜨거운 가슴과 함께 냉철한 이성을 지닌 목회자였고, 합리적인 사고와 심리적 평정을 지닌 인물이었다. 당시로 볼 때 주기철 목사는 정상적인 교육을 받은 양식 있는 엘리트 목사였다. 따라서 그는 신앙적 정의에 대한 내적 확신으로 5년간의 긴 형고(形苦)의 날을 인내할 수 있었다. 그가 남긴 권고는 우리에게 확신을 더해준다.

나의 사랑하는 교우 여러분, 그리스도의 사람은 살아도 그리스도인 답게 살고 죽어도 그리스도인답게 죽어야 합니다. 죽음이 무서워 예수를 저 버리지 마시오. 풀의 꽃과 같

이 시들어 떨어지는 죽음을 아끼다가 지옥에 떨어지면 그
아니 두렵습니까? 한번 죽어 영원한 천국의 복락이 그 아
니 즐겁습니까? 이 주목사가 죽는다고 슬퍼하지 마시오.
나는 내 주님밖에 다른 신 앞에서 무릎을 꿇고 살 수 없습
니다. 더럽게 사는 것보다 차라리 죽고 또 죽어 주님 향한
정절을 지키려 합니다. 주님을 따르는 죽음은 나의 기원입
니다. 나에게는 일사각오(一死覺悟)가 있을 뿐입니다.

## 21. 이현속 1900-1945
### 함안지역 전도사, 장로, 순교자

순교자 이현속 전도사, 장로

한국교회가 배출한 순교자 수는 얼마나 될까? 이 점에 대한 정확한 수는 아무도 모른다. 물론 어떤 경우를 순교로 간주할 수 있는가에 따라 순교자 수는 달라질 수 있지만, 원래 순교란 공개되지 않는 가운데서 이루어지는 경우가 허다함으로 한국교회 순교자 수를 정확하게 말할 수 없다. 그러나 대체적으로 한국 천주교회의 겨우, 1-3만명 정도로 보고, 개신교의 경우 1천-3천명 정도로 보고 있다. 개신교의 경우 다수의 기독교인들이 6·25 동란 중에 순교했기 때문에 정확한 수를 산출하기는 더욱 어렵다. 현재 순교자 기념 사업회가 확인할 수 있는 순교자 명단은 약 200여명에 지나지 않는다고 한다.

이런 순교자 중에서 손양원, 주기철 등은 우리에게 익숙한 순교자이지만 우리들이 들어보지 못한 순교자들도 상당수에 속한다. 그런 인물 중에 한 사람이 이현속 전도사였다. 한때 장로이기도 했으나 전도사라는 직함으로 일하던 중 신사참배를 거부하여 체포되었고 평양에서 순교했다.

이현속(李鉉續, 1900-1945)은 광무 4년인 1900년 12월 21일 경남 함안군 산인면 부봉리 705번지에서 이수목(李壽沐)과 하구류(河龜柳) 여사 사이에서 1남 2녀 중 장남으로 출생하였다. 그의 원래 이름은 쾌한(快漢)이었으나 1932년(소화 7년) 8월 22일 현속(鉉續)으로 개명하였다고 한다. 당시의 관습대로 서당에서 한문을 익히며 성장한 그는 서당에서 배운 논어의 한 구절, 곧 "도(진리)에 뜻을 두고, 덕을 간직하며, 인을 의지하며, 예술을 즐길 줄 알아야 한다"(志於道 據於德 依於仁 游於藝)는 가르침을 늘 마음에 세기고 살았다고 한다. 농업에 종사하던 그의 아버지 이수목은 술과 담배를 즐기던 인물이었으나 40세 경에 간이 극도로 악화되어 고통을 당하던 중 형님의 전도로 예수를 믿게 되었다. 큰 형님은 기독교 신자가 아니었으나 예수를 믿으면 병도 고칠 수 있다는 소문을 듣고 동생에게 교회에 출석하도록 권유했다. 곧 그는 함안군 산인면의 산인교회에 출석하기 시작했다. 이곳은 부봉에서 약 5킬로 정도 떨어진 곳이었다. 이런 환경에서 이현속은 약 6살 때부터 가족을 따라 교회에 출석하기 시작했다. 신앙생활을 시작한 이수목씨는 집에서 새벽기도를 드리는 등 신앙생활에 정진했다. 고향동네에 교회가 없음을 안타깝게 여긴 그는 자기 땅에 교회를 세우게 된다. 이 점에 대해서는 상반된 기록이 있다. 전기 작가

현재의 부봉교회 (함안군 산인면 부봉리 548)

인 심군식은 이현속의 아버지 이수목씨가 교회를 세운 것으로 말하고 있으나[33] 『조선예수교장로회 사기』상권에 보면 왕길지 선교사 일행에 의해 1906년 설립된 것으로 기술되어 있다. 즉 이 책 상권, 158쪽을 보면 "함안군 부봉리 교회가 성립하다. 선시(先是)에 선교사 왕길지(王吉志)와 조사 정덕생(鄭德生)의 전도로 백희준(朴希俊)의 전가(全家)가 회개귀주(悔改歸主)하여 문암리(門岩理)에서 예배함으로 교회가 성립하니라"라고 기록되어 있다. 이것이 함안군 산인면의 부봉교회의 시작이었다.

비록 상이한 기록이 있으나 이수목씨가 이 교회 성립에 기여한 것은 분명한 것 같다. 이런 상황에서 이현속은 어려서부터 신앙생활을

---

33) 심군식,『한국교회 순교자들의 생애』, 86-87.

부산경남지방 기독교회의 선구자들

해 왔고, 아버지의 믿음을 계승하게 된 것이다. 이현속은 당시의 조혼풍속을 따라 15살 때 남양 홍씨 가문의 홍선이(洪善伊)와 결혼했고 선대의 삶의 방식대로 농사를 지으며 생계를 이어갔다. 1911년 8월 12일에는 세례를 받았다. 그로부터 10년 후인 1921년 4월 19일에는 26세의 젊은 나이로 부봉교회의 영수가 되었다. 당시 영수는 지역 교회에서 말씀봉사와 치리를 겸한 일종의 준 전도사 겸 장로였다. 교인수가 그리 많지 않는 농촌교회에서 그는 교회 지도자로 활동하게 된 것이다.

그로부터 4년이 지난 1925년 1월 18일에는 성도들의 괴임을 받아 부봉교회 장로가 되었다. 장로로 일하는 중에 성경과 신학 혹은 교회적 일들을 더 공부하고자 하는 열망에서 진주에 있는 경남성경학원에 입학했다. 이때가 1926년이었다. 당시 진주 성경학원에는 본과와 별과가 있었다. 본과는 3년간 과정이었으나 별과는 평신도 지도자 양성을 위한 과정으로서 1년의 단기 과정으로 운영되고 있었다. 그는 별과에서 성경을 체계적으로 공부하고 전도사로서의 사역을 준비하게 되었다. 1년간의 과정으로 이수한 이현속은 고향 부봉교회를 떠나 창녕군의 영산교회 전도사로 사역을 시작하게 된다. 그러나 이곳에서의 사역은 길지 못했다. 1928년 4월경에는 진주 문산교회로, 2년 후에는 하동군의 하동읍교회로 이동했다. 이때가 1930년 2월 13일이었다. 이때부터 약 2년간 사역했다. 하동은 읍이었고 읍단위의 교회로서는 비교적 안정된 교회였으나 단독으로 전도사의 생활비를 담당할 형편은 되지 못하였다. 그래서 이현속 전도사는 하계교회, 악양교회, 적양교회, 북천교회 등 주변의 6개 처 교회를 맡아 순회하며 예배를 인도했다. 이런 일은 당시로서는 아주 흔한 일이었다. 자동차나 특별한 교통 수단이 없던 그 시절 그는 지역적으로 멀리 떨어져 있는 교회를 겸무했다.

　이현속 전도사는 2년 간의 하동읍교회에서의 전도사 사역을 마감하고 1932년 3월 15일에는 경남 산청군 덕산으로 이동했다. 이곳의 덕산초등학교 교사였던 하우간 선생이 1930년 1월경 예수를 구주로 영접한 후 자신의 집을 예배처소로 기부하여 교회가 시작된 곳이다. 이현속은 바로 이곳에 호주선교회(흔히 '미순회'라고 불림)의 파송을 받고 옮겨가게 된 것이다. 그는 이곳에서 호주선교부의 후원을 얻어 산청군 시천면 원리 123번지에 건평 20평의 예배당을 건축하기도 했다. 덕산교회를 개척하고 전도사 사역을 시작한지 2년 되던 해, 곧 1934년 3월, 이현속은 목사가 되기 위하여 평양신학교에 입학 하였다.
　1937년 6월경에는 덕산교회 전도사를 사면하고, 산청군 생초면 어서리(於西里)에 교회를 개척하기 위해 이동하였다. 당시 생초면 어서리의 최판구씨는 진주 배돈병원에 입원 중 권임함 선교사(F. W. Cunmingham)로부터 복음을 전해 듣고 세례를 받은 인물인데, 퇴원 후 자신의 집에서 동료 10여명과 함께 예배를 드리게 되었는데, 바로 이곳에서 일하게 된 것이다. 이현속 전도사의 전도와 봉사로 신자가 불어나 1937년 6월 15일에는 교회로 출발하게 되었다. 그해 10월 24일에는 초가 산간 3간을 매입하게 되었고 이곳을 수리하여 예배당으로 사용하였다. [34]

　그는 가난한 농촌지역 개척전도사로 일했으나 이 당시 제기된 신사참배 강요로부터 피할 길이 없었다. 생초면 주재소로부터 출두명령을

---

34) 참고, 민영완, 『때를 따라 도우시는 은혜』(하나의학사, 1989), 25.

받고 조사를 받았고 신사참배를 반대한다는 이유로 산청경찰서 유치장에 이틀간 구금되기도 했다. 생초면 주재소 소장은 이현속에게 신사 참배를 요구했으나 그는 거절했다. 결국 주제소장은 이현속에게 그곳을 떠나든지 유치장에 들어가든지 양자택일을 요구했다. 할수 없이 이현속 전도사는 3년간 일했던 생초교회를 떠나기로 하고 1939년 2월 10일 고향인 함안군 부봉으로 돌아가게 되었다. 그러나 고향이라고 해서 안전한 피난처일 수는 없었다. 동일하게 신사참배를 요구받게 되었고 이를 거부하게 되자 그와 그의 아버지 이수목 영수는 거의 매일처럼 주재소로 소환되어 수모를 당해야 했다.

그러든 중 이현속은 1939년 4월 5일, 경남성경학교 수학 시부터 알고 있던 권임한 선교사의 호의로 진주 배돈병원(培敦病院, Mrs Paton Memorial Hospital) 서기 겸 전도사로 부임하게 된다. 병원에서는 환자들을 돌보고 매 수요일 정례 예배를 인도하는 일이 그의 주된 과제였다. 약 40여명 정도 참석한 예배에서 이현속은 신사참배는 하나님이 우리 인간에게 주신 제 1, 2계명을 어기는 범죄이기 때문에 참배할 수 없다는 점을 가르쳤다. 1940년 3월 27일, 진주 봉래정에 있는 황성호(黃聖浩) 전도사 댁에서 이현속 전도사는 한상동과 주남선 목사, 그리고 이인재 전도사와 함께 기도회를 가지며 서로를 격려한 것으로 알려져 있다. 이들은 비밀히 호주의 젊은 선교사 서덕기(J. Stuckey) 선교사의 집에서 회집하고 앞으로 신사참배 반대운동에 대한 대책을 협의하기도 했다. 이 점에 대해서는 필자가 호주 유학 기간 중 서덕기 선교사에게 직접 들은 바 있다.

신사참배를 반대하던 이현속 전도사는 결국 1940년 8월 19일, 배돈병원에서 체포되었고, 사천경찰서를 거쳐 1941년 3월 14일에는 최상림 목사와 함께 부산으로 압송되었다. 경남 도경찰부는 만원이어서 이현속은, 황철도, 최상림, 주남선, 최덕지, 김점용 등과 함께 남부경찰서 유치장에 수감되었다.

1941년 일본이 진주만을 습격하고 대동아 전쟁이 발발하자 시국은 하루가 다르게 심각해졌다. 교회에 대한 감시와 탄압도 심화되었다. 이현속은 다른 신자들과 함께 1941년 7월 11일 부산을 떠나 평양으로 압송되었다. 이날 방계성, 안이숙, 이광록, 이인재, 주기철, 최권능 등 신사불참배론자들을 만날 수 있었다.

이현속은 그의 아버지처럼 체격이 작고 왜소했다. 그는 건장한 일경들의 고문과 구타를 견뎌내기 힘들었다. 감옥 안에서도 그의 양손은 뒤로 묶여 있었다. 이런 소식을 접한 부인 홍선이 사모는 감옥에 있는 남편을 생각하면서 수면시간을 줄이고 추운 겨울에도 이불을 덮지 않고 기도와 찬송에 전념하던 중 1943년 7월 14일, 옥중의 남편 보다 먼저 세상을 떠났다. 이현속 전도사는 아내의 장례도 치를 수 없는 형편이었다. 그래도 그는 믿음을 지키려는 일념으로 인간적인 슬픔을 억누르며 믿음의 선한 싸움을 계속했다. 이런 가운데 그의 몸은 부서지고 육신은 극도로 쇠약해 져 갔다. 결국 그는 1945년 4월 병보석으로 가석방 되어 주기철 목사의 부인 오정모 여사의 집에서 기거하면서 한상동 목사의 부인 김차숙과 오정모 여사의 간호를 받았다. 곧 몸이 회복되자 이현속은 평양형무소에 재수감되었다. 그로부터 한 달 뒤인 1945년 5월 23일, 이현속 전도사는 건강을 회복하지 못하고 옥중에서 순교하였다. 필자가 호주에서 유학할 때 이현속과 함께 배돈병원에서 일했던 서덕기(Jim Stuckey) 선교사는 이때의 상황을 자세히 이야기

해 주었다. 김차숙, 오정모 두 여성은 이현속의 시신을 거두었고 장례
는 산정현교회 교회장으로 엄숙하게 치러졌다. 시신은 평양 돌박산 기
독교공원묘지에 안장되었다. 이곳은 주기철 목사, 최상림 목사가 묻힌
순교자의 장지이기도 했다.

## 22. 조용학 1904-1940
### 신사참배 반대로 순교한 첫 교회 지도자

결혼 당시의 조용학 영수와 신차영 사모.
조용학 영수는 신사참배거부로 순교한
이 지방 첫 순교자였다.

조용학(趙鏞學, 1904-1940) 영수는 신사참배 문제로 순교한 첫 인물이지만 우리에게는 잊혀진 인물이다. 경남 양산에서 출생한 그는 경남성경학교에서 수학하고 경남의 울산, 언양, 반송교회에서 전도사로 봉사했다. 후에는 경상남도 김해군 진영읍으로 이거하여 교회를 설립하고 영수로 봉사하던 중 신사참배를 반대하였다. 이 일로 체포된 그는 일경의 고문을 받고 1940년 8월 14일 순교자의 길을 갔다. 그는 어떤 분이었고 어떤 삶을 살았을까?

조용학 영수는 1904년 7월 13일 경상남도 양산군 양산면 중부동 354번지에서 한학자인 조영규와 부인 곽수정 사이에서 3남매 중 차남으로 출생했다. 그의 조부는 양산에서 활동했던 유명한 한의사였다. 그의 아버지는 한학을 깊이 연구하신 한학자였고, 개화기에 양산보통학교에서 수학한 후, 독학으로 서양 문화를 익히신 독서가로 알려져 있다. 그러나 그는 일찍 세상을 떠나 조용학은 홀어머님 밑에서 성장하여 양산보통학교를 졸업했다. 1921년에는 함열(咸說, 1880-?) 목사를 통해 예수를 믿게 되었고, 양산읍교회(현 양산교회)에 출석하기 시작했다. 함열목사는 평북 의주출신으로 숭실중학교를 거쳐 평양신학교를 9회로 졸업하고 왕길지 목사와 동사목사로 동래 수안교회와 부산진교회에서 봉사했다(1917. 9-1919. 10. 24). 1920년 1월에는 양산읍교회로 이동했는데, 이때 조용학과 그 모친이 전도를 받게 된 것이다. 조용학은 1922년 7월 23일에는 모친과 함께 함열목사에게 세례를 받았다. 곧 함열목사는 교회를 사임하고 만주선교사로 가셨고 후임으로 주기철 전도사가

부임했다. 이 때 조용학은 주기철로부터 신앙지도를 받고 그의 천거로 경남성경학교에 입학하였다. 그는 손양원, 이승원 목사와 비슷한 시기에

조용석, 신차영의 결혼식
(중앙이 주례자인 주기철목사)

경남성경학교에서 공부하면서 친분을 갖게 된다.

양산교회에 시무하던 주기철은 평양신학교를 졸업하고 1926년 1월에는 부산 초량교회로 이동하게 되는데, 이때 주기철목사는 조용학을 잊지 않고 그 교회 신상익(慎相翼) 장로의 차녀인 이화학당 학생 신차영을 중매하였다. 신상익은 동경유학생 출신으로 부산서 일본인의 전도 강연을 듣고 회심하게 되었다고 한다. 신차영은 동래 일신여학교를 졸업하고 상경하여 정신여학교에서 수학하고 이화여전에서 공부하고 있었다. 그가 초량교회에서 세례 받은 때는 1923년이었다. 당시 조용학은 양산교회 청년 집사로서 양산군청에 근무하고 있었다. 이들이 나눈 편지와 당시 일기가 남아 있다. 이들은 1927년 12월 3일 주기철목사 주례로 결혼했다.

조용학이 경남성경학교를 졸업한 것은 1928년 3월 7일이지만 이보다 앞서 호주선교부 부산시찰로부터 파송을 받아 1926년부터 울산, 언양, 반송 등 세 지역교회 순회 전도사로 일하게 되었다. 전도사로 일하던 1927년 당시 일기가 남아 있는데 당시 그의 사역과 활동을 헤아려 볼 수 있다.

조용학은 1929년 이후 제기된 신진리파 운동에 연류된 일곱분의 조사가 경남노회로부터 파문을 당하는 '7조사 사건'(이단으로 간주된 백남용 목사를 초청한 김해 대지교회 사경회에 참석한 7조사가 경남노회로부터 파면 당한 사건)을 경험하고, 실의에 빠져 전도사직을 그만 두고 염색공장을 차리고 사업을 시작했다. 돈을 벌 목적보다는 조만식의 물산장려운동에 동참한다는 뜻이 컸다고 한다. 이 당시 그는 주시경의 한글 맞춤법 연구와 보급운동을 전개하기도 했다.

그 후 장인 신상익 장로와 함께 경남 김해 인근 지역인 진영으로 이주하여 가정에서 진영읍교회를 설립하고 약 10여년 간 영수로 혹은 담임 교역자로 일했다. 1936년부터 신사참배가 요구되었고, 1938년 평양 장대현교회에서 모인 조선예수교장로회 총회는 비록 강압에 의한 것이라 할지라도 신사참배를 가결하기에 이르렀다.

이런 상황에서 조용학은 신사참배 강요의 부당성을 지적하고 이에 대해 반대하는 설교를 했다. 이 일로 감시를 받게 된 그는 여러 차례 김해경찰서 진영지서로 연행되었고, 심지어는 설교 도중에 연행되기도 했다. 고등계 형사는 감히 대 일본 제국을 반대하는 자가 있다며 구두를 신은 채 예배당에 들어와 설교하던 그를 연행했다고 한다. 그 한 사람의 형사가 김정대라는 이름의 한국인이었다고 한다. 갖은 회유와 박해에도 불구하고 신사참배 거부 의지를 포기하지 않았던 조용학은 1940년 8월 제3차 예비 검속 때 김해경찰서에 끌려가 고문과 구타를 당했다. 의식을 회복하지 못하자 가족에게 인계되었는데, 이때는 머리(頭部)에 입은 손상으로 거의 혼수상태에 빠져 있었다. 부산 철도병원에 입원했으나 약 1주일이 지난 1940년 8월 14일 정오에 두부손상과 의식불명으로 세상을 떠났다. 그날이 막내 조윤제가 출생한 날이었다. 그는 노모와 아내, 그리고 어린 6남매를 두고 순교자의 길을 간 것이다.

그는 투옥 중 검도연습고문을 당했고, 검도로 내리쳐 두부가 깨어져 혼수상태에 빠진 것으로 알려져 있다. 두개골이 심하게 손상되었음에도 불구하고 일본인 의사는 기민성뇌막염(嗜敏性腦膜炎)이라고 기록했다. 그가 남긴 1940년 3월 3일자 일기에서는 '암흑의 때' 라는 시를 남기고 있는데, 일본에 주권을 빼앗긴 우리의 암담한 현실을 탄식하고 있었다. 그는 그 탄식을 안고 순교자의 길을 간 것이다.

　조용학 영수는 손양원 등 당시 다수의 목회자들과 마찬가지로 무교
회주의자들의 글을 탐독했다. 또 김교신(金教臣), 일본인 야나이하라
(矢原忠雄) 등과 교제하기도 했다. 조용학은 김교신의『성서조선』, 우
치무라 간조(內村鑑三)의『성서연구』의 정기독자이기도 했고 야나이
하라가 발행했던『가신(架信)』, 최태용의『천래지성(天來之聲)』도 즐
겨 구독했다. 야나이하라는 그의『가신』1940년 8월호에 기고한 '해
운대에서' 라는 제목의 권두문에서 조용학 영수의 순교를 애도했다.
그는 "뇌손상이라는 이야기가 나옵니다. 할머니 말씀으로는 검도복
에 일본 죽도를 사용하여 두개골을 내리치고 예비검속 구속 수사를
받을 때 마다 항복 할 줄 모르는 영수님은 반복적으로 무려 38년 신
사참배 가결과 해방 5년 전 1940년 8월 순교하신 기간 사이 장기간
에 걸쳐 당한 고난의 여정을 생각하면 울분을 금할 수 없습니다."라
고 썼다. 김교신 또한 그의 죽음에 대해 애도했다.『김교신전집 7권』
(日記 3)에 게재된 1940년 9월 6일자 일기에서 김교신은 조용학의 죽
음에 관하여 다음과 같은 기록했다. "경남 진영 고 조용학씨의 미망인
으로부터 그 부군 별세의 상보를 받고 통석(痛惜) 불금(不禁)하다. 또
한 그렇게까지 야나이하라 선생의 도선(渡船)을 기다리다가 꼭 십일을
못 기다리고 별세한 것도 한스러운 일. 그 편지 일절에, '... 야나이하
라 선생님이 부산에서 강연하시면서 부산에 와서 진영 역전 조용학이
를 만나 볼 것을 큰 희망으로 했더니, 죽었다는 전보 받고 섭섭하다 하
시면서 조용학 제씨(弟氏) 주소를 물었다는 말을 들었습니다. 고 조용
학, 야나이하라 선생을 너무도 사모했습니다. 그 선생님이 조선에 오셨

다니 처된 저로서는 한층 더 슬픕니다. 그다지도 고대하던 선생을 만나 뵈옵지 못하고 애석하게도 떠나고 말았음을 한없이 서러워 하옵니다. ..."

조용학은 외유내강한 성격의 인물이었고, 그에게는 옳고 그름이 분명했다. 그의 가족은 그의 싸움은 계란으로 바위치기라며 중단할 것을 요구했다. 또 거짓으로 전보를 쳐 부산으로 오게 하기도 했으나 그의 의지를 돌이키지 못했다. 조영학 영수가 남긴 글을 보면 문체가 뛰어나고 글씨 또한 명필이었다. 그의 읽기 도처에 언급되고 있는 독서와 사색의 흔적을 보면 학식을 겸비했음을 알 수 있다. 그의 일기에서는 새벽기도 전에 냉수마찰을 하고 기도 후에는 성경을 읽었다고 적고 있다. 1927년 1월 24일자 일기를 보면, "오늘 아침은 잠 마귀에게 사로잡혔다. P형도 와서 오늘 아침은 잠에 포로가 되었다고 한다. 밥 먹으라는 독촉이 있었으나 영을 굶긴 육은 벌주기를 멈추지 않았다." 이 기록을 보면 새벽기도를 제대로 하지 못한 날은 금식하였던 것으로 보이는데, 이런 영성이 그를 좌로나 우로 치우치지 않게 한 힘이 아니었을까?

## 23. 최덕지 1901-1956
### 신사찬배 거부자, 신앙 애국 운동가, 재건교회의 중심인물

　경남지방에서 신사참배를 반대하고 투쟁했던 인물 중에 대표적인 여성은 최덕지(崔德智, 1901-1956) 여사였다. 그 외에도 여성으로서 신사참배를 거부하며 투쟁했던 인물 중에 김소갑숙, 김야모, 김영숙, 박인순, 염애나 등이 있지만 최덕지 전도사는 심사참배 거부운동에 있어서는 지도적 인물이었다. 신사참배를 거부한 그의 행적은 가히 전설에 가까울 정도로 용맹스런 것이었다. 그와 함께 수형생활을 했던 안이숙 여사도 최덕지 전도사의 두려움 없는 투쟁을 높이 칭송했다. "여성으로서 어쩌면 그렇게 강력하고 동요가 없을까? 그는 기적 중의 기적의 여인이요, 용사 중의 용사다. 그의 의지는 반석과 같고 그의 충직은 강철 같았다. 살이 찢기고 피가 엉기는 고문은 오히려 그에게 용기와 승리를 느끼게 하고, 그의 신앙의 의지를 관철시키려 하는 데는 인간적인 것은 있을 수 없었다. 마광(摩鑛)한 강철 같은 그의 신앙태도는 그의 의지의 강력함을 발휘하고 그 속에 담긴 용사 같은 신앙을 선포한다. ...여호와의 지성(至聖)하시고 지의(至義)하시고 지존(至尊)하시고 지진(至眞)하신 모습을 그는 여실히 그의 몸으로 설명하고 있다. 아 용사여!"[35]라고 썼다. 최종규 목사는 최덕지 목

---

35) 안이숙, 『죽으면 죽으리라』, 428-429; 최종규, 『이 한목숨 주를 위해』(도서출판 眞書川, 1981), 10, 208; 이두옥, "신앙의 투사, 최덕지 목사," 『역사의 증언 3』(대한예수교장로회 재

가운데 줄 왼쪽에서 2번째 태매시 선교사, 3번째 최덕지 전도사,
뒷줄 왼쪽에서 4번째 김차숙(한상동 목사 부인)
앞줄 오른쪽에서 2번째 염애나 선생 (1936. 7)

사 전기, 『죽으면 죽으리라』에서 최덕지는 '북방의 얼음산'과 같다고
비유했다.[36] 눈에 보이는 부분은 전체의 7분지 1에 해당하고 나머지 7
분의 6은 수면에 감추어 있듯이 최덕지 목사의 크기와 인격을 측량할
수 없다는 의미였다.

최덕지는 1901년 6월 25일(음) 경남 통영군 항남동에서 최익문과 김
처녀의 외동딸로 출생했다. 아버지는 불신이었으나 통영 대화정교회
(현 통영교회) 출석하던 어머니를 따라 교회에 출석하기 시작한 최덕
지는 주일학교 교육을 받으며 성장했다. 최덕지가 9세가 되던 해에 아
버지도 교회출석하기 시작하여 대화정 교회 집사가 되었다. 최덕지는
1912년 4월 호주선교사가 설립한 초등학교 과정인 진명여학교에 진학

---

건교회 총회, 2003), 225.

36) 이두옥, 225.

하여 공부하며 기독교 신앙에 충실하게 성장했다. 그러나 1915년 어머니를 여의는 아픔을 경험했다. 진명여학교를 졸업한 그는 마산의 의신여학교 고등과에 진학했다. 그해, 곧 1916년 9월에 최상림 전도사가 대화정 교회에 부임하였다. 부임한 최 전도사는 최익문씨 집 윗층에서 살았으므로 두 가정은 친밀하게 교제하게 된다. 이 때 최덕지는 만 15세의 아동으로 최상림의 신앙 지도를 받게 된다. 최상림 조사는 대화정교회에서 3년간 시무하고 1919년 7월 고성교회로 옮겨가게 되지만 최덕지에게는 신앙적으로 가르침을 받는 소중한 기간이었다.

최덕지는 마산의 의신여학교에서 수학했으나 아버지의 병간호 때문에 졸업하지 못했다. 그러나 호주 선교부는 이런 사정을 감안하여 통

신사참배 반대하여 투옥되어 있던 중 해방과 함께 1945년 8월 17일 출옥한
교회 지도자들, 앞줄 왼쪽끝이 최덕지 전도사 (1945. 8. 18)

영의 진명유치원의 보모로 채용해 주었다. 진명유치원은 호주선교부가 1911년 설립된 유아교육 기관이었다. 통영에서 일하면서 다시 대화정교회에 출석하기 시작했을 때가 1919년 9월이었다. 민족의식이 강했던 최덕지는 이해 10월에 통영애국부인회 서기로 활동했고, 1922년 1월에는 대화정교회 집사가 되었다. 그해 4월에는 대화정교회 여전도회 회장이, 1925년 4월에는 기독청년회 회장으로 피선된 것을 보면 지도력을 인정받았음을 알 수 있다. 이런 신앙여정에서 최덕지 여사는 하나님에 대한 깊은 신앙과 조국과 민족에 대한 의식을 함양하게 된다.

최덕지는 20세가 되던 1920년 일본 메이지(明治)대학 법학과 유학생이었던 김정도(金正道)와 결혼했다. 김정도는 경남 고성군 거류면 은월리 출신으로 은월교회 김명광(金明光) 영수의 아들이었다. 마산 창신학교를 졸업하고 일본으로 유학 갔던 청년이었다. 이들은 창신학교 교장이었던 호주 선교사 맹호은 선교사의 주례로 대화정교회에서 결혼했다. 그러나 남편은 유학 중이었음으로 결혼 4년 후에 첫 아이 혜수(惠秀)를 얻었다. 일본으로 돌아가 공부하던 남편이 귀국했으나 장질부사로 1924년 9월 24일 사망했다. 최덕지의 가정생활은 행복하지 못했다. 그러나 믿음 가운데 이를 이겨내며 1925년 봄 통영 변두리 도천리에 유치원을 설립하고 야학을 여는 등 신앙 애국운동을 전개했다. 1927년 10월에는 대화정교회가 유치원을 설립하면서 최덕지 선생을 초빙하여 동부유치원 설립과 교육에 참여하게 된다. 유치원 교육에 종사하면서 1928년 9월에는 통영 근우회(槿友會) 회장으로 피선되었다. 신간회(新幹會)가 남자 중심의 민족운동 단체였다면, 근우회는 민족운동 단체이자 여성의 단결과 지위 향상을 위한 조직으로 1927년 김활란, 유각경, 황신덕 등이 중심이 되어 결성된 단체였다. 동부유치원에서 일했던 최덕지는 호주선교부 신애미(Amy Skinner)의 요청으로 호주선교부가 운영하던 진명유치원으로 옮겨가 보모로 일하게 된다. 이때가 1930년 4월이었다. 최덕지가 진명 유치원으로 옮겨가게 되자 동경보육전문학교 출신인 최봉선은 동부유치원으로 가 봉사하게 된다.

진명유치원에서 일하던 중 신애미 선교사는 최덕지의 믿음과 애국의지를 보고 그를 평양여자신학교에서 공부하도록 주선하여 1932년 4월 이 학교에 입학했다. 33세 때였다. 이곳에서 2년간 수학하면서 교회사를 가르친 윤필선, 선지서를 가르친 김인준에게 많은 감명을 받았다고 한다. 교회사를 통해 기독교 박해와 순교의 역사를 배우고, 선지서를 통해 선지자적 신앙을 체득한 것으로 보인다. 평양에 체류하는 동안에는 산정현교회에 출석했다. 최덕지는 1935년 4월 제22회로 졸업하고 태매시(Maysie Tate) 선교사의 주선으로 호주선교회 마산지방 순회전도사로 파송되었다. 당시 호주선교부 마산지부는 합포만이 내려다 보이는 노비산에 있었는데, 선교부 바로 밑에 의신학교가 자리하고 있었다. 최덕지 전도사는 호주 선교부와 깊은 관련이 있고, 특히 태매시 선교사와의 관계는 우의 이상의 신앙적 결속으로 깊은 유대 관계를 유지했다. 태매시 선교사는 동료 선교사들로부터 지나치다고 원성을 들었을 만큼 신사반대자들을 지원하고 격려했다. 최덕지 전도사가 순회한 지역은 호주선교부의 마산지부 관할 지역인 함안, 칠원, 의령 지역이었고 관할 교회는 80여개에 달했다. 이 기간동안도 최덕지는 태매시와 동역하게 된다. 비교적 양질의 신학교육을 받았던 그는 호주 선교부에 의해 시작된 진주의 여자성경학교 교사로 임명받기도 했다.

최덕지 전도사가 순회전도사로 일하기 시작하면서 한국교회는 신사참배 강요라는 시련에 휩싸이기 시작한다. 동경제국대학 법과대학 독법과(獨法科) 출신으로 대만총독부 문교국장(1932-1935)을 역임하고 1935년 4월 평안남도지사로 부임한 야스다케 타다오(安武直夫)는 군국주의적 인물이었다. 그는 공식적으로 기독교 학교에 신사참배를 요구한 첫 인물이었다. 평양에서 시작된 시련은 전국으로 확산되었다. 특히 1936년 8월 미나미 지로(南次郎, 1874-1955)가 제7대 총독으로 부임한 이후 교회에도 신사참배가 강요되기 시작했다. 미나미는 조선총독이라는 절대 권력을 노골적으로 행사한 인물인데, 만주사변 당시 육군대신이었고, 그 후 관동군 사령관 겸 특병전권대사를 역임한 군국주의자였다. 그는 신사참배를 황민화정책의 최우선 정책으로 보고, 황국신민서사 제창, 궁성요배, 일장기 게양도 요구했다. 그의 부임과 함께 신사참배는 한국교회가 직면한 가장 중요한 현안으로 부상했다. 시국은 시시각각으로 변하고 있었다.

최덕지 전도사 또한 이런 시국에서 결단하지 않으면 안 되는 상황에 직면했다. 신사참배 문제에는 타협의 여지가 없었다. 그는 신사참배 요구에 반대했고 이때부터 반대의지를 천명하고 가르쳤다. 그의 순회 전도 여정은 반대운동이었다. 1938년 9월 10일 장로교 제27차 총회가 신사참배를 결의했을 때 그는 이 결의에 저항했다. 그는 한상동 목사와 접촉하고 자신의 순회지역에서 반대운동을 전개할 뿐만 아니라 여성 반대자들을 집결하고 격려했다. 태매시 선교사는 이 일의 후원자였다.

1940년 3월 5일 부산 항서교회에서 모인 경남노회여전도회 연합회에서 최덕지는 회장으로 선임되었다. 신사참배 강요를 막아내기 위해서는 그가 회장이 되어야 한다는 중지가 모아져 그를 회장으로 선임한 것이다. 그해 4월 9일 최덕지는 마산경찰서에 구금되었다. 1차 구속이었다. 일제는 무인가학교라는 이유에서 진주여자성경학원을 폐쇄하고 문을 닫게 했으나 최덕지는 개학을 단행하고 기도회를 열게 하는 등 신사참배 강요에 저항하다가 체포된 것이다. 경찰서에서 17일간 구금되어 조사를 받고 4월 26일 석방되었다. 그해 6월 초순에 다시 김을도(金乙道) 형사에 의해 검거되었다. 2차 투옥이었다. 이때 최덕지 전도사는 21일 간 금식하며 저항했다. 그의 몸이 극도로 쇠약해 지자 석방했다. 1941년 1월 중순에 다시 진주경찰서에 구속되었다. 제3차 구속이었다. 이때에도 12일간 금식하며 투쟁했다. 진주경찰서는 그를 경상남도 경찰국으로 이송하였다. 이 때 취조한 한국인 고등계 형사가 하판락(河判洛, 1912-2003)이었다. 하판락은 일본식 河本判洛 혹은 河本正夫으로도 불렸는데, 고문귀 고문왕으로 불릴 만큼 악랄한 고문 경찰이었다. 이때 얼마동안 구금되어 있었는가는 분명히 알 수 없다.

신사참배를 거부했던 그는 구속과 석방을 반복하다가 1942년 1월 초 부산을 떠나 평양으로 이송되었다. 이날이 주일날이었다. 이 날의 여행을 주일을 범하는 일이라고 본 최덕지 전도사는 완강히 거부하였으나 강압에 의해 평양행 열차를 타고 이송된 것이다. 그날 같이 평양으로 이송된 손명복 전도사의 증언에 의하면, 최덕지는 성수주일하지 못했다고 평양에 도착할 때까지 울었다고 한다. 최덕지는 옥중에서도 정한 시간에 기도하고 예배드리는 등 신앙생활에는 한치의 양보도 없었다. 그는 평양 감옥에서 해방을 맞았고, 그해 12월 김영숙 전도사의 안내로 월남했다. 부산으로 돌아온 그는 부흥집회를 인도하며 회개운동을 전개했다.

그는 비록 한상동 목사 등과 의견을 같이 하며 신사참배에는 강하게 반대했으나, 해방 후 교회 재건 방식에 있어서는 현격한 차이를 보여주었다. 그는 완전주의적 교회관에 기초하여 신사참배를 수용했던 기성 혹은 기존의 모든 조직을 거부했다. 교회당 건물마져 마귀당이라고 규정하고 불태웠다. 제일문창교회 이금도 원로목사의 증언에 의하면,[37] 최덕지 전도사는 함안 광명리교회서 집회를 인도한 일이 있는데, 함안군 신자들이 거의 다 모였을 정도로 성황이었다고 한다. 그런데 그 교회가 신사참배 한 교회라는 점에서 교회당을 불태우고 논바닥에서 집회를 했다고 한다. 이런 일은 과격하다고 보아 함안지방 신자들은 거의 재건교회로 넘어가지 않았다고 증언했다. 이런 재건교회의 완전주의적 교회관은 재건교회의 3대 주의와 5대 강령에 암시되어 있다. 재건교회는, 한상동의 방법이 "안으로 들어가 건지자"는 주의라면 재건교회는 "밖에서 불러내자"는 것이라고 주장한다.

최덕지 전도사는 경남지방을 중심으로 부흥집회를 인도하며 회개운동을 전개하였고, 1942년에는 재건 부산교회를 설립했다. 이것이 소위 재건교회의 시작이었다. 1948년 2월 18일 기장면 대변리의 대변교회에서 30여 교회 50여 명의 대표가 회집하여 예수교장로회 재건

---

37) 창원시 마산 회원구 회원 2동 629-5에서 2011년 8월 17일 증언,

교회 중앙위원회를 조직했는데, 독립된 교단으로서의 재건교회의 공식적인 출범이었다. 이때 재건교회의 정신 혹은 이념이라고 할 수 있는 3대 주의와 5대 강령을 제시했는데, "여호와께만 충성하자, 철두철미 회개하자, 깨끗한 성전을 지어 바치자"가 3대 주의였다. 5대 강령은, "한국교회를 완전 재건하자, 마귀당은 일절 버리자, 불의와 위선에는 절교하자, 우상은 일절 타파하자, 너도 나도 재건운동자가 되자."였다.

최덕지 여사는 재건운동과 재건교회의 실제적인 지도자였다. 1951년 4월 3일에는 목사로 장립을 받았다.[38] 재건교회는 여성 임직을 합법화할 필요가 있었으므로 헌법기초위원을 구성하고 1954년 3월 9일 예수교 재건교회 남한 지방회 제3회 정기총회에서 여장로, 여집사만이 아니라 여목사도 허락하기로 가결하였다. 이로서 재건교회는 한국 교회 사상 처음으로 모든 직분에 있어서 남녀 동등권을 인정했다.[39] 여성임직 문제는 재건교회 내부에서도 이견이 있었고 결국 이 문제로 재건교회는 여권파와 반여권파로 분열하는 아픔을 겪기도 했다.

최덕지 목사는 분명한 여권론자였다. 그는 사도행전 설교에서, 성령은 모든 벽을 허물었는데 성령 안에서는 남자도 여자도 구별이 없다고 하면서 성직에 있어서도 동일하다는 여권론을 제창했다. 우리나라에서 여성의 권리, 혹은 여권을 제창한 첫 인물은 호주의 미혼 여선교사였던 거의득(Edith Kerr)이었다. 호주에서 신학사(BD, 한국의 MDiv) 학위를 수득한 첫 여성으로 알려진 거이득 선교사는 이미

---

38) 최종규, 122. 최덕지 전도사는 예수교 재건교회 중앙위원회 제6회 정기총회에서 당시 총회장이었던 강상은 목사에 의해 목사로 장립되었다. 강상은 목사는 "여자에게 목사 주는 것이 아니라 최덕지 선생에게 준다"고 말했는데, 여성임직 문제가 신학적으로 선명하게 처리되지 못했음을 암시하고 있다.

39) 최종규, 124.

1920년대 여성임직을 주장한 바 있고, 호주로 귀국한 이후에도 동일한 주장을 폈다. 그렇다고 해서 최덕지의 여권론은 거이득의 영향이라고 볼 근거는 없다.

해방 후 10여년 간 재건교회의 지도자로 활동해 온 최덕지 목사는 1956년 5월 13일 하나님의 부름을 받았다. 이기선 목사의 혁신복구파가 북한에서 재건교회와 같은 교회운동을 전개했다면, 최덕지는 경남 일우에서 이 일을 했고, 이 지방에서의 재건교회 형성에 지울 수 없는 자취를 남겼다.

## 24. 한상동 1901-1976
### 목회자, 신사참배 거부 운동가, 고려신학교 설립자

    경남지역 목회자이자 신사참배 거부자였고, 해방 후에는 고려신학교를 설립하여 교수 혹은 학장으로 봉사해 온 한상동(韓尙東, 1901-1976) 목사는 1901년 7월 30일 경남 김해군 명지(鳴旨)에서 한재훈(韓在勳)과 배봉애(裵奉愛) 사이에서 4남 4녀 중 4째로 출생했다. 1906년 그의 나이 5세 때는 5촌 당숙인 한금출씨의 양자로 입적하였다.

한상동 목사와 고신교회 지도자들, 뒷줄 왼쪽에서 시계방향으로 이인재, 한상동, 한명동, 윤봉기, 오종덕, 박손혁, 황철도 목사

서당에서 한문을 수학하며 성장한 그는 1910년에는 부산시 사하구 다대포에 위치한 실용학교(實用學校)에서 수학하였고, 1916년 이 학교를 졸업한 그는 동래고등보통학교에 입학하였으나 수학하지는 못했다. 1918년에는 실용학교 교사로 부임하였다. 그가 만 20세기 되던 1921년 5월 31일에는 동래군 기장면의 김두천의 장녀인 김차숙(金次叔)과 혼인하였다. 인간의 삶의 문제로 고심했던 그는 박창근(朴昌根) 전도사의 전도를 받고 1924년 4월경부터 다대포교회에 출석하기 시작하였다. 이듬해 3월 세례를 받는 그는 조상제사를 거부한 일로 심한 핍박을 받았고 결국 2년 후인 1926년 한씨 문중에서 파양선교를 받게 된다. 당시 자식이 없는 가정이 양자를 삼는 것은 선조 제사를 위한 것이 중요한 목적이었는데 한상동은 제사 자체를 인정하지 않았으므로 더 이상 양자로 삼을 이유가 없었던 것이다.

가족과 문중에서 쫓겨난 한상동은 호주선교사의 주선으로 1927년 진주 광림(光林)학교 교사로 부임하게 된다. 광림학교는 호주선교부에 의해 1906년 설립된 초등학교 과정의 학교로서 당시 재학생은 약 100여명 정도였고 교사는 7-8명 정도였다.[40] 이 광림학교는 호주선교부가 설립한 시원(柴園)여학교와 더불어 진주지역의 기독교 교육기관이었다. 당시 교장은 예원배(Albert Wright, 체한기간 1912-42) 선교사였다. 노진현(盧震鉉)은 이 학교에서 함께 일했던 동료 교사였다. 한상동은 비록 광림학교 교사로 일했으나 그것이 그의 생애 궁극적인 목표는 아니었다. 목사가 되기로 작정했던 그는 1년 6개월간의 교사 생활을 정리하고 1928년 서울에 있는 피어선 고등성경학교에 입학하였다. 피어선고등성경학교는 피어선박사(Dr. A. T. Pierson)를 기념

---

40)　노진현,『진실과 증언』(도서출판 하나, 1995), 16.

하기 위해 1911년 설립된 학교로서 장로교와 감리교가 공동으로 경영하던 학교였다. 그러나 예기치 않는 폐결핵으로 학업을 중단하고 낙향하여 지내던 중 경남 부인전도회의 주선으로 1928년 6월 경남 고성군 학동(鶴洞)에 전도자로 파송되었다. 당시 경남부인전도회 회장이 주기철 목사의 부인인 안갑수 여사였다. 한상동 전도사는 학동에 김석진(金錫珍)의 후임으로 파송된 것이다. 이것이 최초의 목회였는데, 이곳에서 결신자를 얻게 되어 예배당을 신축할 수 있게 되었다고 한다.[41] 그 후 그는 경남 하동군 진교면 소재리로 가서 일했다. 그 결과로 1931년 진교교회가 설립되었다.

### 목회자로의 부름

건강을 회복한 한상동은 1933년 평양의 장로회신학교에 입학하여 3개년의 과정을 마치고 김진홍, 방지일, 이유택 등과 함께 1937년 제32회로 졸업하였다. 졸업과 동시에 부산 초량교회 전도사로 부임하였다. 초량교회는 1893년에 설립된 교회로서 부산진에 위치한 부산진교회와 더불어 한강 이남에서 가장 오래된 교회였다. 당시 담임목사는 이약신(李約信) 목사였는데, 그는 1931년 8월 이래로 초량교회에서 시무하고 있었다. 이약신은 호주장로교(PCV, The Presbyterian Church of Victoria) 백주년 기념대회의 초청을 받고 1937년 5월 7일 부산을 떠나 멜보른으로 가게 되었고,[42] 약 6개월간 한국을 떠나 있었기 때문에 한상동은 임시교역사로 청함을 받았다고 볼 수 있다. 이약신 목사의 부재중에는 매견시(N. Mackenzie) 선교사가 임시 당회장으로 위임되었다. 이 당시의 한상동 전도사의 목회에 대해서는 별로 알려진

---

41) 초량교회 제28회 당회록(1929. 9. 5).

42) 이효재, 『아버지 이약신목사』(정우사, 2006), 137ff.

것이 없다. 초량교회에 부임한 그는 1937년 5월 제39회 경남노회에서 초량교회 강도사로 받아 드려졌고,[43] 그해 12월 7일 항서교회에서 소집된 경남노회에서 9일 저녁 7시 목사안수를 받았다.[44] 이날의 안수식에 대해 경남노회록에는 이렇게 보고하고 있다.

> 동일 오후 7시에 본 로회가 전기 장소에서 계속회집하여 회장이 찬송가 32장을 인도 합창하고 박창근 목사의 기도로 강도사 한상동씨의 목사장립식을 거하다. 리운형 목사가 성경 요한복음 21장 15-19절까지 낭독하고 "목사의 삼단성애"란 제목으로 강도한 후 회장이 한상동 강도사에게 서약문답을 행한 후에 안수 기도를 행하고 임학찬 목사가 누가복음 22장 60절로 62절가지 낭독하고 목사를 권면한 후 청빙수여와 회장의 축도로 한상동 목사 장립식을 필하다.[45]

이약신 목사가 한국을 떠난 1937년 5월 이후 한상동은 강도사 혹은 목사로서 교회 전반의 책임을 맡았다. 그러나 한상동은 목사 안수와 함께 마산문창교회 위임목사로 청빙을 받고 곧 마산 문창교회목사로 이동하였다. 주기철 목사가 평양산정현교회로 이동하자 그 후임으로 가게 된 것이다. 한상동 목사의 위임식은 1938년 1월 6일 거행되었다. 문창교회는 1903년 호주 선교사였던 아담슨(A. Adamson)선교사

4 3) 조선예수교장로회 경남노회 제39회 회록(수기본), 24.

4 4) 심군식은 한상동은 1938년 3월에 목사 안수를 받은 것으로 기록하고 있으나 오기이다. 심군식, 『세상 끝날까지』(1977), 116.

4 5) 경남노회 제40회 회록(수기본), 33-34.

의 전도로 시작된 마산지역 최초의 교회였고 한석진, 함태영 목사 등 유수한 목회자가 일했던 교회였다.

한상동 목사의 문창교회에서의 사역 기간은 길지 못했다. 이때는 신도국가주의가 고양되기 시작한 시기로서 그의 목회에는 영적 전운이 짙게 드리워지고 있었다. 당시 일제는 신사참배를 강요하였다. 한상동은 문창교회 위임목사가 된지 꼭 두 달 후인 3월 6일, "삼대 탄식"(三大歎息)이라는 제목의 설교를 통해 "하나님이 선의로 창조한 만물을 국가가 악의로 사용하기 때문에 모든 만물이 탄식한다."고 설교하고 신사참배를 공개적으로 반대했다. 이 일로 한상동 목사는 사퇴 압력을 받았고, 부임한지 불과 7개월 후인 7월말에 문창교회를 사

고려신학교가 시작된 구 일신여학교(현 금성중고등학교) 교사
(녹색지붕 붉은 벽돌 건물)

임하였다.[46)]

1938년 9월 장로교 제27차 총회에서 신사참배안을 가결하게 되자 한상동은 신사참배 반대운동에 헌신하게 된다. 문창교회를 사임한 그는 부산으로 돌아와 침거하면서 은밀하게 신사참배 반대운동을 전개하였고, 1939년 10월에는 밀양 마산리교회로 가서 약 2개월간 시무하였다. 이곳에서 일하면서 경남지역에서의 신사불참배운동을 조직화하고 이를 통해 새로운 교회조직을 계획하였으나 주기철 목사는 시기상조라는 이유로 반대했다. 한상동은 최상림, 손명복, 이인제, 조수옥, 최덕지 등과 함께 이 지역에서의 신사참배 반대자들을 규합하고 교회와 성도들에게 신사참배행위는 범죄행위임을 인식시키고자 힘썼다. 신사참배를 반대하는 운동이 조직화되어 가자 일제는 소위 '일제검거'라는 이름으로 모든 지도자들을 검속하였다. 결국 한상동 목사도 1940년 7월 3일 체포되었고 해방되기까지 5년간 평양감옥에 투옥되었다.

## 고려신학교의 설립과 교회쇄신운동

해방과 함께 8월 17일 밤 12시 경 석방된 그는 출옥한 동료 지도자들과 함께 평양에서 교회재건운동을 전개하였다. 그러나 공산주의자들의 교회 탄압을 보고 월남을 결심하고 1946년 3월 월남했다. 그래서 그는 부산, 경남지방을 중심으로 교회쇄신운동을 전개하게 된 것이다. 그는 교회 재건의 일환으로 주남선 목사의 지지를 얻어 1946년

---

46) 한상동 목사의 문창교회 시무기간에 대해서는 정확히 알 수 없다. 그러나 문창교회 제직회록에 보면 1938년 7월 23일까지는 제직회장으로 기록되어 있으나 그 이후에는 한상동의 이름은 나타나지 않고 있다. 이로 미루어 볼 때 1938년 7월말까지 약 7개월간 시무한 것으로 보인다. 흔히 한상동은 문창교회에서 2년간 사역하고 1939년 5월 문창교회를 사임한 것으로 알려져 있으나 사실이 아니다.

9월 고려신학교를 설립했다. 이 보다 2달 앞서 1946년 7월에는 김만일 목사의 후임으로 초량교회 담임목사로 부임했다. 한상동은 '대한(大韓)의 교회'를 이 자유주의 신학에 맡길 수 없다는 일념에서 정통신학을 수립하여 그것을 교회의 지표로 삼고자 하여 고려신학교를 설립한 것이다. 그에게는 새로운 신학교 설립을 통해 한국교회를 개혁하려는 신학입교(神學立敎)의 의지는 있었다. 그러나 그 신학을 정립하는 일은 다른 이에게서 찾아야 했는데 그가 바로 박윤선이었다. 그래서 한상동 목사는 만주에서 귀국하여 서울에 침거하고 있던 박윤선(朴允善, 1905-1988)을 찾아가 신학교 설립에 동참해 주도록 요청하였다. 이 요청에 응한 박윤선 목사는 1946년 5월 진해로 내려가 한상동, 주남선, 손양원 등 여러 사람과 더불어 신학교 설립에 합의하고 그해 5월 20일 신학교 설립기성회를 조직하였다. 그리고 그해 6월 23일부터 8월 10일까지 약 2개월간 진해 하사관 훈련 수련관에서 박윤선 목사를 강사로 하기 신학강좌를 개최하였는데, 이것이 고려신학교 설립으로 연결되는 신학 교육의 시작이었다. 이 신학강좌의 수강생은 63명이었는데 그 후에 목사가 되어 잘 알려진 인물로는 손명복, 이경석, 이인재, 홍반식, 최성봉 등이었다. 이 신학강좌는 '한국 신학의 재건'라는 의미를 가진 개혁주의 신학 운동의 시작이었다.

고려신학교는 한국장로교회를 이끌 수 있는 권위 있는 신학교로서 옛 평양신학교를 계승할 수 있도록 하기 위해 만주에 있는 박형룡(朴亨龍) 박사를 교장으로 초빙하고자 했다. 그러나 그의 귀국이 늦어지자 박윤선을 임시교장으로 1946년 9월 20일 부산시 동구 좌천동 증산 아래 구 일신여학교 교사에서 고려신학교를 개교하게 된 것이다. "정통신앙을 파수하여 생활의 순결을 지켜 순교자의 정신으로 교역자를 양성한다."는 것이 설립이념이었다.

학교를 공식적으로 설립하기에 앞서 1946년 7월 9일 진해읍교회에서 개최된 경남노회 47회 임시노회는 고려신학교 설립을 환영하며 학생 추천과 지원을 약속하기도 했다.

첫 교수는 박윤선, 한명동, 한상동 등이었고, 1946년 11월부터는 정통장로교의 한부선 선교사가 무보수로 교수하기 시작했다.[47] 이렇게 시작된 고려신학교는 1947년 3월 5일에는 교사를 초량교회 유치원으로, 약 한 달 후인 4월 19일에는 광복동 1가 7번지로 다시 이전하는 등 처음부터 안정적이지 못했다. 설립에서부터 교사학보, 학교 이전 등의 일을 한상동 목사가 주도하였다.

우여곡절 끝에 박형룡 박사가 송상석 목사의 인도로 1947년 9월 만주에서 귀국하였다.[48] 그는 곧 부산으로 내려와 1947년 10월 14일에는 고려신학교 교장으로 취임하였다. 부산 중앙교회에서 개최된 교장 취임식에서 그는 신학교육에 대한 신념의 일단을 피력하고 한국교회 재건을 위한 공동의 노력을 호소하였다.

박형룡이 고려신학교 교장으로 취임한 이래 설립자인 한상동과 교장인 박형룡 사이에는 신학교 운영에 관한 견해차로 갈등하게 되었다. 결국 박형룡은 고려신학교 교장직을 사임하고 서울로 돌아갔고 후일 장로회신학교(1948), 그리고 총회신학교(1951)를 설립하고 교장으로 일하게 된다. 박형룡이 고려신학교를 떠난 후 1948년 5월에는 박윤

---

47) 한부선이 아내에게 보낸 1946년 11월 14일자 편지(Hunt papers, Archives of WTS)

48) 박형룡은 1930년부터 평양의 장로교신학교 교수로 일하다가 1938년 신사참배가 장로교 총회에서 가결되고 평양의 신학교가 문을 닫게 되자 일본 동경을 거쳐 만주로 가서 그곳의 봉천신학교에서 가르치고 있었다. 그러다가 해방을 맞았고 고려 신학교의 초빙을 받고 귀국한 것이다.

선 목사가 교장으로 취임했다. 이 때로부터 1960년 10월 그가 고려신학교를 떠날 때까지 만 14년간 교장으로 일했다. 고려신학교에서 박윤선의 기여는 절대적이었다. 고려신학교의 신학은 바로 박윤선의 신학이었고, 그는 신학 전반의 교사였다. 박윤선은 한상동의 교회재건 혹은 개혁주의 교회건설의 의지를 신학화하고 실제화 시켰던 학자였다. 고려신학교의 신학이란 다름 아닌 박윤선의 신학이라해도 지나친 말이 아닐 만큼 그의 기여와 역할은 지대한 것이었다.

## 삼일교회의 설립과 목회

고려신학교는 해방이후 설립된 최초의 장로교 신학교육관으로서 개혁주의 신학을 교수하는 등 나름대로 기여한 바가 적지 않았다. 그러나 1946년 이후 장로교 총회에서는 고려신학교가 노회적 문제로 제기되었고 결국 교회분열의 한가지 원인(遠因)이 된다. 이런 와중에서 1951년 5월 부산 중앙교회당에서 속개된 제36회 총회는 고려신학교를 중심한 인사들을 총회에서 제명하였다. 이로부터 3개월 후인 1951년 9월 총회는 초량교회 담임목사인 한상동에게 초량교회 명도(明渡)를 요구하였다. 한상동은 교회의 화평과 건덕을 위해 전체 교인의 90% 이상의 지지를 받았으나 모든 것을 포기하고 초량교회를 사임하고, 1951년 10월 14일 부산시 동구 초량동에 위치한 주영문 장로 저택에서 삼일교회를 설립하였다. 한상동 목사는 이때로부터 1972년 은퇴하기 까지 21년간 삼일교회 담임목사로 봉사하였다.

그는 기도하는 목회자였다. 새벽 기도회는 항상 자신이 인도했다고 한다. 그의 설교는 성경을 나열하거나 인용하는 방식의 평범한 설교였으나 성경에 기초한 설교였고, 영혼을 움직이는 능력의 말씀이었다고

한상동 목사와 동역자들
좌에서 우로, 한상동 목사, 박윤선 목사, 한부선 선교사,
박형룡 박사

한다. 그는 신앙 세계의 신비로움을, 그리고 믿음은 기적을 동반한다는 점을 강조하여 다니엘을 비롯한 사드락과 메삭과 아벳느고의 신앙을 강조하였다. 그래서 "여러분, 잘 믿읍시다."는 그의 주된 권면이었고, '믿으라, 바라라, 의지하라'는 3대 요소는 그의 설교의 근간을 이루었다고 한다. 한상동은 진실된 목회자였다. 그는 진실을 그리스도인의 가장 귀중한 덕목으로 알았고 비록 자신에게 불리한 결과를 가져올지라도 사실을 은폐하거나 짐짓 숨기려 하지 않았다고 한다. "인생들아, 진실 하라."는 그의 설교였고, 그의 삶이었다.

한상동 목사를 포함하여 적어도 1970년대까지 한국교회를 주도했던 인물들은 1900년 전후에 출생하신 분들이었다. 1897년에는 박형룡과 주기철목사가, 그 이듬해는 송창근박사(1898-1952?)가 출생했고, 1901년에는 한국교회에 영향을 끼친 여러분들이 출생했다. 김재준(1901-1987), 김교신(1901-1945), 이용도(1901-1933), 함석헌(1901-

1989), 한상동(1901-1976) 등이다. 이듬해는 한경직(1902-2000)이 출생했고, 3년 후에는 박윤선(1905-1988)이 출생한다. 즉 우리 민족사의 격변기였던 19세기 말과 20세기 초 몇 년 사이에 출생한 이들은 그 시대의 질문에 각기 다른 응답을 하면서 한 시대를 엮어갔다. 비록 신학적 견해는 달라도 나름대로 한국교회 일각에서 상호 영향을 끼치며, 때로는 협력하고 때로는 대립하면서 한국교회를 형성해 갔다.

특히 한상동 목사는 동갑인 김재준, 4년 연상인 박형룡, 1년 후배인 한경직과는 갈등 대립하면서 상이한 학맥을 이어가는 신학교육 운동의 주도적 위치에 있었다. 그래서 한상동은 고신(高神)을, 김재준은 기장(基長)을, 박형룡은 합동(合同)을, 한경직은 통합(統合) 교단을 형성하게 된다.

## 25. 손명복 1911-1993
### 목회자, 신사참배 거부운동가, 경남지방 교계 지도자

한국에 신사(神社)가 처음 세워진 것은 일반적으로 알고 있기보다 훨씬 오래된 1678년이었다. 일본인들이 부산에 상주하기 시작하면서 항해의 안전을 기원하는 금도비라신(金刀比羅神)을 모신 사당을 세웠는데, 그것이 한국에서의 최초의 신사였다. 이 신사는 1894년에는 '거류지 신사'로 개칭되었고, 1900년에는 용두산 신사로 개칭되었다. 말하자며 부산 용두산에 세워져 있었던 신사가 한국에서 가장 오래된 신사였다. 그 후 신사가 증설되어 1910년 에는 31개의 신사가 세워져 있었고, 1919년에는 36개의 신사(神社)와 41개의 신사(神祠)가 있었다. 그러나 이런 신사는 일차적으로 조선에 거류하는 일본인을 위한 것이었으므로 한국인들에게 참배를 요구하지는 않았다.

그러다가 1925년에는 조선에서의 신사제도의 총본산인 조선신궁(朝鮮神宮)이 서울 남산에 건립되었다. 조선신궁의 건립은 향후 한국에서도 신도를 확산하려는 의지의 표현이었다. 이때로부터 꼭 10년이 지난 1935년부터 한국인들에게도 신사참배가 강요되었다. 이때부터 해방될 때까지 일제하 마지막 10년은 고난과 수난의 10년이었다. 이 기간동안 약 2천명의 그리스도인들이 신사참배 거부로 투옥되었고 30여명은 옥중에서 순교자의 길을 갔다. 해방과 함께 출옥한 이들이 20

여명이었는데, 평양감옥에서 출옥한 이들이 17명이었다. 이 17명 중의 한 사람이 손명복 전도사였다. 흔히 출옥성도로 지칭되는 이기선, 이인재, 주남선, 한상동 등은 비교적 널리 알려져 있으나 손명복에 대한 관심은 미미했다. 이번에는 부산경남 지방 신사참배 거부자였던 손명복에 대해 소개하고자 한다.

손명복(孫明復, 1911-1993) 목사는 1911년 3월 9일 의창군 동면 석산리 299번지에서 손사인(孫仕仁)과 강순이(姜順伊)의 독자로 태어났다. 가난한 농부의 아들로 출생하여 15세 때부터 농사일을 하며 집안 살림살이를 도맡았다. 소작농으로 극한 가난 중에서도 겨우 초등학교를 졸업하고 직장생활, 양복점을 개업, 상업 등을 하며 가사를 돕고 지내던 중 1932년 봄 고향 동네의 정모 여전도사를 통해 전도를 받고 기독교로 개종하게 된다. 그의 나이 22세 때였다. 이때부터 금주 단연을 실천하며 의창군 북면 월백리에 소재한 월백교회에 출석하기 시작했다. 교회는 집에서 약 10리(4 km)의 거리였으나 한 주도 거르지 않고 6개월 동안 성실하게 출석하여 학습을 받고, 다시 6개월 후에는 세례도 받아 서리집사로 임명되었다. 그로부터 1년 후에는 고향동네에 기도소를 설립하고 영수로 임명받아 예배를 인도하기 시작했다.

이때 손명복은 예배인도나 설교를 제대로 하기 위해서는 공부하고 배워야 한다는 생각에서 1937년 9월 진주에 있는 경남성경학교에 입학하였다. 이때 당회장인 김응진 목사에게 추천서를 요청했는데, 빚이 많은 사람은 교역자 자격이 없다며 추천을 거절하기도 했으나 사정을 이해한 학교가 입학을 허락해 주었다고 한다. 그 후 농장을 처분하여 빚을 다 갚고 학업에 매진했다. 손명복은 경남성경학교 입학과 함께 1938

년 1월부터 경남 의창군 웅동면 마천리의 마천교회 전도사로 부임하여 교역자의 길을 걷게 된다. 7개월이 지난 8월 초순 여름 어린이 성경학교를 시작하려고 했을 때 진해 경찰서 고등계 형사가 찾아와 신사참배를 요구하고 신사에 참배하겠다는 확인서를 요구했다. 당시 진해는 군사적 요충지로서 치안이 엄격한 지역이었다. 교역자 생활 8개월 만에 시련을 겪게 된 것이다. 신사참배에 대한 강요는 거듭되어 교인들도 걱정하고 있었다. 손명복은 8월 7일 주일 후인 8일 월요일 새벽기도회를 인도하고 기도하고 있는 중 빨리 피해야 되겠다는 마음의 불현듯 일어나 아침 식사 후 의창군 천가면 가덕교회로 도피했다. 당시 가덕교회는 임경윤 전도사가 시무하고 있었다. 그가 가덕도로 도피한 직후 진해 경찰서 형사가 찾아 왔다고 한다. 가덕교회에서 일주일 동안 피해 있다가 토요일에 시무하는 교회로 돌아왔다. 주일 예배 후 제직회를 소집하고 신사불참배 문제를 거론하였으나 교인들은 투쟁할 용기가 없다고 하여 손명복은 곧장 교회를 사임했다. 8월 14일 날이었다. 교회를 사임한 그는 70리 산길을 걸어 본가로 돌아왔다.

신사참배는 거부하고 투쟁할 수 있으나 칠순이 된 노부모와 어린 처자들 생계가 문제였다. 이 때 손명복은 "네 부모, 처자의 생계 문제는 걱정하지 말고 내게 맡기라"는 분명한 음성을 들었다고 한다. 신사참배 거부에 대한 확신을 갖게 된 손명복 전도사는 고향 집에서 얼마간 지내다가 1938년 가을 부산시 영주동에 위치한 산리교회에 부임했다. 당시 교인은 30여명 정도인데, 인접한 초량교회가 개척한 교회였다. 이 교회에서의 시무도 길지 못했다. 신사참배를 반대한다는 이유였다.

1938년 9월 장로교 총회가 신사참배를 결의하게 되자 신사불참배

운동이 더욱 거세게 전개되었고, 1940년에는 일제에 의해 일제검거가 시작되었다. 손명복 전도사도 예외일 수 없었다. 1941년 검거된 그는 북부산 경찰서에 구금되었고, 경남도청 경찰국으로 이감되었다. 그때 부산 시내 각 경찰서에는 최상림, 황철도, 최덕지, 박인순, 염애나 등이 이미 수감되어 있었다. 1942년 초 최덕지 전도사와 함께 경남도청 경찰국 감방에서 평양교도소로 이송되었다. 이송되는 날은 주일이었다. 최덕지 전도사는 주일을 범하게 되었다는 이유로 부산에서 평양에 도착할 때까지 하루 종일 울었다고 한다. 이 광경을 본 한국인 호송관 하판락(河判洛) 고등계 형사는 지독한 년이라고 욕설을 퍼붓기도 했다.

평양교도소에 수감된 경남지방 신사참배 거부자들은 최상림, 주기철, 한상동, 이인재, 이현속, 최덕지, 조수옥 등이었고, 이북출신이 안이숙, 최봉석, 그리고 이름 모를 많은 성도들이 수감되어 있었다.

죄수번호 1754번이었던 손명복이 수감되어 있던 감옥은 열칸짜리 두 동으로 되어 있었는데, 손명복은 1동 제4방에, 제5방에는 이현속 장로가, 제6방에는 최봉석(최권능) 목사가, 제7방에는 주기철 목사가 수감되어 있었다. 이 감방에서 이현속은 옴이 올라 고생하던 끝에 순교했고, 최봉석은 병보석으로 석방되었으나 곧 순교하였다. 최봉석 목사 가정은 너무 가난하여서 택시로 모시지 못하고 지개에 지워 출소하였다고 알려져 있다. 이 당시 평양 교도소에 수감된 수감 죄수는 약 3천명 정도였는데, 신사참배를 거부한 기독교인들은 약 30명 정도로 알려져 있다.

약 4년간 투옥되어 있던 손명복은 해방을 맞아 다른 신사참배 거부

자들과 함께 1945년 8월 17일 저녁 12시 경 출감하였다. 그는 곧 북간
도에서 귀환하는 동포들이 탄 지붕 없는 열차를 타고 부산으로 향해
부산진역에 도착했다. 여기서 자신을 취조했던 경남 경찰국 고등계 강
낙중 형사를 제일 먼저 만났다고 한다. 고향으로 돌아가니 아버지는
이미 작고하고 가족들은 어려움 가운데 있었다. 가족들은 생계를 유
지하기 위해 말할 수 없는 고생을 하고 있었다. 선친께서는 그가 옥
중에 있을 때 이미 작고하셨고 어머님과 처자들이 매우 고생을 한듯
하였다. 큰 아들 손진국(후일 목사, 웅천교회에서 은퇴)은 신사참배를
거부한 자라는 이유에서 보통학교 졸업반에서 퇴학을 당한 상태였다.

　　다시 교역자의 길을 가게 된 손명복은 거제도 장승포교회에 부임
하였고, 1946년 9월 20일 개교한 고려신학교에 입학하였다. 그 후 부
산 온천교회로 이동하여 시무하였다. 그러나 교회가 여러 가지로 어
려운 상황이었다. 교회는 충분한 예우를 하지 못함을 애석하게 여겼
다. 이 교회서 약 5개월간 시무한 후 마산의 제2문창교회로 이동하였
다. 이 교회도 설립된지 1년밖에 안된 개척교회였다. 이 교회가 지금
의 마산교회인데, 이 교회에서 시무하면서 1949년 6월 30일 고려신학
교를 제3회로 졸업했다. 1951년 3월 6일에는 경남노회에서 목사 안수
를 받고 하동진교교회, 마산동광교회, 광주누문교회, 대구성남교회,
대구 성밖교회 등에서 시무하다가 1966년 다시 마산의 제2문창교회
에 부임하여 봉사하던 중 1981년 5월 5일 이 교회에서 정년 은퇴했다.
그가 제2문창교회서 시무하는 기간인 1972년에는 대한예수교장로회
(고신) 총회장을 역임하기도 했다. 　그후 고신교회의 내분이 일어났을
때는 송상석 목사와 함께 반고소측 지도자로 활동한 바 있다. 신사참

배를 반대하며 거룩한 믿음의 길을 가던 손명복 목사는 1993년 9월 3
일, 83세를 일기로 하나님의 부름을 받았다.

## 제 4 장

# 사회·문화 운동가들

1935년 8월 당시의 부산경남지방 교역자들

# 26. 장바울 1878-1941
## 험난한 세월 주님 의지하고 살았던 믿음의 사람

지금부터 20여년 전인 1987년 호주 멜보른에서 나는 흥미로운 자료를 접하게 되었다. 학위논문을 위해 고문서관을 뒤지던 나에게 멜보른의 장로교여전도회연합회(PWMU) 회장이던 탈스마(Talsma) 여사는 한글로 쓰여진 한통의 편지를 건네주었다. 그는 1911년 내한한 이래 1918년부터 2년, 그리고 1940년부터 2년간 통영지방에서 일했던 안진주(Margaret Alexander) 선교사의 조카였는데, 안진주 선교사의 유품에서 나온 한글 편지를 나에게 준 것이다. 그러면서 안진주 선교사 생전에 들은 이야기라면서 그 편지의 주인공은 하반신을 쓰지 못하는 장애인이었지만 일심으로 주님을 섬겼던 신실한 믿음의 사람이었다고 했다. 이 편지의 주인공이 바로 장바울이라는 분이었다. 겉봉에는 "원양면 서산이 군자포 장바울"이라고 쓰여 있었고, 수신자는 "통영지방 선교사 안부인 진쥬씨"라고 적혀 있었다. 초등학교 때 쓰던 그림 일기장 양면에 기록된 편지글도 흥미로웠지만 편지 속에 그려진 거지 나사로를 그린 삽화가 호기심을 자극했다. 그의 그림 솜씨가 보통이 아니었다. 장바울이라는 분은 어떤 분이었을까? 어떻게 두 다리를 쓸 수 없게 되었을까? 누가 그를 인도하여 신실한 주님의 사람이 되게 했을까? 원양면 서산리는 어디일까? 끊임없이 일어나는 의문을 안고 몇 년을 보냈다.

1990년 나는 한국으로 돌아왔고, 그해 가을학기를 끝낸 12월 13일 장바울 집사의 편지에 기록된 주소지를 찾아 답사여행을 떠났다. 그 곳이 통영군 욕지라는 점을 알게 되어 욕지에 외가가 있다는 조강제 군과 그의 친구들인 박종옥, 한수상 군이 동행 했다. 충무를 거쳐 통영 앞바다 욕지섬에 도착 한 우리는 장바울씨의 흔적을 찾아 나섰다. 반 나절을 헤맨 끝에 드디어 장바울씨의 가문을 아는 이를 만났고, 그를 통해 장바울이라는 인 물과 그의 가계를 밝혀낼 수 있었다.

장바울(1878-1941)은 경남 통영시 광도면 안 정리 산촌부락 1765번지에서 장원이와 송필 이의 둘째 아들로 출생했다. 명치 11년인 1878

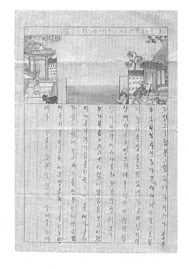

년 1월 30일이었다. 혼란한 시국, 망국의 여정 속에 출생한 그는 격량의 세월만큼이나 힘겨운 삶을 살게 되었다. 무엇보다도 육신의 장애가 가장 고통스러웠다. 한쪽 다리가 아팠으나 병원이 없어 인근의 한의(韓醫)를 공부했다는 이에게 침을 맞게 되었는데 아마 신경을 건드린 모양이다. 이 일로 그는 두 다리를 쓸 수 없게 되어 일생을 장애인으로 살게 된 것이다. 이때는 결혼을 앞두고 혼수를 준비하던 중이었는데 예상치 못한 사고로 결혼도 못하고 독신으로 살게 되었다고 한다. 그는 안정리를 떠나 통영의 욕지로 이주하여 서산리 덕동4번지 일명 고래머리에 거처를 마련하고 이곳에서 일생을 살았다. 이런 그에게 기독교 신앙은 그의 삶을 변화시켜 주었다.

그가 어떻게 누구의 전도로 신앙을 갖게 되었는가는 분명히 알 수 없다. 통영과 그 주변, 그리고 욕지도를 처음 방문했던 서양선교사는 호주출신 손안로(Andrew Adamson)였다. 1894년 내한 한 그는 부산에 주재하면서도 경남의 골짜기를 다니며 전도했던 위대한 전도자였다. 그의 전도로 욕지에도 1906년 교회가 설립되었는데, 현재의 욕지교회가 바로 그것이다. 그 후에 무어(Elizabeth Moore), 왕대선(Robert Watson), 안진주 등이 이곳에서 일했는데 아마도 장바울은 이런 복음의 역사 가운데서 기독교 신자가 되었을 것이다. 육신의 아픔을 원망하던 장바울은 복음의 빛 가운데서 자유를 얻고 육신의 장애를 이기는 힘을 얻게 되었다. 그의 신앙은 철저했다. 그는 혼자 교회당을 출입할 수 없었으나 주일을 거르는 일이 없었다. 누군가가 그를 지게에 지고 예배당으로 인도하고, 예배가 폐하면 다시 그를 지게에 지고 집으로 데려다 주었다. 그러했기에 그는 자신을 나사로에 비유하며 "교게년 이 세상에서 늘고 병드러 육신이 빈천한 형승이... 나사로와 갓흔 인생"이라고 하면서 "셩신을 의지ᄒ고 ..." 살며, "우리 구주 예수그리스도에 은덕을 찬숑ᄒ옵나이다"라고 도리어 안진주 선교사를 위로하고 있다.

우리가 만났던 욕지의 초기 신자 가문의 박상진(朴相鎭) 장로는 "장바울 집사는 고신파 중의 고신파였다."는 말로 그의 깊은 신앙과 철저한 생활을 표현했다. 성경을 읽고 공부하고 기도하는 일이 그의 일과가 되었다. 그런 가운데 그는 그림을 그리기 시작했고, 편지와 그림을 통해 그리스도인을 격려하고 초신자들을 복음 안으로 인도했다. 그는 편지를 통해 전도했는데, 고신의 지도자였던 송상석 목사가 욕지의 원량학교 교원으로 있을 당시 장바울씨를 통해 기독교로 입신했다고 정만옥 집사는 증언한다. 장바울은 단칸방에 살았지만 그의 세계는 거처에 메여있지 않았다. 그는 선교사들을 위로하고 이국에서의 봉사에 용기를 심어 주었다. 이런 취지에서 기록된 편지가 안진주 선교사에게 보낸 편지였다. 이 편지에서도 장바울은 "하나님 아부지께서 친이 부르심을 밧드러 고국을 떠나서 수만이 타국에 와서 그리시도에 사역ᄒ시기 위하야 수고만이 하시넌 안부인 진쥬씨넌 우리 욕지교회를 이터렴 사량하사..."로 시작되는 위로와 격려를 보냈던 것이다. 이런 그의 격려 때문에 선교사들이 통영을 방문하면 불편한 똑닥배에 의지하고 욕지로 와서 그를 만나고 돌아갔다.

그의 이름은 본래 장보라였다. 흔히 바울을 한문으로 '보라'(保羅)라고 표기하는데, 선교사들은 보다 직접적으로 한글로 바울이라고 불렀다. 장바울, 쇄잔한 육신을 안고 저 남해 끝자락 욕지에서 살았으나 그가 남긴 믿음의 흔적들은 욕지교회를 아름답게 수놓았다. 장바

울 집사는 육신의 불편을 이기고 문서로 전도하며 신자들을 격려하
는 63년의 생애를 마감하고 1941년 9월 11일 주일 11시경 통영시 욕지
면 서산리 305번지에서 세상을 떠났다. 비록 그는 독신으로 살았으나
그의 가족과 후손들이 욕지 기독교 형성에 크게 기여하였다. 그의 형
장주완은 욕지교회 권찰이었고, 장주완의 사위가 욕지교회 박명출(朴
明出) 장로였다. 장바울의 조카 장신도 또한 욕지교회 장로였다. 김해
동서남북교회 장용오 장로도 그 후손으로 장바울 집사의 생애 여정
을 추적하는 나의 노력에 많은 도움을 주었다.

## 27. 양성봉 1900-1963
### 정치인, 부산시장, 농림부장관을 역임했던 부산 초량교회 장로

양성봉 장로

해방 후 부산교계를 대표하는 한 인물이 양성봉 장로였다. 훨출한 외모와 강직한 성격, 사람을 끄는 지도력을 지닌 그는 부산시장과 경남도지사를 역임했다. 해방 정국의 혼란 속에서 그리고 해방 후 경남노회를 중심으로 전개된 분열과 대립의 와중에서 그는 어떤 길을 걸어갔을까?

양성봉(梁聖奉, 1900-1963)는 1900년 2월 8일 부산시 동구 좌천동 224번지에서 양덕유(梁德有)와 한모악(韓母岳, 후일 한영일 韓永日, 혹은 남편의 성을 따라 양영일로 불리기도 함)의 10녀 1남 중 여섯번째로 태어난 외동아들이었다.[1] 즉 위로 수혜, 유식, 한라 등의 누나가, 아래로 봉옥, 순옥 등의 동생이 있었다. 양성봉의 부모는 부산진교회 초기 신자로 1901년 2월 10일 왕길지 선교사에게 세례를 받았는데, 당

---

1) 향토사학자 박원표는 양성봉은 10남매 중 5번째로 태어났다고 기술하고 있으나(박원표, 『부산의 고금』, 현대출판사, 1965, 152쪽) 사실이 아니다.

시 상업에 종사한 것으로 알려져 있다.[2] 모태신앙인으로 출생한 양성봉은 부모를 따라 부산진교회에 출석하면서 기독교적 환경에서 자라게 된다. 양성봉은 어릴 때부터 용모가 준수하여 귀여움을 받았고 성년이 된 후에는 미남청년으로 세간에 인기를 얻었다. 그가 4살 때인 1904년 11월 30일 부모를 따라 하와이로 이민을 갔다가 2년 뒤인 1906년 다시 부산으로 돌아왔다. 그의 부모는 생활이 어렵게 되자 4남매만 데리고 하와이로 건너갔으나 부산에 남겨 둔 아이들이 그리워 다시 귀국하게 된 것이다. 귀국한 양성봉은 부산진공립보통학교에서 공부한 후 부산상업학교(현 개성고등학교)에 진학하여 1917년 졸업했다. 상업학교를 졸업 한 후에는 부산철도국 서무과에 취직하여 일하기도 했고, 울주군 서생면에서 교편을 잡기도 했다. 그러다가 부산으로 돌아와 미국인 선교사 출신 어을빈(Charles Irvin, 魚乙彬)의 제약회사에서 일하게 된다. 3·1운동 이후에는 짧은 기간 호주선교사의 어학선생 역할을 하기도 했다.

당시 어을빈의 제약회사는 부산시 영주동 영선고개에 위치하고 있었는데 이곳에서 소위 만병수(萬病水)라는 옥도(沃度, 요오드)로 만든 약을 제조 판매하고 있었다. 어을빈은 1893년 11월 내한하여 1894년 3월 부산에 온 북장로교의 두 번째 의료선교사인데, 1911년 부인과 이혼했고 그해 3월 말로 선교사직도 사임하게 된다. 아마도 이혼한 일로 선교사직을 수행하기 어려웠던 것으로 보인다. 이혼한 어을빈은 양성봉의 둘째 누나인 양유식과 재혼했고 지금의 부산 동광동 5가의 영선고개에 어을빈의원을 개원 했다. 또 그는 만병수(萬炳水)라는 약

---

2) 『부산진교회 100년사』, 411. 칠원교회 기록에 의하면 양성봉의 모친 한영일(韓永日) 집사는 칠원교회가 교회당을 건축하고 종(鐘)이 없다고 하자 70원을 주어 종을 구입하게 했다고 한다.

을 제조하여 판매하고 있었다. 이런 상황에서 양성봉은 누나의 청으로 자형 되는 어을빈의 제약회사에서 일하게 된 것이다. 이때가 1920년대 초였다. 1934년에는 어을빈의 제약회사 지배인이 되었다. 그런데 이듬해 어을빈이 부산에서 사망하자[3] 양성봉이 이 회사를 경영하게 된다.

앞서 언급했지만 부산진교회에 다니면서 건실한 청년으로 성장한 그는 1922년에는 23살의 나이로 부산진교회 소아주일학교 교장으로 봉사하는 등 교회 일을 주도하게 된다. 그는 외모가 훤출하고 남자다운 기백이 있어 신망이 두터웠고, 그 때문에 교회에 여성신도 수가 늘어났다는 이야기도 전해진다. 이 무렵 양승봉은 부산진일신여학교 5회 졸업생인 문복숙(文福淑)[4]과 결혼하였다. 문복숙은 여성정치가 박순천씨와 일신여학교 동기생이었다. 양성봉은 1925년에는 안수집사가 되기도 했다.

그러나 1926년 12월 1일 가족들을 데리고 초량교회로 이적한다. 즉 부모와 부인 문복숙, 여동생들인 양봉옥, 양순옥, 아들인 양원탁을 데리고 초량교회로 옮겨 간 것이다. 당시 주기철 목사가 담임하고 있었다. 초량교회 기록에 의하면 이거해 온 때는 12월 29일이었다. 양성봉이 부산진교회에서 멀지 않는 초량교회로 이적한 것은 그의 활달하고 모든 일을 주도하는 성격이 청년들에게 반감을 산 것으로 보는 견해도 있으나, 주일학교 교육에 관심이 많았던 그가 주일학교 교육에

---

3) 어빈의사는 해방 후 대청동의 부산 중앙교회로 개칭되는 일본인 감리교회와 관련이 깊었는데, 이 교회장에서 장례식을 치렀다. 이 교회 강대상 좌우측의 스테인드 글래스는 어빈 의사가 기증했다는 설이 있다. 어을빈이 사망하자 그 아들 Roderick Irvin은 어을빈의 얼굴 모형(death musk)을 만들었다고 한다. Roderick Irvin 은 일본 오사까의 미국자본회사인 미국곡산(穀産)주식회사 지배인으로 일하고 있었다고 양원탁 박사는 증언한다.

4) 동래학원 편, 『팔십년지』(학교법인 동래학원, 1975), 32.

대한 특별한 이상을 가진 주기철 목가가 일하는 교회로 이적한 것으로 보인다. 초량교회로 옮겨 간 양성봉은 부인 문복숙과 함께 곧 집사로 피임되었고, 1929년 6월에는 공동의회에서 장로로 선임되었고 곧 장로 장립을 받았다. 이 때 그의 나이 29세였다. 당시로는 20대 말의 청년이 장로가 된다는 것은 매우 이례적인 일이었다. 초량교회가 부산진교회를 떠난 이를 환영하고 장로로 새운 일에 대해 부산진교회의 문제 제기가 있었던 것 같다. 당시 부산기독청년회는 주기철 목사와 양성봉 장로에 대해 성토하고 양성봉을 청년회에서 제명까지 하고 주 목사를 호출 심문하는 등 물의가 있었다.[5]

주기철 목사는 주일학교 교육을 매우 강조하였는데, 양성봉 장로는 1927년 유년주일학교 교장으로 봉사하는 등 교회 여러 분야에서 활동했고 주기철 목사의 신뢰를 받았다. 양성봉 장로 가정과 주기철 목사 가정은 매우 친근하여 동래 온천 등지로 휴가도 같이 갈 정도였다. 양성봉은 1963년 소천하기까지 초량교회에 많은 기여를 했다.

한편 양성봉이 일하던 제약회사는 그의 탁월한 능력으로 번창했다. 만병수 약은 효험이 있어 인기를 끌었고, 당시의 동아, 조선, 매일 신문 등에는 이 약 광고가 실리기도 했다. 1941년 대 동아전쟁이 발발하자 일제는 적국인 미국인 회사에서 일하고 있다는 점만으로도 감시의 대상이 되었고, 또 투옥하기까지 했다. 그가 감옥신세를 지게 된 것에는 누나의 영향도 없지 않았다고 한다. 셋째 누나 양한나(梁漢拿, 1893-1976)는 상해 임시정부 요인으로 임시정부의 자금조달 역할을 하고 있었기 때문에 일제의 사찰대상이었다. 감시받는 상황에서 사업

---

5) 김석진, 『한 세상 다하여』(광명출판사, 1971), 95-96.

을 할 수 없어 양성봉은 부산을 떠나기로 하고 1942년 당시 한적인 시골이었던 동래읍 반여리로 이사하였다. 이런 상황에서 해방을 맞게 된다.

해방과 함께 미국정이 실시되었고, 중앙의 추천으로 양성봉은 1945년 10월 10일자로 부산부 총무과장(주사)으로 발탁된다. 45일 만인 그해 11월 26일에는 부산시 부시장에 취임했다. 미군정 하였으므로 그의 영어 실력도 고려되었다고 한다. 그는 성격이 솔직하고 화통했고, 아부하거나 잔꾀는 쓰는 인물이 아니었으므로 미군정 시장 존 P. H. 케리 소령의 신임을 얻어 부시장에 취임한지 2개월 후인 1946년 1월 24일에는 제1대 부산시장에 취임했다. 2년 10개월간 시장으로 재임하면서 성실하고 정직한 시정을 이끌었다. 좌익계의 계속된 비난과 저항이 있었으나 공정 결백한 관리였고, "내가 그만 두면 누가 부산시를 털어먹을지 모르니 그만 둘 수 없다"고 말하기도 했다고 한다.[6] 그러나 경남지사로 부임한 문시환(文時煥)에 의해 특별한 이유도 없이 해임되었다. 그러나 13일 후인 1948년 11월 6일에는 대통령에 의해 강원도 도지사에 임명되었다. 1949년 12월에는 제4대 경남도지사가 되었다. 그로부터 7개월 후 6.25동란이 발발하였다. 부산은 임시수도가 되었다. 이때부터 환도할 때인 1953년 10월까지 3년 11개월간 경남도지사로 활동했다. 이 기간 동안 이승만대통령의 신임을 받았고, 환도 직후에는 농림부장관에 취임하였다.

부산이 임시수도가 되자 경남도지사인 양성봉 장로는 도지사 관사를 대통령 관저로 내어주고 자신은 부산 초량 6동 827-5번지에 있는

6) 박원표, 154.

자신의 본가로 돌아와 대통령을 보위하였고, 그가 장로로 있던 초량교회는 피난민 구호에 앞장섰다. 이런 일로 초량교회는 전국적으로 이름을 높였고, 1951년 4월 29일 주일에는 대통령 이승만 박사가 초량교회 예배에 참석하기도 했다. 대통령은 경호상의 문제도 있고 하여 미8군 군인교회서 예배드리는 것이 통예였으나 초량교회 예배에 참석한 것이다.

이날 한상동 목사는 신명기 11장을 중심으로 설교하면서 "여호와 하나님의 법도를 지켜야 하나님의 복을 받고 강성해 지는데, 하나님께 범죄하면 하나님의 진노를 면할 수 없다"고 설교하면서 "한국교회가 범한 죄를 참회해야 한다."는 내용으로 설교했다. 이날 찬송가도 "십자가 군병들아 주 위해 일어나..."를 불러 북진통일을 갈구하는 함성과 같았다. 예배 후 이승만 대통령은 회중들에게 인사하는 시간이 있었는데, 한상동 목사가 대통령을 강단에 세우지 않고 강단 아래서 인사하게 했다는 이야기가 대단한 일로 회자되고 있지만, 그 '자리'가 그렇게 중요한 것인가?

관직생활에도 불구하고 양성봉은 기독교 신앙인으로 처신했다. 그 일예가 1947년 부산시장으로 재직할 당시의 일이다. 그해 8월 15일 부산공설운동장에서 개최된 해방 2주년 기념식에서 기독교식으로 기념식을 진행하려하지 이를 반대하는 이들의 소란이 일어나 그날 예정된 체육대회가 취소된 일도 있었다.

초량교회 장로였던 양성봉은 경남노회에서 중요한 역할을 하게 된다. 그는 주기철 목사를 신뢰하고 따랐으나 한상동 목사와는 의견이 일치하지 않았다. 한상동 목사는 1946년 7월 30일 초량교회 제6대 목사로 취임하여 1951년 10월까지 6년간 담임목사로 시무하게 되는데, 이 기간 동안 초량교회에는 구영기, 김사선, 백낙철, 주영문 등의 장로가 있었으나 양성봉은 장로들의 대표 격이었다. 한상동 목사는 고려신학교를 중심으로 소위 쇄신운동을 전개했으나 양성봉은 이에 적극적으로 호응하지 않았다. 때로는 중도파와 친김길창 성향을 보이기도 했다. 한상동 목사가 1951년 10월 초량교회를 떠나 삼일교회를 개척할 당시 5명의 장로 중 김사선, 주영문은 한상동을 지지하였으나, 구영기, 백낙철, 정덕용과 함께 양성봉은 한상동의 분리를 반대하고 초량교회를 떠나지 않았다. 그는 교회를 지켜야 한다고 생각했다. 양성봉은 신사참배 사건 이후 김길창을 좋아하지 않았다. 그러나 교회 분리를 반대하였기 때문에 김길창 목사 노선에 서게 된 것이다.

1954년 6월 장관직에서 물러난 양성봉 장로는 화초를 가꾸며 교회 일에 몰두하였다. 해방 후 부산에 YMCA를 재건하고 10여년 간 이사장을 역임했던 그는 향토문화연구회, 부산 로타리 클럽을 설립하는 등 사회운동에도 힘을 쏟았다. 양성봉은 오랜 기간 동안 관직에 있었으나 평생을 술과 담배를 멀리했고, 재물에 탐하지 않고 정직하게 살았다고 한다. 그러다가 1963년 6월 3일, 63세의 나이로 세상을 떠났다.

그의 아들(독자) 양원탁(1924- )는 1953년 미국으로 유학을 떠나 마이아미대학교에서 해양생물학을 전공하여 박사학위를 얻고 그 대학 교수로 활동했다. 그는 새우 연구에 있어서 세계적인 권위자로 인정을 받았고, 새우나 오징어 양식에도 크게 기여한 학자로 국제적은 명성을 얻었다. 현재 그는 미국 택사스 휴스톤에 살고 있다.

## 28. 양한나 1893-1976
### 독립운동가, 여성운동가, 사회사업가

양 한 나(梁 漢 拿, 1893-1976)는 부산 경남의 대표적인 여성운동가였고, 초대 여성경찰청장을 역임한 인물이자 사회사업가이기도 했다. 특히 그는 일본과 중국에서 유학한 바 있고, 호주에 유학한 두 번째 한국인이자 첫 여성이기도 했다. 그는 어떤 삶을 살았을까?

독립운동에 참여하며 여성운동가로
활동했던 양한나 여사
사회사업가로 봉사하기도 했다

양한나는 부산 동래부 복천동에서 양덕유(梁德有)와 한모악(韓母岳, 후일 韓永日, 韓永信으로 불리기도 했고, 남편의 성을 따라 양영일로 불리기도 했다)의 1남 10녀 중 셋째 딸로 출생했다. 그의 동생이 후일 이승만 정권 하에서 부산시장과 농림부 장관을 역임하게 되는 양성봉 장로였다. 양한나는 교육열이 많았던 아버지의 배려로 서울 진명여학교에 입학하여 수학하였으나 가세가 기울게 되자 서울 생활을 정리하고 부산으로 돌아와 부산시 좌천정 228번지에 유하면서 부산진 일신여학교 고등과에 입학하였다. 1913년 2월에는 이 학교를 제1회로 졸업했는데, 이 당시 이름은 양귀염(梁貴艶)이었다.[7] 졸업생은 4명이었는데, 그들이 양한나 외의 문순검(文順儉), 박덕술(朴德述), 방달순(方達順) 등이다. 이 중 부산진교회 교인이기도 했던 박덕술은 부산여자청년회에서 활동하면서 독립을 위한 비밀 결사체인 의용단의 핵심 인물로 활동했다.

일신여학교를 졸업한 양한나는 호주선교부가 운영하는 마산 대방동에 위치한 의신(義信)여학교 교사로 약 5년간 일했다.[8] 1917년경에는 일본으로 건너가 요꼬하마 신학교에서 수학하였다. 항일의식이 강했던 그는 일본왕 대정(大正)즉위 기념병(記念餠)을 거부한 일로 요주의 인물이 되어 학교를 그만 두고, 일본 유학의 길을 가게 된 것으로 알려져 있다. 일본에서도 영친왕 이은과 방자여사의 정략적 혼인을 반대하는 운동을 전개하였다고 한다. 그의 유학기간은 길지 못했다.

일본에서 귀국한 그는 여성운동을 하는 한편 중국으로 가 쑤저우(蘇州)의 여자사법대학으로 옮겨갔다. 1919년 3·1운동이 발발하자 비밀히 상하이로 건너가 독립운동을 지원하였는데, 그는 임시정부 내 경상도 대의원이었다. 이때 양한나는 장제스(蔣介石) 총통의 부인이 되는 쑹메이링(宋美令, 1901-2003) 여사와도 교분을 쌓는 등 여성 지

---

7) 『일신』제4호(동래일신여학교 교우회회보, 소화6년), 63; 동래학원, 『80년지』(동래학원, 1975), 32. 梁貴艶은 본명이었는데, 때로 梁貴念으로 표기되기도 했다. 후일 도산 안창호가 개명해 준 이름이 梁漢拿였다. 도산은 양귀염이 억척같은 추진력으로 독립군을 뒷바라지 하는 모습을 보고 한라산 같이 굳은 의지의 여성이 되라는 의미에서 漢拿라는 이름을 지어주었다고 한다(부산 YWCA 50년사 출판위원회, 『부산 YWCA 50년사』, 36).

8) 김진은 의신여학교 교사로 일한 기간은 약 7년으로 기억하고 있다. 김진, 『그때는 그 길이 왜 그리 좁았던고』(해누리, 2009), 208.

도자로 성장했다. 이런 그의 활동을 중시하여 그가 상하이에 있을 때 도산이 호적명 '양귀념'을 '양한나'로 개명해 주었다고 한다. 양한나 는 장제스와 쑹메이링 여사와의 이런 교분 때문에 오랜 후 결혼하여 가정예배를 드릴 때에도 "하나님께서 장제스 주석과 부인 쑹메이링 여사를 도와주시고 그들이 하는 일을 축복해 주시기를 원한다"고 기 도했다고 김진 교수는 회상했다.[9]

　양한나는 1921년부터는 부산여자청년회를 이끌며 여성운동가로 활 동했다. 부산여자청년회는 1921년 6월 13일 창립되었는데, 민족주의 계열의 여성단체로서 기독교 단체는 아니었으나 이를 주도한 인사들 은 양한나 회장을 비롯하여 기독교 인사들이었다.[10] 이런 와중에서 도 상하이를 왕래하며 독립운동에도 기여하였고, 동아일보 기사에 의하면 중국 쑤저우의 경해여자사범대학교에서 유학하기도 했다고 한 다.[11] 이 기사를 보면 1921년 이전에 중국 소주의 학교에 입학하였음 을 알 수 있다. 1923년에는 일신여학교 기독교 청년회 총무로 활동했 고, 이듬해인 이화여자전문학교 유치사범과에 입학하여 1925년 예과 를 수료하였다.
　졸업과 동시에 정동 이화유치원에서 보육교사로 일하던 중 호주의

<hr>

9) 김진, 59.

10) 이송희, "양한나의 삶과 활동에 관한 일고찰"『여성연구논집』13집(신라대학교 여성문제연 구소, 2002), 14.

11)《동아일보》1921년 11월 3일 자에는 "梁漢羅孃 蘇州登程"이라는 제하에서 "釜山女子界에 名聲이 有하던 양한나양은 수년전부터 중국 소주 경해여자사범대학교 유학중이던 바 今春 에 가정 사정으로 일개월간 휴가를 득하여 고향인 부산진에 귀성하였다가 예정한 기간에 귀교코자하였으나 부산여자사회의 적막함을 통탄하야 부산여자 청년회를 발기 조직한 이 래 회장의 임에 재하야 침식을 망하고 노력한 바 해회는 금년 5월 창립 당시에 회원이 욱칠 십면에 불과하더니..." 이송희, 12에서 중인.

여선교사 스키너(Amy G. M. Skinner, 체한기간 1914-1940)의 주선으로 1926년 7월 17일 호주유학을 떠나게 된다. 신애미(慎愛美)라는 한국 이름으로 잘 알려진 스키너와 양한나는 매우 근친한 사이였고, 양한나는 스키너를 신교장이라고 불렀다. 이때의 일을 동아일보는 크게 보도하였고, 그가 호주로 유학 가는 첫 여성이라는 점을 강조했다.[12] 그는 호주에서 유치원교육과 사회사업에 대해 공부한 것으로 알려져 있다.

그가 호주에 체류한 기간이 얼마였는가에 대해서는 분명하게 알 수 없다. 그러나 1928년 7월 13일자 동아일보에 게재된 부산여자기독청년회 하기부인수양단 조직을 위한 광고에서 회집 장소를 양한나의 집인 부산 초량동 243번지로 지정하고 있는 것을 보면 1928년 7월 이전에 귀국하였음을 알 수 있다. 특히 그가 스키너의 간절한 요청으로 1928년 통영의 진명학교 부설 진명유치원을 설립한 것을 보면 1928년 초에 귀국한 것으로 보인다. 이렇게 볼 때 그의 유학 기간은 약 1년 6개월 정도였음을 알 수 있다. 김진 교수는 유학기간을 1년 정도라고 회상하고 있다.[13] 그는 천성적으로 차분히 공부할 성격이라기보다는 눈 앞의 과제를 위해 '침식(寢食)을 망(忘)'할 정도의 행동가이자 운동가였다.

귀국한 양한나는 초량교회에 출석하며 여성운동에 관여하며 유치원 교육에 관여하였다. 즉 통영의 진명 유치원과 부산 초량의 삼일유

---

12) 《동아일보》1926년 8월 18일 자에서는 "양하나씨 호주유학"이라는 제하에서 유학건을 양한나씨의 사진과 함께 보도했다.

13) 김진, 208.

치원을 동시에 운영하였다.[14) 1935년에는 사회사업 관계로 호주를 시찰한바 있다. 1934년 3월 말에는 초량교회를 떠나 충무 대화정 교회(현 충무교회)로 옮겨갔다. 1937(?)년에는 당대 유명한 변호사 김우영(金雨英)과 혼인함으로서 그의 3번째 부인이 된다.

참고로 말한다면 김우영의 첫 부인은 유명한 여류화가이자 신여성이었던 나혜석(羅蕙錫, 1896–1949)이었다. 나혜석은 10년 연하였는데, 이들은 정동감리교회에서 1920년 결혼했으나 10년 간 동거하고 이혼했다. 두 번째 부인이 신정숙인데 7년간 동거했으나 다시 별리했다. 그 후에 양한나와 결혼하게 된 것이다. 이때 양한나의 나이 45세였다. 양원탁 박사의 증언에 의하면 양한나는 김만일 목사의 권고로 결혼했다고 한다. 양한나가 독립운동에 관여한 일로 계속적으로 일경의 감시를 받게 되자 김만일 목사는 결혼하여 가정을 아루는 것이 좋겠다고 충고했다고 한다. 결혼한 그는 아침마다 가정예배를 드렸고 믿음이 독실했다고 한다. "천부여 의지 없어서 손들고 옵니다"는 찬송가를 부르던 모습을 잊지 못한다고 김진 교수는 회상했다.[15)

해방 후 수도경찰청장이었던 장택상(張澤相, 1893–1969)은 여자경찰서를 설치했는데, 양한나는 장택상의 배려로 1946년 초대 서장으로 임명되었다. 이 때 양한나는 공창폐지를 진두 지휘하면서 소외된 여성들에 대한 관심을 가지게 된다. 창기 출신 여성들의 재활의 길을 염려했는데, 이것이 후일 자매여숙(姉妹女塾) 설립의 동기가 된다. 공창제도는 1947년 11월 14일 폐지되는데 양한나도 이 일에 기여하였다.

짧은 기간 서장직을 수행한 후 부산으로 돌아와 1946년 7월에는 부

---

14) 이송희, 20.

15) 김진, 57.

산 YWCA를 창립하고 회장에 취임하였다. 2년 후에는 안음전(安㖊全) 여사가 그 뒤를 이어 회장으로 봉사했다. 양하나는 YMCA 창립과 더불어 1946년에 부산 서구 아미동 2가에 부산 최초의 사회복지법인 자매여숙을 설립하고 사회사업을 시작했다. 1952년에는 사하구 괴정동 428번지로 이전했다. 양하나는 자매여숙을 설립한 이후, 그리고 1948년 YWCA 회장직을 물러준 이후에는 전적으로 사회사업가로 소외된 여성들을 위한 복지사업에 전념했다.

양하나의 삶의 여정을 보면 신여성 부류에 속하는 조직가이자 행동가였다. 나혜석과 김우영 변호사 사이에서 난 김진 교수의 판단처럼, 양하나는 "남자로 태어났으면 크게 한몫을 하고도 남을 만한 사람이었다."[16] 비록 그가 김우영 변호사와 결혼했으나 자식이 없었고, 남편의 전처 소생 2남 1녀가 있었다. 한때 남편 김우영 변호사가 자매여숙의 초대 이사장을 역임한 일도 있고, 아들 김진이 4대 이사장을 역임했다.

1973년 이후에는 부산진교회 우덕준 장로의 아들 우창웅 장로가 이사장으로 봉사해왔으나 그는 2011년 10월 세상을 떠났다. 그는 양하나의 친정 조카였다. 양하나 여사는 사회사업을 하면서 언제나 소박한 삶을 살았고, 가난한 여성들을 위해 헌신했다. 이런 봉사의 결과로 장한 어머니상(1964), 용신봉사상(1967), 3·1운동 선도자 찬하회 감사장(1968), 국민훈장 동백상(1976)을 받았다. 1976년 6월 26일 하나님의 부름을 받았고, 기장에 있는 부산진교회 묘지에 묻혔다.

---

16) 김진, 200.

## 29. 심문태 1895-1978
### 경남노회 종교교육 지도자, 목회자

부산경남지역에서 활동한 목사 가운데서 심문태 목사는 호주와 미국에서 유학한 엘리트 목사이자 기독교교육가이자 행정가였다. 그는 웅천읍교회, 김해 대지교회, 진주교회, 구포교회, 고성읍교회 등 경남지역 교회에서 목회자로 활동했을 뿐만 아니라 경남노회 종교교육부 총무로 5년간 봉사했고, 김해의 복음농림학교 교장, 창신학교 교장을 역임하기도 했다. 그러나 그에 대해서는 별로 알려진 바가 없다. 그래서 이번에는 그가 걸어갔던 삶의 여정을 정리해 두고자 한다.

경남노회 종교교육지도자 심태문 목사,
호주에서 유학한 첫 한국인 목사

심문태(沈文泰, 1895-1978) 목사는 1895년 9월 4일 경남 함양군 안의면 봉산리에서 심춘화(沈春和, b. 1861)와 김해 대저 출신인 김태월

(金太月, b. 1868)의 아들로 출생했다. 누이 심한나가 있었다. 한문 서당(書齋)에서 공부한(1908) 그는 1913년 10월 21일 대구시 남산정에 위치한 대구개성학교에 입학했다. 당시 6년제인 이 학교에서 1919년 3월까지 5년간 수학하고, 그해 3월 8일에서 10일까지 있었던 만세사건으로 10개월간 대구형무소에서 옥고를 치렀다. 당시 심문태는 지금의 총학생회장인 수반장(首班長)으로 하급생인 김재범, 박성용 등을 인솔하여 태국기와 독립선언서를 등사 배포하는 등 이만집(李萬集) 목사가 주동하는 만세 사건에 가담한 일로 체포되어 1919년 4월 18일 대구지방법원에서 보안법 위반으로 징역 10월을 언도받아 옥고를 치르게 된 것이다.

석방된 그는 호주 선교부 소속 거창지방 순회전도사(1920. 4)로 임명받았고, 곧 평양신학교에 입학하였다. 1928년 3월 평양신학교를 제23회로 졸업하고 그해 6월에는 통영 대화정교회에서 모인 경남노회에서 목사안수를 받았다. 목사가 된 그는 평소 알고 있던 주기철 목사의 소개로 6월 30일 웅천읍교회에 부임하였다.

1930년 9월에는 경남노회 종교교육부 총무로 피임되어 일하던 중 더 공부할 필요를 느끼고 맹호은(F. J. L. Macrae) 선교사의 주선으로 1933년 1월 멜보른으로 유학을 떠났다. 3월 14일 멜보른대학의 오르몬드신학교(Ormond College) 청강생으로 입학하여 6개월간 공부했다. 다시 미국으로 가 1933년 9월 뉴욕의 오번신학교 입학하여 1937년 5월 7일 졸업하였다. 이 기간동안 이승만 박사 등과 독립운동 연사로 활동하기도 했다. 미국에서 귀국한 그는 1937년 8월 20일 다시 경남노회 종교교육부 총무로 피선 되었다. 이 때 그는 《경남노회 종교교육통신》이라는 정기간행물을 발행하기도 했고, 마산지방 교역자회 회장(1938년 7월)으로 피선되기도 했다.

1940년 4월부터는 윤인구 박사의 뒤를 이어 김해 대지면에 위치하고 있던 복음농립학교 교장에 취임했다. 이 학교는 호주선교사 부오란(F. T. Borland)를 교장으로 마산의 호신학교 건물에서 1934년 시작된 농촌교회 지도자를 양성하기 위한 학교였다. 1935년에는 윤인구 박사가 교장이 되었고, 1939년 봄에는 마산에서 김해군 대저면 대지리 5번지로 이전하였다. 그러나 윤박사가 조선신학교 교장으로 가게 되자 심문태 목사가 이 학교를 책임지게 된 것이다. 애신(愛神) 애린(愛隣) 애토(愛土)라는 취지아래 영농기술교육을 통한 농촌교회 지도자를 양성하려 했으나 이 학교는 일제의 방해와 화재로 인한 교사의 소실로 1943년 3월 폐쇄되었다.

이 학교에 재직하고 있던 중 1940년 12월 8일 대동아전쟁이 발발하자 그날 심문태 교장은 김해경찰서 고등계 형사에 의해 구인되어 트럭 한 대 분량의 장서를 압수당하고 왼쪽 손가락 2개가 골절되는 고문을 당하기도 했다. 대미 전쟁의 와중에서 미국유학 출신이라는 점에서 '친미파'로 몰려 체포된 것이다.

복음농립학교를 떠난 심문태는 1943년 9월 고성읍교회에 부임했다. 약 1년 6개월간 시무하고 1944년 10월 이 교회를 사임하였다. 그 후 김해대지교회로 이동하여 시무하는 동안(1944. 11-1946. 1) 해방을 맞게 된다.

1945년 9월 2일 부산진교회에서는 권남선(權南善), 김길창(金吉昌), 노진현(盧震鉉), 최재화(崔載華) 목사 등 20여명이 '신앙부흥운동 준비위원회'를 조직하게 되는데, 심문태 목사도 이 위원회에 가담하였다. 이 때 참가한 위원 20명은 강성갑, 권남선, 김길창, 김두만, 김만일, 김상순, 노진현, 심문태, 윤인구, 최재화, 한익동, 한정교 목사와 구영기, 김기현, 김사선, 백낙철, 서명준, 양성봉, 우덕준, 주영문 장로 등이었다. 이 때 소위 "정통신앙에 기초한 교회 재건건설에 매진할 것"을 결의하고, 교회건설과 노회복구에 대한 선언서를 발표하였는데 최재화 목사와 심문태 목사 명의로 발표하였다. 이 점도 그가 김길창 중심의 인사들이나 한상동 등 교회 쇄신론자들과 다른 중도적 인물이었음을 암시해 준다.

그 후에는 진주봉래동교회(1946. 2-1948)를 거쳐 1948년 9월에는 마산 창신학교 제5대 교장으로 부임하였다. 그러나 1949년 2월말까지 오직 6개월간 근무하고 물러났다. 그 후에는 구포교회 목사로 부임하게 된다. 그가 김해 대지교회에서 시무할 당시 구포교회 성도들은 그를 알고 있었다. 이런 연유로 1950년 11월 구포교회는 그를 담임목사로 청빙하게 된 것이다.

그는 경남노회 내에서 한상동 중심의 쇄신론자들이나 김길창 목사 중심의 교권주의자들과 거리를 둔 중간파 인물로서 노진현, 이수필 등과 의견을 같이 하고 있었다. 그렇지만 그는 한상동 측 보다는 김길창 측에 더 가까운 인물이었다. 따라서 그는 신앙노선상 구포교회의 김병권 장로나 김복만 장로와 화합할 수 있는 인물이었다. 이런 점에서 그를 청빙하게 된 것이다. 이때부터 약 5년간 구포교회에서 사역하게 되는데 그의 사역 기간 중 가장 오랜 시무였다. 그가 구포교회에서 일하는 기간 동안 타지에서 온 피난민의 유입으로 교회가 성장하였고, 1952년에는 교회당을 건축하기도 했다. 1926년에 건축한 구포교회당이 너무 낡고 협소하여 50평의 현대식 건물로 예배당을 신축하게 된 것이다. 구포교회에서 헌신적으로 일했던 심문태 목사는 1955

년 교회를 사임하고 대전 삼성교회로 이동하였다. 그 후에는 창영군 남지읍교회(1959), 고성읍교회(1962), 창녕군 성산면 대견(大見)교회 (1962-1964), 김해대지 평강교회(1965-1968) 등에서 시무했다. 1964 년 9부터는 부산에 있던 경남노회신학교 강사로 일하기도 했고, 경남 노회장(1958-1959)으로 봉사하기도 했으나, 마산시 회원동의 희망촌 교회(1970. 4-1972. 4)를 끝으로 목회 일선에서 은퇴하게 된다.

심문태 목사는 성품이 온화하고 인정이 많았던 인물이었다. 그는 학식과 식견을 구비한 엘리트 목사였으나 그의 인생여정은 순탄하지 못했다. 가까운 친구로는 노진현, 박손혁, 배운환, 그리고 이승원 목 사 등이었다. 이승원 목사와는 오랫동안 교분을 나누었고, 그들이 나 눈 서신들이 남아 있다. 심문태 목사는 83세를 일기로 1978년 10월 29일 오후 4시 사망하였다. 슬하에 3남 2녀, 곧 5남매를 두었는데, 장 남(심태도)과 삼남(심상도 목사)은 세상을 떠났고, 차남(심홍도)과 차 녀(심은주)는 진주에, 장녀(심은래)는 서울에 거주하고 있다.

# 30. 윤인구 <sup>1903-1986</sup>
### 부산경남 지역 목회자이자 신학자, 부산대학교 설립자

부산지역 교육자 윤인구 박사

초기 한국의 신학자들은 대체로 이북 출신이었다. 한국인 최초로 신학을 전공하여 박사학위를 수득한 백낙준은 평안북도 정주 출신이었고, 진보적 인물인 김재준과 송창근은 함경도 경흥 출신이었다. 보수계의 박형룡은 평안북도 벽동 출신이었고, 한국인으로 구약학을 공부하여 처음으로 박사학위를 얻는 김치선은 함경도 함흥출신이었다. 이성휘 박사는 평북 철산 출신이었고, 남궁혁은 서울 근교에서 출생했다. 초기 인물 중 영남지방 출신으로 거의 유일한 인물이 윤인구 박사였다. 그가 영남인이라는 점도 한 가지 이유가 되지만 다수의 인물들이 미국유학파였으나 그가 (일본과 미국에서 수학하기도 했으나) 영국(스코틀랜드)에서 공부한 인물이었다는 점에서 그는 학계에서 소외를 당했다. 이런 외적인 요인들이 신학자로서의 길을 방해했다. 그가 조선신학교 설립에 동참하였으나 곧 사임하고 미 군정 하에서는 관리로 일했다. 후에는 부산대학교를 설립하고 총장을 지내기도 했다. 4·19혁명 후에 부산대학교를 사임한 그는 1961년 10월에 모인 연세대학교 이사회에 의해 총장으로 선임되어 11월 취임하였다. 이때부터 1964년까지 총장으로 일했다.[17] 그 후에 부산으로 내려와 1965년 이후에는 부산의 장로교신학교에서 가르치며 생애를 마감했다.

최근 부산대학교 관계자나 부산교계에서 그에 대한 관심이 일고 있다. 그의 삶의 행로는 어떠했을까? 장로교 목사인 그가 설립한 부산대학교가 어떻게 기독교 대학으로 발전하지 못하게 되었을까? 이런 의문을 가지고 그의 삶의 여정을 헤아려볼까 한다.

윤인구(尹仁駒, 1903-1986)는 1903년 11월 1일 경남 동래부(현 부산시) 구포에서 윤상은(尹相殷, 1887-1983)과 박영자(朴英子)의 장남으로 출생했다. 윤인구는 유복한 가정에서 출생했고, 그의 친가나 외가는 독립운동과 민족교육을 이끈 지도적인 가문이었다. 윤인구의 어머니는 구한말 서구문물을 받아드리는데 앞장섰던 부산의 선각자인 박기종(朴琪淙, 1839-1907)의 막내딸이었다. 박기종은 한국최초로 철도회사, 한국 최초의 기선(汽船)회사를 설립한 인물이자 부산에서 최초로 근대학교를 설립했던 선각자였다. 윤인구의 할아버지 윤홍석(尹洪

---

17) 원일한(H. G. Underwood) 박사는 윤인구의 연세대학교 총장 재직기를 다소 부정적으로 인식하고 있다. 윤인구는 '자기 소유'의 대학교 총장으로 일했기 때문에 연세대학교와 같은 진정한 법인체 대학교에서 서로 협조하며 운영하는 풍토에 적응을 하지 못했다고 평가했다. 또 그는 "윤인구는 "권위주의적으로 학교를 혼자서 운영하려고 하였다. 재단위원회나 행정위원회와 협의도 없이 학교의 고액의 기부금을 낸 가족의 자녀들을 입학시켰다."고 했다. 그리고 그런 일은 '자기 소유'의 대학에서는 흔히 볼 수 있는 일이지만 연세대학교에서는 용납되지 않는다고 덧붙였다. 원일한, 『한국전쟁, 혁명, 그리고 평화』(연세대학교 출판부, 2002), 284.

錫)은 양산에서 만성재(晩惺齋)를 열어 많은 인재를 길러낸 분이었고, 그의 자녀들은 구한말 관료계에서 활동했던 이들이었다. 이런 배경에서 윤상은은 박기종의 사위가 된 것이다. 윤상은은 결혼 후 박기종이 설립한 개성학교(현 개성고등학교)에서 수학하고, 1904년 동래감리서(東萊監理署) 주사로 일하던 중 1906년 구포에 사립구포구명학교(私立龜浦龜明學校)를 설립했다. 1908년에는 민족자본 육성을 위하여 우리나라 지방 금융기관의 시초로 알려진 구포저축주식회사를 설립했는데, 이것이 1911년에는 구포은행으로 발전했다. 구포은행은 후일 경남은행으로 발전하고 윤상은은 전무취체역(현 이사에 해당함)을 맡았다. 그러나 윤상은이 이런 경제활동을 통해 독립자금 지원에 관계되어 있다는 사실이 일경에 알려지자 은행에 손을 떼고 일본으로 도피하여 게이오(慶應)대학 경제학부에 입학했다. 34세의 나이였다. 윤상은의 동생 윤영은은 일본의 동경공업고등학교를 졸업하고 구포의 구명학교 교사와 교장으로 일했고, 고포청년회를 조직하여 민족운동을 전개하는 한편 야간학교를 열었다. 윤상은의 사촌형 윤정은(尹正殷)은 62세의 나이에도 불구하고 1919년 구포장에서 벌어진 만세운동을 진두지휘 하다 일경에게 체포되어 징역형을 받고 복역 중 순국했다.

이런 민족운동, 혹은 교육운동을 하던 선각자 가문에서 출생한 윤인구는 1910년 아버지가 설립한 사립구포구명학교에 입학하였고, 2년 후인 1912년에는 부산진공립보통학교로 전학하였다. 1917년 4월에는 동래사립고등보통학교에 입학하였으나 3학년 때인 1919년 독립만세운동이 일어나고 당숙인 윤정은과 재종형 윤경봉이 피검되자 신변의 위험을 느껴 학교를 중퇴하고 상경하여 YMCA 학관에서 수학했다. 17세가 되던 1920년 1월 일본 동경으로 유학을 떠나 메이쿄우(名敎)중학 3학년에 편입했다. 그해 9월에는 메이지 가꾸인(明治學園) 중학교로 전학하였고, 1923년에는 메이지 가꾸인 고등학부에 입학하였다. 졸업과 함께 1926년에는 메이지 가꾸인 신학부에 입학하였다. 메이지 가꾸인은 메이지대학과는 별개의 교육기관이었다. 미국장로교 선교사가 설립한 에이와(英和)학교(중학과정), 츠키지(築地)대학(고등과), 이찌 신학교(Union Theological Seminary)가 합쳐져 메이지 가꾸인(明治學園)이 된다. 이 학교는 한국의 평양신학교 보다는 자유로운 학교였다. 이 학교가 후에는 동경신학대학으로 개칭된다.

그가 신학을 공부하게 된 구체적인 동기는 알려져 있지 않으나 메이지 가꾸인 중학 때 산상수훈을 접하고 신앙을 갖게 되었고, 이때부터 신앙생활이 시작되었다. 이런 배움의 날들에서의 신앙적 확신이 신학수업을 하게 하는데 영향을 주었다. 명치학원 출신인 가가와(賀川豊彦)의 『사선을 넘어서』와 그의 빈민구호활동과 사회사업, 톨스토이의 작품들, 나까야마(中山昌樹)의 성경해석, 그리고 동경의 조선유학생 교회의 임택권 목사의 설교 등이 신학도의 길에 영향을 주었다고 한다.[18] 그래서 그는 이미 고등과에 다닐 때 신학을 공부하기로 작정했다. 그가 신학도의 길을 가는데 대해 그의 아버지는 강하게 반대했으나 윤인구의 마음을 돌려놓지 못했다. 1929년 메이지 가꾸인 신학부를 졸업한 그는 신약교수였던 무라다(村田四郎) 교수의 추천과 권면으로 프린스톤 신학교로 유학을 떠나게 되었다. 무라다 교수는 과거 대구 일본인 교회 목사로 일한 일이 있었다고 한다.

---

18) 방덕수 편, 『윤인구박사, 그의 참다운 삶과 정신』(제일인쇄, 1988), 39.

일본을 거쳐 미국으로의 유학은 당시 한국인들의 일반적인 면학노정이었다. 그가 프린스톤에 갔을 때는 김재준, 송창근은 프린스톤을 떠나 웨스턴신학교로 간 뒤였고, 한국인은 오직 김성락(金聖樂) 만 있었다. 이때가 미국장로교회에 신학적 논쟁이 일어난 때였는데, 그레샴 메이첸 교수 등이 신학생 일부를 데리고 웨스트민스터신학교로 분리해 나갔기 때문에 학생 수는 약 150여명에 불과했다고 한다. 대학원 연구과 과정에 입학한 윤인구는 이듬해 "리츨적 신학"(Ritschlian Theology)이라는 제목의 논문으로 신학석사 학위를 수여받았고, 1930년 9월에는 스코틀랜드 에딘버러대학으로 유학을 떠났다.

그가 미국을 떠나 스코틀랜드로 간 것은 메이지 가꾸인에서 공부할 당시 메킨토시(H. R. Mackintosh)에게 배운 일본신학자의 영향이라고 말하지만 이 점은 분명치 않다. 어떻든 그가 소속한 곳은 에딘버러대학 신학대학원이었지 에딘버러대학교의 뉴 칼리지(New College)가 아니었다. 에딘버러에 체류한 기간은 길지 못했다. 6개월간 주로 조직신학을 공부하고 1931년 4월 귀국했다. 그는 후일 "스코틀랜드에 더 있을 필요를 느끼지 않았고, 고국에는 할 일이 너무 많다고 생각했다."고 회고했다.[19]

귀국과 함께 4월 16일 부산 초량교회에 출석하던 방덕수(方德守)양과 주기철 목사의 주례로 호주선교사 위대서(Muriel Withers) 집에서 결혼식을 올렸다. 방덕수는 서울 정신여학교를 졸업하고 경도의 도시샤여학교(同志社女學校)에 유학한 후 이화여전으로 전학하여 영문학을 공부한 엘리트여성이었다. 방덕수는 경남노회종교교육협의회가 발

---

19) 방덕수, 54.

간하는 〈복음과 종교교육〉 24호에 "인생의 찬가"라는 롱펠로의 시를 번역 게재하기도 했다. 그해 9월에는 이약신 목사의 후임으로 진주교회 강도사로 부임했다. 그의 나이 28세 때였다. 당시 옥봉(리)교회로 불린 진주교회는 부산의 초량, 마산의 문창교회와 함께 경남의 유력한 교회였다. 이때부터 1934년 말까지 4년간 일했다. 진주교회에서 일하는 동안 총건평 115평, 부속실 7~8개, 70평의 기와집 교회당을 총경비 1만원으로 신축하고 1932년 성탄절에 입당했다. 1934년에는 호주빅토리아주 장로교 총회장 메카울리(R. W. Macaulay)가 진주교회를 방문하기도 했다. 윤인구에 의하면 호주장로교회 총회장이 당시 미국가 주도하는 평양신학교의 신학이 너무 고루하다고 말했다고 한다. 그것이 사실이라면 호주교회가 볼 때는 미국선교사들이 과도하게

윤인구 박사(앞줄 우에서 3째)
부모(윤상은, 박영자, 앞줄 우에서 4,5째)와 가족들

보수적이었다고 인식한 것으로 보인다. 사실 윤인구 목사는 일본 아오야마 가꾸인(靑山學園)과 프린스톤 등에서 공부한 이유로 '신신학자' 혹은 '진보적 신학자'로 인식되었고, 그 일로 마음 고생을 한 점을 고려해 볼 때 그에게도 보수적 성향에 대한 심리적 거부감이 있었을 것이다. 이 당시 경남노회에서 소위 순육설(純肉說)의 문제로 백남용(白南鏞, 1897-1950)의 교리를 따르는 김형윤, 배철수, 금석호 등이 치리를 받은 일이 있었는데, 이때도 그가 이들을 지지하는 듯한 인물로 의심을 받기도 했다. 이일에 대하여 자신의 입장을 밝히는 "나의 입장"을 〈경남노회 종교교육통신〉 19호(1932. 7)에 게재하기도 했다.

1935년에는 진주교회를 사임하고 마산의 복음농업실수학교(Gospel Farm School) 교장으로 부임했다. 32세 때였다. 호주선교사 부오란(Frank Borland)이 시작한 이 학교는 농촌지도자들을 양성하기 위한 1년 과정의 학교였다. 일본 가가와(賀川豊彦)의 농촌학교나 덴마크의 민중학교(Danish Flok School)가 이 학교의 모델이었다. 마산 호신(濠信)학교 건물에서 애신(愛神), 애린(愛隣), 애토(愛土)라는 취지로 개교한 이 학교 운영을 위해 한국인 지도자의 도움이 절실했고 윤인구 목사에에 이 일을 맡기게 된 것이다. 본래 목적은 이름 그대로 농촌지도자 양성이었으나 윤인구는 일종의 신학교육기관으로 발전시키고 싶어했다.[20] 신학을 공부한 사람이 가질 수 있는 당연한 욕심이었을 것이다. 윤인구 목사가 교장으로 부임할 당시 학생 수는 35명이었다. 1937년에는 이 학교가 김해군 대지리로 이전하였다. 윤목사는 4년간 교장으로 일하고 복음농업실수학교는 심문태(沈文泰, 1895-1978)

---

20) Edith Kerr, 61.

목사에게 맡기고 새로운 신학교 설립을 위해 1939년 3월 서울로 이거하게 된다.

윤인구는 채필근, 송창근, 함태영, 김재준 등과 김대현 장로 등과 함께 서울 승동교회에서 조선신학교를 설립하고 전임교수로 취임했다. 정식 개교한 것은 1940년 4월이었는데, 윤인구 자신은 학교 운영 책임을 맡았다고 말하고 있다.[21] 학교의 운영에는 여러 난제들이 있었다. 평양중심의 교계의 반대도 있었고 그들의 방해로 일경에 의해 투옥되기도 했다. 당시 서울에는 성결교신학교와 감리교신학교가 있었는데, 감리교신학교와의 합동을 구상하며 1년간 합동수업을 하기도 했다. 그러나 합동은 무산되고 조선신학교 설립에 동참했던 이들 간의 갈등으로 결국 그는 1943년 조선신학교를 포기하고 다시 고향 김해군 대동면 상동으로 돌아갔다. 이때부터 그는 벌목일을 하며 해방의 날을 기다리고 있었다.

해방은 윤인구의 삶에도 큰 변화를 가져다 주었다. 자신의 표현처럼, 해방은 "획기적인 사건이 되었다." 그러했기에 그도 한 편의 시로 해방을 노래했다.

1. 죽음의 쇠사슬 풀리고 자유의 종소리 울린 날
삼천만 가슴엔 눈물이 샘솟고 삼천리 강산엔 새봄이 오던 날
아, 동무여 그날을 잊으랴
우리의 생명을 약속한 그날을 8월 15일 8월 15일

---

21) 방덕수 편, 73.

2. 어둠의 절벽이 문허저 해방의 기빨이 날린날
삼천만 가슴엔 새노래 샘솟고 삼천리 강산엔 무궁화 피던 날
아, 동무여 그날을 잊으랴
우리의 영광을 보여준 그날을 8월 15일 8월 15일

3. 뭉치세 삼천만 동포여 찾으세 삼천리 강산을
지고온 쓰라린 멍애를 버리고 새로운 만년의 역사를 써가세
아, 동무여 일어서라 이제
자유의 종소리 힘차게 울린다 8월 15일 8월 15일

물론 해당 당시에 쓴 글이 아니라 1946년 8월 해방 1주년을 앞두고 쓴 노래이지만 해방의 기쁨을 노래했다. 이 시에다 곡을 붙인 이가 작곡가 김수현(金守賢, 1919-1992)이었다. 그 역시 독립운동에 연루되어 옥고를 치렀던 인물인데, 이 시는 경상남도 학무과 제정이라 하여 널리 불렸고, 부산진교회 김경석 장로의 회고에 따르면 대지교회 찬양대도 이 노래를 부르며 광복을 기렸다고 한다. 한글전용 주창자였던 김수현씨는 후일 그의 이름도 금수현으로 개명했다. 그는 장모였던 여류작가 김말봉(金末峰, 1901-1961)의 '그네'를 작곡하여 세상에 널리 알려지게 되었다.

해방과 함께 부산에도 미군이 진주했는데, 윤인구는 1945년 11월 경상남도 학무과장에 임명되었다. 학무과장은 지금의 교육감에 해당하는 직책이었다. 그의 아버지 윤상은은 재무부장으로 임명을 받고 일하고 있었다. 윤인구는 구미(歐美)에서 유학 한 지식인이라는 점과

영어 구사능력이 있었다는 점이 고려되었다. 정상적인 학교 교육을 위해서는 일본인이 떠나간 자리에 필요한 교원을 확보하는 일이 학무과장의 가장 시급한 과제였다. 이때 윤인구는 연희전문학교와 일본 유학을 마치고 돌아온 강성갑(姜成甲) 목사를 불러 함께 일했다. 또 윤인구는 교원양성을 위해 부산사범학교를 설립했는데, 이것이 현재의 부산교육대학교로 발전하고 있다. 이 때 부산에서도 대학 설립을 꿈꾸는 여러 기성회가 조직되었는데, 윤인구는 이들을 통합하고 또 기금을 조성하여 당시 문교부장관 유억겸을 통해 대학설립 인가를 받았다. 이때가 1946년 5월 15일이었다. 대학은 국립으로 하되 대학이 어느 정도 자리 잡을 때까지는 기성회가 경비를 충당하기로 했다. 이것이 오늘의 부산대학교의 시작이었다.

 윤인구 박사가 마음만 있었다면 얼마든지 사립대학으로 출발할 수 있었지만 그는 대학교육을 국가적 차원에서 시행해야 한다고 생각했다고 말하고 있다.[22] 윤인구가 대학설립의 이상과 함께 기독교대학 혹은 기독교교육에 대한 이상이 있었더라면 부산의 교육이 어떻게 변모했을까? 그가 미국과 영국에서 유학하면서 기독교 대학을 보았을 것이고, 그것이 갖는 의의를 인식했을 것인데 그에게 거룩한 욕심이 왜 없었을까? 그가 해방된 조국에서 신앙입국(信仰立國)을 의도하고 기독교적 인제양성을 의도했다면 한국에서, 특히 부산경남 지방에서 기독교의 위상은 크게 달라졌을 것이다. 1948년 정부수립 후 첫 문교부 장관이었던 안호상씨가 부산대학은 "대한민국 정부가 설립한 대학이 아니라"며 홀대하기까지 했는데, 목사이기도 한 윤인구 학장이 굳이 국립대학을 고집한 것은 이해하기 어렵다. 이런 점에서 아쉬운 점

---

22) 방덕수 편, 86.

이 없지 않으나 윤인구는 혼란한 해방 정국에서 국가적 차원의 교육을 생각한 것으로 보인다.

학교를 설립한 이후 선교사로 내한하여 연세대학에서 가르치던 베커(Arthur L. Becker, 1879-1978) 박사를 부산대학 학장으로 추대했다. 그는 미시간대학에서 물리학으로 박사학위를 취득하고 1903년 감리교 선교사로 내한하여 숭실대학과 연세대학에서 가르쳤던 학자였다. 그러다가 1949년 11월에는 윤인구 목사가 학장으로 취임하였고 대학교로 승격한 이후인 1953년 11월에는 초대총장에 취임하여 오늘의 대학으로 발전하는 기틀을 만들었다. 1954년 미 국무성 초청으로 경북대학의 고병간 총장, 전남대의 최상채 총장과 함께 미국대학들을 순방하고 미국의 인문대학(Liberal Art College) 모델을 따르고자 했다. 그의 지도력 하에서 부산대학을 종합대학으로 발전시켰고, 부산시 동래구 장전동의 현재의 교사도 마련했다. 이름이 국립대학이지 사립대학으로 이끌어 온 윤인구 박사는 1946년 이래 약 15년간 부산대학을 위해 일하고 1961년 물러났다. 그가 일한 것에 비하면 배신감을 느낄 정도로 그에 대한 합당한 예우가 없었다고 한다. 퇴임식이나 퇴직금도 받지 못했다고 한다.

그가 부산대학교 총장으로 재임하면서 1958년에는 대학 근처에 소정교회를 설립하여 목회를 겸하기도 했다. 이 해에 미국 휴론(Huron)대학으로부터 명예신학박사 학위를 받았다. 이 학교는 한국선교사 출신인 메쿤(McCune, 尹山溫)이 총장으로 있던 학교였다. 이 대학이 개교 75주년을 기념하여 윤인구에게 학위를 수여하게 된 것이다.

부산대학을 떠난 유인구는 1961년 11월에는 연세대학교 총장으로 가게 되었다. 그가 목사이자 대학교육 경력자라는 점이 고려되어 총장으로 가게 된 것이다. 연세대학교는 1915년 설립된 연희대학과 1901년 시작된 세브란스의과대학이 1957년 통합하여 연세대학교로 개칭되었는데, 윤인구는 백낙준, 고병간에 이어 제3대 총장으로 취임하게 된 것이다. 꼭 4년을 일한 다음 1964년 총장직에서 물러나 부산으로 돌아왔다. 부산대학을 떠날 때와 마찬가지로 연세대학교에서도 내분과 자리에 대한 다툼을 경험하고 유쾌하지 못 하게 학교를 떠났다. 많은 사람들이 높은 자리를 탐하지만 그 자리에서 누리는 특권만큼이나 비감도 적잖은 모양이다.

다시 부산으로 돌아온 윤인구는 고혈압으로 3개월 가량 투병했고 건강을 회복하게 되자 통합교단 부산신학교 강사로 혹은 교수로, 그리고 교장 혹은 명예교장으로 활동했다. 이것이 그의 마지막 봉사였다. 1966년에는 그간 대학교육에 기여한 공로로 부산대학교에서 명예문학박사 학위를 수여받기도 했다.

1973년부터 6년간 윤인구 박사는 통일주체국민회의 대의원으로 활동했다. 통일주체국민회의(統一主體國民會議)는 1972년 10월 17일 박정희 대통령이 소위 '10월 유신'을 통해 제4공화국이 출범하면서 헌법에 따라 구성된 간접민주주의 기관이었다. 가장 중요한 기능은 유신헌법의 핵심인 대통령을 간접 선거로 선출하는 것이었다. 법률상으로 이 기관은 국민의 직접선거로 선출되는데, 대통령을 선출하고 유신정우회로 불리는 국회의원 정수의 3분의 1을 선출하며, 국회의 헌법 개정안을 최종 의결하고 통일 정책을 심의하는 기구로 규정되어 있지만, 사실은 통일주체국민회의 의장이자 대통령인 박정희의 거수기 노릇하는 기관이었다. 이 기관은 1979년 10월 26일 박대통령이 사망하자 다음 대통령인 최규하와 전두환을 형식적으로 선출해주는 역할을 맡은 뒤, 이듬해 제5공화국 헌법 발효와 함께 해체되었다. 이런 기관의 대의원이 되겠다고 입후보한다는 것은 그리 자랑할 것이 못된다. 당시 나는 대학생에 불과했지만 부산 동래지역 전봇대 기둥에 붙어 있는 대의원 후보자 윤인구 박사의 선거벽보를 보고 약간 실망한 일이 있다. 부산대학교와 연세대학교 총장까지 한 분이 뭐가 부족해서 이런 기관의 대의원이 되겠다고 출마하실까 하는 생각이 들었다. 그것이 전적으로 자의에 의한 것이 아니었다고 해명하고 있지만[23] 그가 걸어갔던 여정에 비추어 볼 때 이 점 또한 아쉬운 점이라고 생각했다.

윤인구박사는 신학을 공부한 학자였지만 신학자라기 보다는 교육행정가로 활동했다. 물론해방 이전 조선신학교에서 가르친 일이 있고, 또 연세대학교 총장직에서 은퇴한 후 부산의 부산신학 혹은 영남신학교에서 가르친 일이 있으나 신학자로서의 그의 역할은 미미했다. 또 그는 신학계 주류에서 활동하지 못했다. 평양신학교 출신도 아니었고, 미국에서 학위를 한 것도 아니었고, 또 이북 출신 학자들이 중심이 된 신학교육의 현장에서 경상도 출신이라는 점도 그의 소외에 영향을 주었을 것이다. 또 그는 신학적으로 볼 때 사실 이상으로 진보적이라는 평가를 받았다. 그래서 평양신학교 중심으로 생각하던 미국선교사들은 늘 그의 신학을 의심했다. 이런 여러 이유로 한국교계에서의 그의 역할은 제한될 수밖에 없었다. 그는 지도력과 함께 고상한 인품을 지닌 교육자로 알려져 있다. 그의 삶의 여정을 굽어보면, 그는 어느

---

23) 방덕수 편, 114.

한곳에 정주하면서 자신의 아성을 구축하고자 하는 일이 없었다. 자신을 필요로 하는 곳이라면 기꺼이 가서 일하며 최선을 다하되 더 이상 자신을 원치 않는다면 깨끗이 물러서는 분이었다. 그는 욕심 없이 일생을 살았다. 그러했기에 자신이 설립하거나 설립의 주체였던 조선신학교나 부산대학교를 미련 없이 떠났고, 연세대학교 총장직에도 연연하지 않았던 것이다. 그는 말년에 건강을 잃기도 했으나 1986년 1월 25일, 83세로 하나님의 부름을 받았다. 그의 부인 방덕수 여사는 꼭 9년 뒤인 1995년 11월 7일 하나님의 부름을 받았다.

# 31. 이일래 1903-1979
### 마산의 동요 작곡가, 〈고향〉〈산토끼〉의 작곡자, 문창교회 찬양대 지휘자

마산의 동요작곡가
이일래 선생

호주에서 지내는 동안 우연하게도 멜보른에 사는 거의득 선교사의 조카인 로마 리차드슨(Roma Richardson) 부인으로부터 한권의 소중한 책을 접하게 되었다. 1938년 경남노회 종교교육부 발행이지만, 유영완(Esmond New) 선교사 명의로 발행된 이일래(李一來, 1903-1979)의『朝鮮童謠作曲集』이 그것이다. 영어로는 *My Native Place and Other Songs* 라는 제목의 동요집이었다. 흥미로운 점은 호주 선교사 유영완 목사가 삽화를 그리고, 그의 부인 유안례(柳安禮) 여사가 한국동요를 영역하여 한영 이중 언어로 만들었다는 점이다. 유영완은 호주선교사로서 미술에 재능이 뛰어난 선교사였는데, 그는 한국 풍속에 대한 여러 삽화를 남겨주고 있다. 이 책에는 〈고향〉〈봄노래〉〈산토끼〉〈엄마생각〉 등 21곡을 수록하고 있는데, 35쪽으로 된 이 책

매 쪽마다 유영완의 삽화를 실어 한국적 정취를 더해 주었다.[24] 나는
이 책을 소중한 자료라 여겨 20년 이상 간직하고 있고, 동요작사자이
자 작곡가인 이일래씨가 어떤 분인가에 대해 관심을 가지고 지내왔다.
  이일래는 아동문학가 이원수가 쓴 "나의 살던 고향은 꽃피는 산골"
로 시작되는 〈고향〉을 작곡한 분이고, 조선 사람이라면 누구나 아는
〈산토끼〉를 작사작곡한 인물이지만 그를 아는 이들은 예상외로 적었
다. 최순애의 시 〈오빠생각〉을 작곡하고 노산 이은상의 〈노고지리〉에
곡을 붙인 이도 이일래 선생이었다. 그가 마산에 거주하던 호주 선교
사와 함께 동요집을 발간한 것을 보면 신자인 것이 분명했지만 마산
사람 중에 그를 아는 이들이 거의 없었다. 그러던 중 은행원으로 일
생을 살았던 박영수 선생의 회고록 『돈지기 한평생』을 읽으면서 이

---

24) 이일래의 『조선동요작곡집』(조선기독교서회, 1938)에 수록된 동요는 다음과 같다.
  1. 고향 李元壽作謠 1,
  2. 봄노래 李一來作謠 3
  3. 산토끼 李一來作謠 5
  4. 해바라기 李一來作謠 7
  5. 봄 李一來作謠 8
  6. 귀뚜라미 金泳贊作謠 9
  7. 단풍 李一來作謠 11
  8. 아침 李一來作謠 13
  9. 병정나팔 李一來作謠 14
  10. 외딴집 李貞求作謠 15
  11. 다람쥐 李一來作謠 17
  12. 반딧불 李一來作謠 18
  13. 노고지리 李殷相作謠 19
  14. 기러기 李一來作謠 21
  15. 오빠생각 崔順愛作謠 23
  16. 불이야 歌劇 달팽이집에서 作謠 25
  17. 달과별 李一來作謠 27
  18. 집떠난 제비 李一來 作謠 29
  19. 엄마생각 李光來作謠 31
  20. 연 李一來作謠 33
  21. 시편(23) 聖經中에서 34.

일래 선생이 1930년대 마산문창교회 찬양대지휘자였음을 알게 되었다.[25] 이 점에 대해서는 신사참배를 반대하여 싸웠던 김두석 여사 또한 증언하고 있다. 그가 의신여학교 교사로 재직하면서 문창교회 출석할 때 찬양대 소프라노 단원이었고, 이일래 선생 지휘로 불렀던 "두려말라, 두려말라, 내 너를 지키노니, 담대하라, 담대하라, 주 너의 여호와니 내 너를 힘주고 내 너를 도와서 의로운 오른 손이 너를 지켜 주리라."를 불렀던 일을 회상했다.[26] 이런 연유로 이일래 선생은 흥미로운 인물로 나의 관심을 끌었다.

이일래(본명 무근) 선생은 1903년 5월 10일 마산시 성호동 52번지에서 출생하여 창신학교 고등과를 졸업하고(1920) 서울중동중학에서 수학한 것으로 알려져 있다. 그의 가계에 대해서는 알려진 바 없으나 그의 동생이 극작가 이광래이고, 노산 이은상과는 동갑내기 당질관계였다. 음악에 관심이 컸던 그는 김영환(金永煥, 1893-1978)에게 음악을 배울 심사로 연희전문학교에 입학했다고 알려져 있으나 그가 수물과에 입학한 이유는 알려져 있지 않다. 동경음악학교 출신인 김영환은 25살의 나이로 연희전문학교 교수가 된 이로서 우리나라 최초의 피아노 전공자로 불리기도 한다.[27] 이곳에서 음악교육을 받던 그는 김영환의 피아노, 퍼스트 바이올린을 맡은 홍난파와 함께 자신은 세컨드 바이올린을 맡아 YMCA에서 트리오로 연주 활동을 하기도 했다.

그러나 분명히 알 수 없으나 3학년에 중퇴하고 1927년 이후 고향 마

25) 박영수, 『돈지기 한평생』(도서출판 보림, 1999), 118.

26) 김두석, 『두 감나무 고목에 핀 무궁화』(예음, 1985), 91-92.

27) 김영환에 대한 자세한 정보는, 한상우, 『기억하고 싶은 선구자들』(지식산업사, 2003), 40-45.

산으로 돌아와 창신학교 교사로 재직했다. 이듬해에는 창녕군 이방면에 소재한 이방공립보통학교에 훈도교사로 전근하게 된다. 저 유명한 〈산토끼〉, 〈단풍〉을 작곡한 곳은 바로 이곳이었다. 말하자면 이일래는 창신학교로 부임한 이후 교육자로서, 그리고 동요작곡자로서의 길을 가게 된 것이다. 그가 처음 작곡한 노래는 '나의 살던 고향은 꽃피는 산골…'로 시작되는 이

이일래 선생의 동요집(1938)

원수의 노랫말에 곡을 붙인 〈고향〉이었다. 이 노래가 갖는 의미가 얼마나 큰 것인가에 대해서는 말할 필요가 없을 것이다.

이방공립보통학교 재직시 이일래는 〈산토끼〉를 작시 작곡하게 되는데, 전 창녕박물관장 하강돈씨는 이 노래를 작곡한 배경을 이렇게 설명한다. 1928년 가을, 조국과 음악에 대한 꿈을 잃어버린 우울한 마음을 달래기 위해 1살에 불과했던 장녀 명주를 안고 학교 뒷산인 고장산 기슭에 올라가 잔디밭에 누워 지는 해를 바라보고 있었다고 한다. 이 때 토끼 한 마리가 두려움도 없이 깡충깡충 뛰노는 모습을 보고 "우리 민족도 저 산토끼처럼 자유롭게 일제의 통치에서 벗어나 나

라를 되찾을수 없을까?"라는 생각이 들었고, 그 자리에서 가락을 흥얼거리다 집으로 돌아와 오선지에 곡을 만들고 가사를 붙인 것이 〈산토끼〉의 탄생 배경이라고 한다. 산토기 노래는 고장산이 아니라 지리산에서 영감을 얻었다는 설도 있다. 이일래 선생의 동요집에는 지리산 정상에서 산토끼를 그린 삽화가 첨부되어 있기도 한다.

〈산토끼〉는 순식간에 퍼져 나갔다. 멜로디의 단순함, 재미있는 노랫말 때문에 누구나 쉽게 부를 수 있었다. 산토끼는 순진하고 착한 조선 사람을, 깡충깡충 뛰는 것은 자유와 독립을 상징한다고 보아 이 노래가 민족 감정을 고무시켰다는 이유로 일제의 탄압을 받아, 이 노래의 작사·작곡자가 이일래 자신임을 밝히지도 못했다.

이 노래는 6.25 동란 이후 초등학교 교과서에 실리게 되면서 전국적으로 널리 알려지게 되었으나 작사·작곡자를 알 길이 없어, 교과서 편찬위원들은 처음에 작자 미상으로 기제 했었다. 다행하게도 앞에서 말한 1938년에 발간된 『조선동요작곡집』을 통해 이일래는 자신이 작사, 작곡자임을 증명할 수 있게 된 것이다.

1930년부터 이일래 선생은 호주장로교 선교부가 농촌교회 지도자 양성을 위해 설립한 복음농업학교 음악교사로 일하게 된다. 1936년부터는 마산 제비산에 있는 호주선교회 선교사들의 어학선생으로 일했다. 이 때 이일래는 작곡자로 본격적인 활동을 한 것으로 보인다. 특히 이 기간 동안 이일래는 마산의 유서 깊은 문창교회에 출석했는데, 1936년부터 1945년까지 집사로 그리고 성가대 지휘자로 일했다. 이때 반주자는 이화여전 보육과 출신인 유정순(劉貞順)이었다. 이런 연유로 그는 호주 선교사들의 도움을 받아 그가 작사·작곡한 노래들을 모아 『조선동요작곡집』을 출간하게 된다. 처음 1000부를 찍었는데, 한국과 호주에서 판매되었다. 한국에서는 마산의 유영완 선교사가, 호주에서는 비토리아주 장로교 총회 선교부 총무 매튜(John Matthew) 목사에 의해 멜보른의 콜린스가 156번지에서 판매되었다. 수익금은 종교문서 발행경비로 사용된다고 소개하고 있다. 내가 입수한 책이 바로 이 책이다. 이 책 1천권 중 7백여권이 호주와 외국으로 분배되어 한국의 시가(詩歌)를 소개하는 계기가 된 것이다. 이 책 서두에는 이화여자전문학교 교장이었던 아펜젤러 여사의 짧은 추천사가 있다.

대동아 전쟁을 전후하여 선교사들이 한국에서 철수하게 되자 이일래는 1940년 마산여자 가정학교를 설립하였으나 1943년 강제 폐쇄되었고, 이런 가운데서 『조선동요작곡집』재판 1천권을 냈다고 한다. 해방 이후 이일래는 음악인으로보다는 사회활동에 적극적으로 가담한다. 호주선교사의 어학선생으로 일한 덕분에 영어 실력을 인정받아 미군정 CIC마산 대장의 통역관으로 일하기도 했고, 1947년에 경상북도 초대 상공국장으로 2년간 공무원 생활을 하기도 했다. 1948년부터 1951년까지 마산 체육회 2대 회장을 맡기도 했다. 체육회 재임시절인 1948년 일본으로 건너가 일본대학 예술학원 음악과에서 1년간 수학했는데, 이런 점을 보면 비록 사회활동에 골몰했으나 음악에 대한 애정을 버리지 못한 것으로 보인다. 이 시기에도 그가 곡을 남겼으나 화재로 분실되고 남아 있지 않다.

마산 창동에서 생활하던 그는 1975년에는 서울시 중구 필동 3가 27번지로 이주하였고, 1979년 7월 10일, 경기도 양주군 화소면 가곡리에서 76세를 일기로 하나님의 부름 받았다.

이일래 선생이 사망하기 7개월 전인 1978년 12월 8일, 그가 봉직했던 이방초등학교에 (이방초등학교 27회 졸업생 하종달씨의 주도로) 산토끼 노래비가 건립되었는데, 맏딸 명주씨와 함께 참석한 이일래 선생은 제자들로부터 기념패를 수여받고 "산토끼 작곡가는 내가 아니라 조국을 잃은 슬픔을 안고 살았던 우리 민족이었다."라고 인사했다고 전해진다. 2007년 8월 26일에는 이방초등교에 고 이일래 선생의 흉상 제막식이 거행되었고, 이를 통해 잊혀진 작곡가의 여정을 기념하게 되었다.

우리의 관심은, 신앙인으로서 그리고 성가대 지휘자로서의 그가 어떻게 신앙생활하고, 어떻게 교회 찬양대를 이끌어갔을까 하는 점이다. 그가 교회에서 부를 수 있는 어린이 노래를 작곡하지는 않았을까? 현재 단 한곡만 알려져 있다. 그것이 시편 23편에 곡을 붙인, 우리에게 익숙한 "여호와는 나의 목자시니..."이다. 그는 마산 문창교회 집사이자 10년간 성가대를 지휘한 음악인이었으나 2001년 편찬된 『마산문창교회 100년사』에서는 그에 대해 단 한번의 언급도 없다.

이일래 선생은 그의 아내 박억순 집사와 함께 문창교회를 떠나 마산 동광교회로 이적하게 된다. 문창교회에서 교회 재산문제로 분규가 일어나 법적인 대립을 하고 일부는 1층에서, 다른 한쪽은 2층에서 번갈아 예배를 보며 대립하고 있을 때, 김태영, 박기권, 박을생, 신수도, 이보형, 이윤재 집사 등이 교회를 떠나 동광교회를 설립하게 된다. 이일래 선생과 그 부인도 이 때 동광교회로 이적하였다. 이일래 선생은 마산을 떠나 있는 기간이 많았지만, 부인 박억순 집사는 신앙심이 깊고 열심 있는 집사였다. 심방도 함께 다니고 교회 모임에도 열심히 참

석하는 모범적인 신앙인이었고 한때 여전도회 회장을 역임하기도 했
다. 이들은 후반부의 삶을 마산동광교회 교인으로 살았다.

## 32. 박윤선 1905-1988
### 고려신학교 교수, 교장을 역임한 개혁주의 신학자

교려신학교 교사건축시의 박윤선 교장

한국교회에는 몇 가지 신학적 조류가 있어왔다. 유동식는『한국신학의 광맥』에서 한국개신교 신학의 흐름을 세 가지 유형으로 분류하여 '보수적 근본주의 신학', '진보적 사회 참여의 신학', 그리고 '종교적 자유주의 신학'으로 대별하고, 보수적 근본주의 신학에 초석을 놓은 이로 길선주(吉善宙)와 박형룡(朴亨龍)을, 진보적 사회 참여의 신학의 초석을 놓은 이로 윤치호(尹致昊)와 김재준(金在俊)을, 종교적 자유주의 신학의 초석을 놓은 이로 최병헌(崔炳憲)과 정경옥(鄭景玉)을 들었다. 이 구분은 한국교회 신학 태동기를 중심으로 구분한 것으로서,

그 이후의 한국교회 신학적 조류까지 점평했다고 볼 수는 없다. 유동식의 분류를 따른다면 길선주와 박형룡으로 대표되는 보수적 근본주의 신학이 초기 한국교회의 신학이었고 한국교회 신학적 전통이 되고 있다고 볼 수 있다. 굳이 박윤선을 위의 3가지 신학적 조류로 판단한다면 보수적 근본주의 신학에 근접하다고 볼 수 있으나 그의 신학은 보수적 근본주의 신학과 반드시 일치하지는 않는다.

박윤선(朴允善, 1905-1988)은 한국에서 '개혁주의 신학'(Reformed theology)의 초석을 놓고 이 신학을 발전시켜온 중심 인물로 평가될 수 있다. '개혁주의 신학'은 보수적 근본주의 신학과는 다르다. 보수적 근본주의 신학은 1920년대 미국교회의 신학논쟁에서 분명하게 석명된 신학으로서 문화와 사회에 대한 분리주의적, 반지성주의적 성격이 있고, 문화에 대한 책임을 경시한다. 그러나 종교개혁 신학을 계승하되 칼빈, 아브라함 카이퍼, 바빙크로 연결되는 개혁주의 신학은 하나님의 주권과 선택, 하나님의 영광을 신자의 삶의 목표로 여기기 때문에 개혁주의자들은 삶의 전 영역에서 하나님의 주권을 강조하는 문화적 사명을 중시하는 신학이다. 이 신학이 한국교회 초기 선교사들의 사상에서 연원하지만 이 신학을 보다 분명히 해설하고 한국교회 현실에서 체계화 한 이는 박윤선이었다. 박윤선은 40여년간의 교육활동과 저술, 성경주석의 집필, 목회활동을 통해 개혁주의 신학을 소개하고, 해명하고, 석명하였을 뿐 만 아니라 개혁주의적 삶을 통해 한국교회에 "바른 신학, 바른 교회, 바른 생활"에 대한 모범을 보여주었다. 이 글에서는 그의 삶과 신앙, 신학과 학문의 여정을 통해 한국교회 신학과 그 개척자들에 대해 살펴보고자 한다.

## 신학적 여정

박윤선은 1905년 12월 11일 평북 철산군에서 농부의 둘째 아들로 출생했다. 유교적 배경에서 성장한 그는 서당에서 한학(漢學)을 공부하게 되는데, 암기력과 기억력이 비상하여 서서삼경을 줄줄 외웠다고 한다. 이런 한학에 대한 이해는 오늘의 신학자들이 갖추지 못한 특별한 자산이었다. 17살 때 교회에 다니기 시작하면서 신앙을 배우게 되고 향리의 기독교계 학교인 대동학교를 거쳐 정주 오산학교에서 1년간 수학했다. 다시 양전백 목사가 설립한 신성중학교에 전학하여 졸업하고 숭실전문학교에 진학했다. 이런 여정에서 신학공부를 결심한 그는 1931년 평양신학교에 입학하여 1934년 제29회로 졸업했다. 김성여, 임학찬, 송상석, 유재기, 지수왕 등이 동기들이다. 평양신학교를 졸업한 후에 두 차례 웨스트민스터신학교에 유학했는데, 1차 유학 때(1934-36)는 메이첸(J. Gresham Machen, 1881-1937) 문하에서 헬라어공부와 신학연구에 주력하였다. 2차 미국 유학 시(1938-1939)에는 반틸(Conelius van Til)의 문하에서 변증학을 배웠는데, 반틸의 영향으로 신학이란 어떤 자연론적인 유추나 철학적 사변에서 출발하지 않고 삼위일체 하나님을 전제한 성경계시에서 출발하는 전제주의(presuppositionalism)에 기초해야 한다는 사실을 배우게 된다. 또 반틸의 신학이 근거하고 있는 바빙크의 교의학을 접하게 되는데, 이것은 바르트의 변증법적 신학을 극복하는데 도움을 주게 된다.

박윤선의 첫 신학논문은 바르트의 성경관에 대한 비평이었고, 그의 두 번째 논문은 바르트의 계시관 비평이었는데, 이것은 반틸의 영향으로 보인다. 그의 글에 나타난 계시의존적 사색도 당시의 신정통주의 신학에 대한 반틸적 대응이었다. 박윤선은 웨스트민스터신학교에서 석서학위를 얻고(1936) 귀국하여 평양신학교에서 원어학을 가르치기 시작하였는데, 이것이 그의 신학교육의 시작이었다. 그가 웨스트민스터신학교에 두 번째 유학하던 중 제2차 대전이 발발하여 일시 일본에 체류하다가 만주 봉천으로 갔는데, 1940년 3월 이곳에서 목사안수를 받았다. 또 봉천에 소재한 한인교회 교역자 양성기관인 만주 봉천신학원에서 박형룡과 함께 교수로 봉사했다.

해방과 함께 귀국한 박윤선은 1946년부터 1960년까지 14년간 부산의 고려신학교(현 고신대학교) 교수 혹은 교장으로 봉사했다. 그가 고려신학교 교수로 봉직하고 있던 1953년 10월에는 화란 자유대학으로 다시 유학을 떠났는데 이때 그의 나이 48세 때였다. 아내의 갑작스런 교통사고로 급거 귀국함으로서 화란에 체류한 기간은 불과 6개월 정도에 지나지 않았다. 그러나 이 기간 동안 화란의 개혁신학을 접하게 되고, 이 신학을 한국에 소개하였다. 박윤선은 화란 개혁주의 신학자들의 글을 섭렵하고 한국교회에 소개한 최초의 인물이었다. 박형룡은 미국에 수용된 화란 신학을 소개했으나, 박윤선은 직접적으로 화란신학을 한국에 소개했다. 박윤선은 1935년 웨스트민스터신학교 유학시절 바빙크의『교회교의학』(Gereformeerde Dogmatiek)을 접하고 화란의 개혁주의 신학에 심취하게 되어 독학으로 하란어를 해독하게 되었다고 한다.

박윤선이 박형룡(朴亨龍, 1897-1979)과 다른 한 가지는 이 점이다. 곧 박형룡은 미국의 구 프린스톤 신학(Old Princeton Theology)을 한국장로교회의 전통으로 확립하고 이를 보수하려는 입장이었으나, 박윤선은 화란에서 발전된 개혁주의 신학도 적극적으로 수용하였다는 점이다. 즉 그는 구 프린스톤 신학에서 웨스트민스터신학교로 이어지는 미국 장로교 전통의 개혁주의 신학과, 19세기 화란에서 발전된 개혁주의 신학, 이 두 흐름을 적절히 종합하였고, 이를 한국교회 현장에 이식하고 꽃 피게(開花) 하였다는 점이다. 박형룡은 '정통주의,' '보수주의' 혹은 '근본주의' 라는 용어를 선호하고 이를 혼용하였으나, 박윤선은 '개혁주의' 혹은 '개혁파' 라는 용어를 선호하고 이를 애용하였다. 박윤선이 고려신학교 교수로 봉직하고 있을 때인 1954년 9월에는 고려신학교 설립자인 한상동과 같이 미국 훼이스신학교(Faith Theological Seminary)에서 명예신학박사 학위를 받았다.

1946년부터 1960년까지 14년간 고려신학교에서 가르쳤던 박윤선은 1960년 고려신학교 교장 및 교수직을 사임하고, 1960년부터 63년까지는 서울 서대문구 충정로에서 동산(東山)교회를 설립하고 목회자로 활동했다. 이 기간은 하나님의 말씀은 건조한 이론이 아니라 생명과 기쁨을 내포하고 있다는 사실을 체감하는 기회였다고 술회했다. 1963년 총회신학교(현 총신대학교)교수로 초빙 받은 그는 이 때부터 1980년까지 이 학교의 교수로 가르쳤다. 1979년에는 설립 50주년을 맞는 미국 웨스트민스터신학교에서 다시 명예신학박사 학위를 받았다. 이것은 그간의 그의 신학연구와 교육에 대한 인증이었다. 1980년 10월 말에는 총신대학 대학원장직을 사임하고 김명혁, 신복윤, 윤영탁 등과 합동신학교를 설립하여 원장 혹은 교수로 봉사하였고, 83세의 나이로 1988년 6월 30일 세상을 떠났다.

## 박윤선의 신학과 성경주석

박윤선은 일생동안 개혁주의 신학의 확립을 위해 열정을 쏟았는데,

한국교회를 위한 그의 중요한 봉사는 성경주석 집필이었다. 그의 주석 집필은 1938년부터 시작되어 40년간의 노고 끝에 1979년 신구약 66권의 주석을 완간했다. 그의 첫 주석은 1949년 3월에 출판된 『요한계시록』주석이었고, 마지막 주석은 1979년에 출판된 『에스라. 느헤미아. 에스더주석』이었다. 그의 주석은 분량으로 보면 구약은 총 7,347쪽, 신약은 총 4,255쪽에 달해 신구약 주석은 총 11,602쪽에 달한다. 매년 약 240쪽의 주석을 집필한 샘이다. 그는 주석 외에도 『영생의 원천』(1970), 『응답되는 기도』(1974), 『주님을 따르자』(1975) 등의 설교집과, 『성경신학』(1971), 『헌법주석』(1983), 유고집 『웨스트민스터신앙고백서』(1989) 등을 남겼다. 박종칠의 조사에 의하면 박윤선은 단행본 외에도 고려신학교가 발행했던 「파숫군」에 218편, 총신대학의 「신학지남」에 40편, 합동신학교의 「신학정론」에 12편의 논문을 발표하였다. 그가 고려신학교에서 일한 기간은 14년인데, 218편의 글을 발표했으므로 연 15.6편의 논문을 발표한 샘이다. 그가 고려신학교에서 일한 40대와 50대 초반의 기간은 그의 신학여정의 전성기였고, 가장 열정적인 '학구의 기간'이었다. 그는 지칠 줄 모르는 열정을 지닌 학자이자, 냉철한 이성과 뜨거운 가슴을 지닌 성경주석가였다.

박윤선은 조직신학자는 아니었으나 조직신학과 역사신학에도 박식하였고, 그의 성경주석에는 일본을 비롯한 동양권의 신학자와 하지(Hodge), 워필드(Warfield), 메이첸(Gresham Machen) 등 미국신학자들은 물론, 잔 메이어(Jahn Meyer), 델리취(Delitzsch) 등 독일 신학자들과 아브라함 카이퍼(Abraham Kuyper), 비빙크(Herman Bavinck), 보스(G. Vos), 리델보스(Ridderbos), 끌라스 스킬더(K. Schilder) 등 화란의 신학자들의 신학을 동시에 소개하였다.

그는 개혁주의 신학을 석명하고 이를 구체화하였을 뿐 만 아니라 개혁주의 신학 위에서 신정통주의나 자유주의 신학을 비판하고, 성경의 절대적 권위, 하나님의 주권, 그리고 하나님의 영광을 추구한 개혁주의 신학자였다. 그는 한편으로는 개혁주의가 아닌 신학을 비판했고, 다른 한 편으로는 개혁주의 신학을 천착하려고 힘썼다. 미국정통장로교 선교사였던 간하배(Harvie Conn)는 박윤선은 근본주의 신학의 차원을 넘어서길 원했다고 함으로서 그는 진정한 의미에서 개혁주의 신학자였다고 지적했다. "박박사는 옛 평양신학교가 너무나 제한된 분야에만 집중한 나머지 일반은총의 여러 분야들을 인식하지 못한 교회가 세워질 것을 염려했다. 그는 단순한 근본주의의 차원을 넘어서길 원했다. 즉 한국교회가 칼빈주의라는 보다 원시적(遠視的)인 안목(the larger perspectives of Calvin)에서 바라보고, 또 그런 방향으로 나아가길 원했다. 개혁신앙에서 동료였던 박형룡과는 달리 박윤선은 조직신학 연구를 통해서만이 아니라 신약연구를 통해서도 이런 목적을 이루고자 노력하였다." 말하자면 박윤선은 옛 평양신학교의 한계를 넘어서는 개혁주의 신학자였다.

그가 말한 칼빈주의에 대한 '원시적인 관점' 이란 삶의 체계로서 칼빈주의, 곧 개혁주의적 세계관을 의미했다. 그가 고려신학교 교수로 재직하고 있던 1956년에 교단 명칭을 '고신측' 이 아니라 '개혁파' 로 변경하고자 제안한 일이 있다. 이점은 개혁주의 신학은 구 프린스톤신학과 웨스트민스트의 신학으로 이어지는 미국적 전통만이 아니라, 화란을 중심으로 하는 유럽의 개혁파의 전통까지 수렴하고, 이를 한국교회 현실에서 석명하고 계승하고자 하는 의지가 있었음을 보여주는 일예라고 할 수 있다.

## 박윤선의 삶과 신학적 유산

박윤선은 단순한 이론이나 지식을 가르치는 신학자가 아니라 그가 믿는 개혁주의적인 삶을 몸으로 체달(體達)했던 신학자였다. 그는 경신애학(敬神愛學)의 삶을 살았으며, 겸손한 기도의 사람이었다. 김명혁은 박윤선에 대해 말하면서, "한국교회 안에 칼빈주의 또는 개혁주의를 주장하는 사람들이 적지 않다. 그러나 대부분의 경우 개혁주의라기 보다는 근본주의 또는 보수주의적 입장을 견지하고 있는 사람들이 많다." 그러나 박윤선은 "한국교회 안에 개혁주의 신앙이 무엇이며 개혁주의적 삶이 무엇인자를 가장 분명히 보여주신 분이었다. 칼빈주의 신학은 하나의 신학체계에 그치지 않고 하나님 중심적 뜨거운 신앙의 원리로 나타남을 보여 주셨고, 소극적 분리주의가 아니라 적극적 포용과 교제의 삶인 것을 보여 주셨으며, 세상사에 무관심한 반문화주의가 아니라 사회문제와 구제사역 등에 적극적 관심을 나타내는 문화변혁주의인 것을 가르쳐 주셨다."고 회상했다.

박윤선은 고신대학교(1946-1960), 총신대학교(1963-1980), 합동신학대학원 대학교(1980-1988)에서 학장으로 혹은 교수로 활동함으로서 그의 영향 하에 개혁주의 신학과 그 학맥(學脈)은 위의 세학교를 통해 체계적으로 계승되었고, 한국교회의 가장 영향력 있는 신학으로 자리 잡게 되었다. 비록 그가 직접적으로 가르치지는 않았을지라도 그의 신학과 삶은 한국교회 전반에 수용되었다.

흔히 박형룡을 한국 보수주의 교회를 대표하는 인물로 말하지만 영향력에 있어서 박윤선은 박형룡을 능가했다. 박형룡의 교의신학은

고려신학교 교수 시절의 박윤선 목사(앞줄 중앙)와 동료 교수들
뒷줄 좌→)우 이상근, 김진홍, 오종덕, 안용준, 앞줄 좌: 한상동, 앞줄 우: 박손혁 교수

사변적 난해성 때문에 대중적 수용도가 낮았다. 그러나 주경신학자
였던 박윤선의 저작들, 특히 성경주석은 일반 목회자들에게 광범위하
게 읽혀졌다. 사실 그의 성경주석은 '학문적인' 동기에서 시도된 것
이 아니라 "한국교회 강단이 메마르지 않도록" 설교자들을 돕기 위
한 '실천적인' 동기에서 시도되었고, 그의 성경주석에는 41편의 소논
문이 특주 혹은 참고자료로 포함되어 있다. 또 1,053편의 설교와 다
양한 예화 등 '설교재료'가 포함되어 있다. 그래서 그의 주석은 시골
의 목회자로부터 도회지의 학자들에 이르기까지 광범위한 독자층을
얻고 있었다. 한국목회자들의 서재에서 가장 쉽게 발견할 수 있는 책
이 박윤선의 주석임을 부인하지 못할 것이다. 그의 방대한 저술과 50
여 년간의 신학교육, 그리고 목회 활동을 통해 개혁주의 신학을 공표
하고 가르치고 대중화하는 데 결정적인 영향을 주었다. 박형룡의 『교

의신학』은 선언적 의미는 컸으나 수용성은 약했다. 그러나 박윤선의 저작, 특히 『성경주석』은 목회적 터전에 쉬이 용해되고 착근될 수 있었다. 이런 점에서 그의 영향력은 박형룡을 능가했다.

박윤선이 특히 강조했던 것은 성경 원전 혹은 원어에 대한 강조였다. 그는 번역성경의 한계를 극복해야 한다고 보았고 이것이 강단을 개혁하고 한국교회를 쇄신하는 최선의 길이라고 믿었다. 그가 시도한 성경적 설교는 이전의 설교관행과는 구분되는 새로운 가르침이었다.

앞에서도 언급했지만 박윤선은 한국에서 개혁주의 신학의 토대를 세우고 이를 석명한 인물이었다. 과거 평양신학교가 '개혁주의 신학' (Reformed theology)을 가르쳤다고 보기 어려운 측면이 있다. 1931년 4월 평양신학교에 입학하였던 박윤선은 "이 신학교가 개혁주의 (Reformed) 신학을 제시하는데 있어서는 명확하지 못했다. 나는 신학교 재학 중에 '칼빈주의' 라는 말을 별로 들어본 적이 없으며 교수들로부터 '성경신학' 이란 말을 들어 본 적이 없다."고 했다. 이런 점에 대해 하비 콘(Harvie Conn)도 의견을 같이 했다. 박윤선은 성경신학적 토대위에서 개혁주의 신학의 초석을 세우고 이를 광포한 인물이었다.

한국교회 역사에서 그를 긍정하던가 그를 비판할 수는 있어도 그를 외면할 수는 없을 것이다. 그의 가르침과 신학적 유산이 한국교회의 역사와 신학, 목회와 설교, 그리고 교회적 삶의 행로에 광범위한 영향을 끼쳤다는 점에서 그는 한국교회의 교사(doctor ecclesiae)였다.

## 33. 장기려 1911-1995
### 복음병원 원장을 역임한 부산지방 대표적인 의료인[28]


## 그의 생애와 삶

성산(聖山) 장기려박사(1911-1995)는 1911년 8월 14일(음) 평안북도 용천군 양하면 입암동 739번지에서 한학자였던 장운섭(張雲燮)과 최윤경(崔允卿)의 차남으로 태어났다. 기독교적 배경에서 성장한 그는 의성학교(義聖學校, 1918-1923), 송도고등보통학교(1923-1928)를 거쳐 경성의학전문학교(京城醫專, 1928-1932)에서 수학하고 의사가 되었고, 일생동안 선한 의사로 살았다. 그가 17세 때인 1928년 경성의전을 지원할 때 이 학교에 들어가게만 해 준다면 의사에게 치료받지 못하고 죽어 가는 사람들을 위해 평생을 바치겠다고 다짐했는데, 이것이 '선한 의사'로서의 생애를 결단했던 첫 출발이었다. 경성의전을 졸업하던 해인 1932년 4월 9일에는 김봉숙(金鳳淑)과 결혼하였는데, 장인 김하식(金夏植)의 권유로 백인제(白麟濟)선생 문하에서 외과를 전공하게 되었다. 그 후 그는 후복막 봉과직염(後腹膜 蜂窠織炎)과 패혈증(敗血症)에 관한 연구에 몰두하게 된다. 1940년 9월에는 "충수염 및 충수염성 복막염의 세균학적 연구"라는 제목의 논문으로 나고야(名古屋)대학에서 의학박사 학위를 받았다. 그 동안 경성의전에서 일

---

28) 이 글은 장기려 선생 6주기 기념 학술강연회에서 행한 강연(2001. 12. 8, 고신의료원)을 정리한 것임.

복음병원 원장시절의 장기려 박사

했던 그는 이용설(李容卨)의 소개로 1940년 3월 평양의 연합기독병원 외과 과장으로 갔다. 이 병원은 장기려가 출생하기 20년 전에 내한한 감리교의 윌리엄 홀(Dr William Hall, 1860-1895)이 1894년 11월, 34세의 나이로 한국에서 사망하자 그의 미망인에 의해 1897년 설립된 기홀병원(The Hall Memorial Hospital)으로 시작되었는데, 1923년 평양의 장로교 병원과 병합한 후 '평양 연합병원'으로 개칭된 평양지방의 기독교 병원이었다.

이 병원으로 옮겨 간지 두 달 후에 원장이었던 북감리교 선교사 안도선(安道宣, Albin Garfield Anderson)이 귀국하게 되자, 장기려는 병원장에 취임하였다. 그러나 인사에 불만을 가진 이들의 질시 때문에 불과 두 달만에 원장직에서 물러나 다시 외과과장으로 강등되었지만 변함없이 성실히 봉사한 일은 아름다운 일화로 남아 있다. 1943년에는 간상변부에 발생한 간암의 설상절제수술(楔狀切除手術)을 실시하고 그 결과를 조선의학회에서 발표하여 주목을 받았다. 해방 후 1945년 11월에는 평양도립병원장 겸 외과과장으로 약 일년간 일하다가 1947년 1월부터는 김일성대학의 의과대학 외과학 교수겸 부속병원 외과과장으로 일했다. 그는 주일에는 일을 할 수 없다는 조건으로 이 대학으로 갔고, 이 학교에 근무하면서도 주일을 지키고 환자를 수술할 때는 먼저 기도하는 등 일관된 신앙의 길을 갔다. 그의 신실성, 성실성, 그리고 검소한 생활 때문에 이곳에서도 신뢰를 받았고, 1948년에는 북한 과학원으로부터 최초로 의학박사 학위를 수여 받기도 했다.

1950년의 한국전쟁과 분단은 장기려에게도 시련을 안겨 주었다. 차남 가용(家鏞)만을 데리고 남하한 그는 부산 제3육군병원에서 약 6개월간 봉사했다. 그 후 경남구제위원회의 전영창(全永昌) 총무, 서기 겸 회계인 김상도(金相道) 목사와 초량교회 담임이었던 한상동(韓尙東) 목사의 요청으로 1951년 6월 부산 영도 남항동에 위치한 제3영도교회 창고에서 무료의원을 시작했는데 이것이 복음병원의 시작이었다. 이 때부터 그는 1976년 6월까지 25년간 복음병원 원장으로 일했다. 그는 초기 복음병원 시절은 의사로서 가장 보람된 시기였다고 회고했다.

장기려 박사는 복음병원에서 근무하면서 동시에 서울대학교 의과대학 외과학 교수로(1953. 3-1956. 9), 부산대학교 의과대학 교수 및 학장으로(1956. 9-1961. 10), 서울 가톨릭 의대 외과학 교수로(1965-

1972. 12) 봉사하기도 했다. 또 부산대학교 의과대학에 외과를 창설했다. 1959년 2월에는 간의 대량절제수술을 성공하였는데, 당시에는 간에 대한 연구가 거의 이루어지지 못했던 때이므로 그는 이 분야에 중요한 기여를 했다고 볼 수 있다. 계속된 간암에 대한 연구로 1961년에는 대한의학회 학술상을 받았다.

의료 활동 외에도 그는 1956년 전도 및 성경공부를 위한 목적으로 1956년 "부산모임"을 시작하였고, 1959년에는 일신병원 설립자였던 매켄지(Dr Helen Mackenzie), 내과의사인 이준철(李俊哲), 치과의사인 유기형(劉基亨) 등과 함께 '부산기독의사회'를 조직하였다. 특히 1968년 부산시 동구 초량동에 위치한 복음병원 분원에서 청십자의료보험조합을 발족한 것은 그가 남긴 소중한 유산이다. "건강할 때이웃 돕고, 병났을 때 도움받자"라는 취지로 시작된 이 의료보험조합은 정부가 의료보험제를 실시하기보다 10년 앞서 시작된 순수 민간단체에 의한 의료보험 기구였다. 이 의료보험조합은 1975년에는 의료보험조합 직영의 청십자의원 개원을 가능케 했고, 이듬해에는 한국 청십자 사회복지회를 설립하기에 이르렀다. 이러한 그의 지역사회 봉사활동에 대한 공헌을 인정받아 1979년 8월에는 막사이사이 사회봉사상을 수상하기도 했다. 장기려는 복음병원에서 은퇴한 후에도 청십자의원에서 진료하는 등 여러 사회봉사활동을 계속하였고 은퇴가 없는 일생을 살았다. 사랑, 생명, 평화는 그의 생애를 엮어간 주요어(Key word)라고 볼 수 있다.

## 삶의 기초로서의 기독교 신앙

장기려 박사의 생애와 그의 삶의 여정을 이해하는 데 있어서 가장 중요한 것은 기독교 신앙이었다. 기독교신앙은 그의 삶과 인격을 주형하였다고 볼 수 있다. 그의 이타적(利他的) 삶, 가난하고 불쌍한 사람들에 대한 사랑의 인술은 기독교 신앙에 바탕을 두고 있다. 신앙은 그의 삶의 근거이자 기초였고, 그의 삶의 목표이기도 했다. 이런 점에서 기독교 신앙과 그의 영성은 84년간의 생애를 움직여 왔던 축이었다고 볼 수 있다.

그는 어릴 때 할머니를 통해 신앙을 배웠고 교회생활을 시작하였으며 송도고등보통학교 재학 중인 1925년 세례를 받았다. 그러나 그가 기독교 신앙의 진수를 깨닫고 신앙적 삶을 모색하게 된 것은 경성의전을 졸업한 후였다. 경성의전을 졸업한 후 그는 후지이 다께시(藤井武), 우찌무라 간조(內村鑑三, 1861-1930), 야나이하라 다대오(失內原忠雄), 김교신(金敎臣, 1901-1945), 함석헌(咸錫憲, 1901-1989) 등의 글을 읽었는데 일본의 무교회적 인사들로부터 많은 영향을 받았다. 특히 그는 김교신의 『성서조선』을 정기구독 하였고 1942년 3월 『성서조선』제158호의 권두문인 "조와"(弔蛙)라는 글이 문제가 되었을 때 그는 정기 구독자라는 이유 때문에 김석목(金錫穆), 유달영(柳達永) 등과 함께 평양경찰서 유치장에 12일간 구금된 일이 있다.

김교신이 일본 유학에서 귀국한 때는 1927년 3월이었고 이들은 내촌의 영향을 받아 1927년 7월 『성서조선』을 창간했었다. 장기려가 일본 무교회 인물들의 저작을 접했을 때가 경성의전을 졸업한 후였다는 점을 고려해 볼 때 아마도 1930년대 초부터 『성서조선』을 구독한 것으로 보인다. 따라서 장기려는 김교신, 함석헌 등으로부터도 큰 영향을 받았음을 알 수 있다.

장기려는 "김교신은 내가 가장 영향을 받은 사람 중의 하나이다"

라고 했을 정도였다. 또 10년 연배였던 함석헌으로 부터도 적지 않는 영향을 받았는데 그를 처음 만난 때는 1940년 1월초 서울 정릉에 있던 김교신의 집에서였다고 한다. 이때부터 장기려는 함석헌을 존경하였고 깊은 교우관계를 유지하였다. 이런 점을 고려해 볼 때 장기려는 무교회주의자들의 영향을 받았으나, 그 자신은 무교회주의자로 머물러 있지 않았다. 해방이 되고 일제에 의해 강제 폐쇄되었던 산정현교회가 다시 집회를 시작했을 때, 곧 1945년 9월부터 장기려는 평양의 산정현교회에 출석하기 시작했고 곧 집사가 되었다. 또 청년반의 성경강해를 맡아 봉사했는데, 로마서를 강해하기도 했다. 이 때는 그가 평양인민병원 원장 겸 외과 과장으로 일하고 있을 때였다. 1948년 8월에는 산정현교회 장로가 되었다. 말하자면 교회주의자로 제도교회에 머물고 있으면서도 무교회주의자들의 성경연구와 그 가르침을 수용하는 입장이었다. 그의 영성은 교조주의적 한계로부터 자유하게 했다. 그는 어느 양극단에 안주하여 다른 하나를 무시하는 편협성에 빠지지 않았다.

남하한 이후 장기려는 이이라 장로, 박덕술 권사와 함께 1951년 10월 부산 중구 동광동에서 북에 두고 온 산정현 교회를 재건하였다. 이 교회를 어느 교단에도 속하지 않는 독립교회로 둔 것은 아마도 제도교회의 문제점에 대한 반성으로 보인다. 이렇게 볼 때 장기려는 제도교회에 뿌리를 두고 있으나, 무교회적 입장을 수용하고 있었고, 무교회주의를 따르면서도 제도교회를 거부하지 않았다. 부산 산정현교회 장로로 봉사해 온 그는 1981년 12월 은퇴하였고 원로장로로 추대되었다. 1987년부터는 흔히 '종들의 모임' 이라고 불리는 비교파적, 비

조직적 신앙운동에 관여하였고 그가 치료차 서울로 옮겨가기까지 이 모임에 적극적으로 참여하였다. 필자는 이 모임에서 휠체어에 앉아서 예배드리던 장기려 박사의 모습을 기억한다. 평소 제도교회의 모순과 문제점을 보고 지냈던 장기려 박사는 이 모임에서 모든 외형적인 것에 얽매이지 않는 순수한 복음운동에 매력을 느꼈고, '종들의 모임'에서 영적 안식을 추구한 것으로 보인다. 이상과 같은 그의 신앙 여정을 종합해 볼 때, 장기려 박사는 외형적인 것에 메이지 않는, 혹은 외적인 조직으로부터 자유한 복음적 신앙에 착념하였음을 알 수 있다. 그는 교회의 전통이나 신앙고백, 교리적 내용(doctrinal integrity)에 대한 관심보다는 이런 것들에 메이지 않는 신앙운동, 신앙적 실천, 삶이 있는 신앙을 추구했다고 볼 수 있다. 이런 점에서 그는 경건주의적 경향의 인물이었다.

## 실천적 삶

그의 실천적 삶의 측면을 다음의 몇 가지로 정리할 수 있다. 첫째, 사랑을 실천한 그리스도인이었다. 그는 자신의 삶의 여정을 통해 위로 하나님을 섬기며, 아래로 사람을 섬기는 생애를 살았다. 하나님 사랑에 대한 외연(外延)으로서 이웃에 대한 사랑과 선의는 그의 윤리의 동기였다. 그는 자기를 필요로 하는 이들에게는 도움을 준다는 것이 그의 삶의 철학이었다. 그가 부산 복음병원 원장직에서 은퇴한 이후에 청십자의료조합과 청십자의원을 개원한 것이나 부산의 아동병원, 거제도의 애광원, 그리고 보건원의 자문의로 봉사한 것도 그와 같은 정신의 일단을 보여준다. 그는 냉정한 이성으로 헤아리기 보다는 뜨거운 사랑으로 가난한 이들을 위해 실천한 분이었다. 실천적인 사랑과 선의(goodwill)는 그의 일관된 삶이었다.

둘째, 인간 생명에 대한 존엄성을 강조하였다. 근본적으로 장기려 선생은 인간은 하나님의 형상으로 지음 받은 피조물이라는 점에서 인간은 존엄성(dignity)과 신성성(sanctity)을 지니고 있다고 믿었고, 생명의 수여자는 하나님이시며, 인간생명은 하나님의 손안에 있다는 성경의 가르침에 충실했다. 그는 의료활동이란 하나님이 주신 생명을 유지, 보존시키는 것으로 보았기 때문에 인위적인 생명의 파괴는 범죄로 보았다. 그래서 그는 생명에 대한 기능주의적 입장을 배격했다.

간이식 연구는 하나님이 주신 생명의 보전이란 점에서 그의 의학 연구의 중요한 과제로 인식했다. 환자에 대한 애정과 연민은 인간은 누구나 하나님의 형상으로 지음 받은 존귀한 존재라는 확신 때문이었다.

셋째, 무사무욕(無私無慾, unselfishness)의 삶을 사셨다. 장기려는 무소유의 삶을 지향했다. 그에게 있어서 소유는 궁극적으로 자신만을 위한 것이 아니라, 남을 섬기는 수단이었다. 그는 '일용할 양식'으로 만족했고, 물욕이나 명예욕에 빠지지 않았다. 그가 살아온 삶의 여정이나 그가 남기고 간 유품들을 보면 그가 얼마나 검소하게 살았고, 무소유의 삶을 지향했는지를 알 수 있다. 성산은 사리나 사욕을 추구하지 않았을 뿐만 아니라 이기적 부의 추구를 가능케 해 주는 자본주의 제도 자체에 대해서도 비판적이었다.

한국교회의 지나친 물량적 성장제일주의적 경향에 대해서도 비판한 일도 있다. 무사무욕은 한 시대를 이끌어간 명의(名醫)로서 갖기 어려운 삶의 태도였다. 그는 자족하는 마음으로 살았고, 철저한 무욕, 그리고 무소유는 이웃을 위한 사랑과 배품의 윤리였다. 오늘의 사치와

낭비, 규모없는 생활방식에 대한 최선의 비판과 대안은 그리스도인 스스로가 청빈하고 검소한 삶을 실천하는 것이라는 사실을 성산은 자신의 삶을 통해 가르쳐 주었다.

넷째, 함께 사는 사회(togetherness)를 추구했다. 장기려의 생애가 보여 주는 또 한 가지는 '함께사는 사회'를 추구했다는 점이다. 상부상조, 공생과 상생은 그의 윤리였다. 근본적으로 그의 모든 것, 곧 소유, 학문, 학위, 명예는 자기 자신만을 위한 것이 아니었다. 그가 청십자 의료보험조합을 창설했던 가장 중요한 이유도 같이 살기 위한 것이었다. 가난하고 불쌍한 환자들을 위해 조합운동을 시작할 때 "건강할 때 병자를 돕고, 병에 걸렸을 때 도움을 받자"는 공생(共生)과 상생(相生)의 정신을 강조하였다.

1975년에 부산 수정동에서 청십자 의원을 시작한 것도 가난한 환자들의 고통을 덜어주기 위한 것이었다. 행려환자의 구호, 기독의사회를 통한 구급활동, 간질병환자를 위한 장미회의 운영, 가난한 이웃을 위한 의료보험조합운동, 이것은 공생과 동거의 정신에 기초하고 있다.

그는 모든 사람에 대하여 형제애로 살고자 했고, 이북의 무신론자나 공산주의자들에 대해서도 동일하게 대하고자 했다. '함께 사는 사회'는 그의 일관된 신념이자 실천 강령이었다. 결국 그는 사랑의 보편주의(love-universalism)를 추구하였다고 볼 수 있다.

다섯째, 종파주의로부터의 자유했다. 그는 순수한 복음적 믿음을 추구했지 교파나 교단이나 인간이 만든 외형적 조직에 메여있지 않았다. 그는 특정 교파나 교단을 절대시하거나 사도화(使徒化) 하는 독선주의나 편협한 배타주의에 빠지지 않았다. 그는 무교회 신앙을 가지고 있으면서도 기성의 조직교회를 경시하지 않았고, 장로교회의 장로로 봉사하면서도 무교회 신앙이나 케이커교도와의 교류를 계속하였다. 그는 교리우선주의적 종파주의나 교파주의적 오만에 빠져 남을 정죄하거나 자신의 신앙만을 절대시하지 않았다. 그는 순수한 복음을 지향했고, 외형적인 조직으로부터 자유하는 초대교회적인 실천적 믿음을 추구했다. 그는 교회의 전통이나 신앙고백, 교리적 내용(doctrinal integrity)에 대한 관심보다는 실천하는 믿음을 추구했다. 그는 신앙의 정통성(Orthodoxy)보다는 신앙의 정체성(Identity)에 더 큰 관심을 가졌다.

여섯째, 기독교적 가치(Christian values) 고양했다. 그는 일생동안 봉사자의 삶을 살았고 겸손하고도 소박한 삶을 살았다. 그는 기독자적 사랑을 강조하였고 그 사랑을 실천하려고 노력했다. 그래서 그는 그리스도인들의 굴절된 삶의 행태로 비난받는 우리 시대에서 언행일치, 신행일치의 삶을 통해 기독교적 가치를 고양하여 주었다. 동시에 그는 기독자적 삶(Christian life)이 얼마나 큰 위력을 지니고 있는지를 보여주었다. 기독교 신앙은 그를 움직이는 이념이자, 초석이었다.

## 맺는 말

앞에서 암시했듯이 장기려의 삶을 결정했던 행동양식(behavior pattern), 신념체계(value system), 그리고 그의 사회적 활동(social action)의 기초는 기독교신앙이었다. 이 점을 제하고 나면 그는 한 사람의 휴머니스트일 뿐이다. 그의 생애와 삶의 여정이 인도주의자 그 이상의 의미를 지니는 것은 기독교 신앙 때문이었다. 그의 삶과 실천은 바로 그의 신앙고백이었고, 신적 명령에 대한 응답이었다. 그래서 의료인으로서 그의 모든 활동은 일차적으로는 하나님을 섬기는 행위였고, 이차적으로는 인간을 섬기는 행위였다. 장기려 선생에게 있어서 의사라는 직업은 마치 루터가 이해했던 것처럼 더 낮고 더 높은 신분으로의 부름이 아니라, 지금 하고 있는 그 일에의 소명(calling)이었다. 그 소명이란 하나님을 영화롭게 하고 이웃을 섬기는 행위였다. 즉 하나님 사랑과 인간 사랑의 두 가지 측면은 그의 생애와 삶, 의료 활동을 이끌어간 축이었다고 볼 수 있다.

## 제 5 장
# 6.25전쟁기 순교자들

거창지역 초기 선교사와 신도들(거창교회당)

## 34. 조용석
### 사촌교회 장로, 함안지방의 교회 지도자이자 순교자

경남 함안군 군북면(君北面) 사촌리(舍村里) 683번지에 소재한 사촌교회는 여러 신앙의 인물을 배출한 교회이지만 이 사실이 널리 알려지지 못했다. 이 교회는 1897년에 설립된 교회인데, 교회 설립에 대한 조선예수교장로회 사기의 기록은 다음과 같다.

시년(是年)에 함안군 사촌교회가 성립하다. 선시(先是)에 읍인(邑人) 조동규(趙棟奎)가 영국인 배설(裵說)이 발행하는 대한매일신보에 게재한 요한복음 3장 16절의 설명을 열람하고 심중에 이상한 감동이 되어 신약전서를 구람(求覽)하고 진리를 약해(畧解)하여 인근(隣近)회당에 진왕(進往)한즉 일반 교도(敎徒)가 흔연영접(欣然迎接)함으로 결심 신도(信道)하니 향리(鄕里)가 훼방하되 소호(小毫)도 동심치 않고 매 주일 회당에서 기자질(其子姪)과 신자에게 도리를 강론하니 신자가 점진(漸進)하는지라. 자기 소유의 답이두락(畓二斗落)을 교회에 기부하여 와제(瓦製)예배당을 신축하니 당시 선교사는 손안로(孫安路)요 조사는 한경연(韓敬然)이더라.[1]

1) 『조선예수교장로회 사기』상, 46.

함안 사촌교회 조용석 장로

위의 기록처럼 사촌교회는 호주선교사 아담슨(A. Adamson)의 전도로 1897년 설립된 교회인데, 함안 지역에서 가장 오래된 교회이다. 아담슨의 전도로 예수를 믿게 된 조동규씨는 1910년 8월 21일 학습을 받았고, 1914년 5월 30일에는 세례를 받았다. 후에 그는 논 600평을 교회에 헌납하고 이곳에 교회당을 세웠는데 이 때가 1912-1923년 무렵으로 추측된다.[2] 조동규의 증손인 조선출 목사의 기록에 의하면 조동규씨는 함안 조씨(趙氏)가문의 유사(有司)였다고 한다. 그에게 호주선교사가 찾아와서 전도했는데, 조동규씨는 "예수 믿으면 독립할 수 있느냐"고 물었다고 한다. 이때 선교사는, "예, 조선 사람 백만명만 믿으면 자동적으로 독립할 수 있을 것"이라고 답했다고 한다. 이 대답을 들은 조동규씨는 즉시 예수를 믿기로 작정했다고 한다.[3]

이렇게 되어 함안 조씨 가문에 기독교가 전파되었고 문중의 핍박이 심했으나 조동규씨의 후손은 이 지역 기독교 지도자로 활동하게 된다. 특히 조동규씨의 장남 조용석은 믿음으로 성장하였고, 1919년 3월에는 만세운동에 가담하였다. 후에는 사촌교회 장로가 되었고, 6.25 동란이 발발했을 때는 믿음을 지켜 순교자의 길을 가게 된다. 그

---

2) 조선출, 『은발의 뒤안길』(서울; 경건과 신학연구소, 2004), 10.

3) 조선출, 10.

의 순교 사실을 인정하여 대한예수교장로회 고신총회 기독교 역사유적 위원회는 사촌교회를 순교자기념교회로 청원하였고, 총회는 이를 허락하여 2011년 5월 24일 순교자기념교회로 지정한 바 있다.

이 글에서 소개하고자 하는 조용석(趙鏞錫, 1896-1950) 장로는 1896년 4월 26일 함안군 군북면 사촌리 608번지에서 조동규 장로의 5남매(용석, 쌍선, 용달, 용기, 용순) 중 장남으로 출생했다. 고향의 한문서당에서 수학한(1903-1913) 그는 1913년 함안의 사립 안신(安新)학교에 입학하여 3년 과정을 수료하고 1916년 3월 27일 이 학교를 제4회로 졸업했다. 안신학교는 기독교회 중심으로 설립된 지역학교로서 함안(安)의 신(新) 교육기관이라는 점에서 안신학교라고 불린 것이다. 안신학교를 수료한 조용석은 신교육에 대한 이상을 가지고 서울로 가 1885년 언더우드가 설립한 경신(儆新)학교에 입학하였다. '경

안신학교 제4회 졸업(1916. 3. 27)
당시의 조용석(둘째줄 왼쪽에서 3번째)

신' 이라는 이름으로 불리기 시작한 것은 1905년부터이지만 당시 기독
교사학으로 널리 알려진 학교였다. 이 학교에 재학하고 있던 때에 만
세운동이 일어나자 1919년 3월 5일 오전 9시 경 서울 남대문역전에서
시위에 가담하였다. 그는 군중들과 함께 조선은행 부근까지 행진하던
중 일경에 체포되어 서대문형무소에서 10개월간 미결수로 구금되어
있었다. 정식재판에 회부된 그는 징역 6월에 집행유예 3년형을 받았
다. 독립시위자들에게 적용됐던 보안법 위반이라는 죄목이었다. 그가
1920년(대정8년) 6월 9일 심문을 받았는데, 이 때의 기록이 남아있다.

## 조용석 신문조서[4]

피고인 조영석(趙鏞錫)
위 피고인에 대한 보안법위반 등 사건에 관하여 대정 八년 六월 九
일 경성지방법원에서

예심계 직무대리 조선총독부 판사 堀直熹
조선총독부재판소 서기 渡部直太郎

열석하고 예심판사는 피고인에게 다음과 같이 신문하다.
**문** 성명 연령 신분 직업 주소 본적지 및 출생지는 어떠한가?
**답** 성명은 조용석
연령은 24년, 4월 26일생.
신분은 ＿＿＿＿
직업은 儆新學校三年生.

---

4) 국사편찬위원회, 『한국독립운동사자료집』17 (경기도: 역사편찬위원회, 1994), 26-7.

주소는 京城府 蓮池洞 二五번지 安基善집.

본적지는 慶尙南道 咸安郡 北面 舍村里.

출생지는 위와 같음.


**문** 위기훈 장종군기장 연금 은급 또는 공직관계는 없는가?

**답** 없다.

**문** 이제까지 형사상의 처벌을 받은 사실은 없는가?

**답** 없다.

**문** 종교는 무엇인가?

**답** 야소교이며 장로파이다.

**문** 피고는 전부터 조선의 독립이라는 것을 생각하여 온 사실이 있는가?

**답** 전부터 조선이 독립되면 좋겠다고 생각하고 있었다.

**문** 조선의 독립을 희망하는 이유가 무엇인가?

**답** 조선사람에게는 자유가 없다. 또 일본사람과 조선사람의 대우에 차이가 있다. 또 일본인과 조선사람이 받고있는 교육의 정도에도 차별이 있다. 이와 같은 것을 항상 불만스럽게 생각하고 있었으므로 독립을 하면 그런 불만은 없어질 것이므로 독립을 희망하는 것이다.

**문** 피고는 전부터 독립을 희망하고 있었으므로, 3월 1일 파고다공원에 가서 만세를 불렀는가?

**답** 3월 1일 파고다공원에서 독립선언이 있었다는 것을 그날 저녁인가 그 다음날에 처음으로 알았다. 그리하여 3월 1일에는 파고다공원에는 가지 않았다. 나는 독립을 희망하고 있었으므로 만약에 그 운동이 있다는 것을 알았다면 참가하였을 것이다.

**문** 그 이전에 독립운동의 계획이 있다는 것을 들은 사실이 있는가?

**답** 없다.

**문** 3월 5일 남대문 역전에 가서 만세를 불렀는가?

**답** 불렀다.

**문** 그때의 상황을 진술하라.

**답** 3월 4일에 노상에서 성명을 알 수 없는 자로부터 3월 5일 오전 9
시에 남대문 역전에 집합하여 만세를 부른다는 말을 들었다. 그
리하여 3월 5일 아침에 혼자 하숙집을 나와 남대문 역전으로 갔
다. 그때는 많은 사람이 모여 만세를 부르고 있었으므로 나도 그
에 가담하여 만세를 불렀다. 그리하여 만세를 부르면서 군중과
함께 조선은행 부근까지 갔다가 경찰관에게 체포되었다.

**문** 3월 5일은 무엇 때문에 만세를 불렀는가?

**답** 3월 1일에 독립운동을 한 것만으로는 독립이 되는 것이 아니므
로, 계속하여 독립운동을 하기 위하여 3월 5일에 만세를 부르
고 운동을 한 것이다. 나는 그 운동에 찬성하고 만세를 부른 것
이다.

**문** 그와 같은 일을 하면 어떻게 독립이 되는 것인가?

**답** 지금의 세계는 정의와 인도를 부르짖고 있는 세계이므로 조선도
그 주의에 의하여 독립을 희망하고 있다는 것을 발표한다면, 일
본정부나 세계 각국도 조선의 독립을 승인하여 줄 것이라고 생
각하고 운동을 한 것이다.

**문** 피고는 검사에게 3월 5일 고향에서 와 있는 사람을 전송하기 위
하여 정거장에 갔다가 운동에 참가하였다고 진술하고 있는데,

그것은 틀린 진술이고 처음부터 독립운동에 참가하려고 간 것
인가?

**답** 독립운동에 참가하려고 간 것인데, 그날 고향 사람이 출발하였
으므로 그 전송도 겸하여 간 것이다.

**문** 피고는 독립선언서를 보았는가?

**답** 보지 못하였다.

**문** 앞으로도 독립운동을 할 생각인가?

**답** 기회 있을 때마다 운동할 생각이다.


조선총독부 재판소 통역생 馬場一郎


위 통역생이 읽어 주었던 바 이를 승인하고 서명 날인하다.


대정 8년 6월 9일

경성지방법원

조선총독부 재판소 서기 渡部直太郎

예심계 직무대리 조선총독부 판사 堀直熹


만세운동에 가담한 일로 학업이 늦어졌으나 1921년 3월에는 경신학
교를 졸업했다. 그해 4월에는 일본으로 건너가 와세다(早稻田)대학 정
경과에 입학하였다. 이 학교에서 3학년까지 공부하고 중퇴했다. 한국
으로 돌아온 그는 마산 문창교회 출석하며, 마산의 호주선교회 서기
로 일했다(1925-1928). 그 후에는 다시 사촌교회로 돌아왔고 1938년
5월에는 장로가 되었다. 군북면에 초중등교육기관 강습소를 설치하여

(1928-1930) 일하기도 했으나 1949년 6월 이후에는 사촌초등학교 기성회장으로 함안지역 대한청년회 단장으로 봉사하기도 했다.

이런 중 6.25동란이 발발하였고, 북한 인민군은 함안 지역까지 들어왔다. 다른 가족들은 피난을 갔으나 85세의 노모는 피난 가지 못하고 있었다. 조용석 장로는 모친을 간호하며 교회에서 기도하며 지냈다. 인민군들은 인민위원회를 조직하고 소위 치안대를 만들어 조장로를 체포하고 심하게 고문했다. 세상이 바뀌었으니 예수를 버리고 인민공화국에 협조하라고 요구했다. 기독교 신자이자 장로라는 이유만으로도 이들은 용서할 수 없는 인물이었다. 그럼에도 불구하고 조용석 장로는 이들의 요구를 거부했다. "나는 사촌교회 장로로서 하나님을 배반할 수 없소이다." 그의 결심은 단호했다. 1950년 9월 17일 체포된 그는 군북면 오곡리에 있는 오곡금광(烏谷金鑛)으로 끌려가 다시 혹독한 고문을 당했다. 계속적인 압력과 위협에도 이를 받아들이지 않자 인민군은 그를 함안군 군북면 박곡리 남강변으로 끌고가 그를 학살했다. 신앙을 지키기 위해 목숨을 버린 것이다. 이때가 1950년 9월 18일이었다. 그의 나이 46세 때였다.

피난에서 돌아온 가족들은 시신을 찾을 수 없었다. 얼마 후 박곡리 남강 모래장 전선으로 양손이 묶인 시신을 보았다는 소문을 듣고 현장을 찾아가 시신을 찾게 되었다. 순교한지 약 두 달이 지난 11월 28일 황철도, 홍순탁 목사의 집례로 장례를 치렀다. 조용석 장로는 1951년 5월 23일 함안군 순국애국단체원 순국의사로 인정되었고, 2002년 광복절에는 독립유공자로 선정되어 대통령 표창이 추서되었다. 조용석 장로는 2남 장녀를 두었는데, 마산성막교회 조태제 은퇴 장로가 차남이다.

## 35. 이정심 1901-1947
### 공산치하에서의 첫 순교자

이정심목사(1901-1947)는 한국교회사에 특수한 인물이었다. 그의 이름 '정심' (淨心)이 암시하듯이 그는 불도에 입문하고 불명을 받았던 인물이었다. 그러나 하나님을 만나 기독교로 개종하였고, 젊은 날에는 독립운동에 참여하였다. 그러나 짧은 기간 부일의 길을 간 일도 있었다. 목회자로 활동하면서 문필가로 혹은 부흥운동가로 활동하기도 했다. 해방 후 그는 이북에서 공산주의자들의 진주로 박해를 받고 46세의 나이로 순교한 첫 인물이었다. 그는 어떤 생을 살았을까? 그의 동료이자 친구였던 이승원 목사는 "순교자 이정심목사"라는 시에서 이렇게 썼다.

불문에 않았다가 기독교로 개종하고
기미년 운동때는 감방을 둘러와서
세상사 다 집어치우고 예수 제자 되니라.


승적에서 얻은 이름 정심이는 살았도다
그대도 사람인데 실수어이 없으리오
다만 저 시국정실 그 허물을 매양 아파하더니

성격은 음웅한 듯 설교에는 웅변이고
기도명상 질기시고 독서연구 힘썼으나
한시절 교회 부흥사로 잠간 영명떨첫나니

고우를 생각하니 내마음 아프도다
부산진 학당시절 어느덧 사반세기
슬프다 그대 예사람되고 다시 볼길 없구나

조국이 해방되자 그는 북의 반역자로
죄아닌 죄명스고 십자가를 졌노매라
장할사내 귀한 형이여 다의명분 섰고녀

내 언제 청진 내려 국제에서 같이 쉬고
가족함께 만찬함도 벌써 예날일세
빈니 아바아버지여 그이 유족 유족을.
(1952. 5. 20)

이정심 목사는 1901년 7월 10일 경남 부산진에서 이남길(李南吉)과 윤차숙의 6남매 중 2남으로 출생했다. 본명은 이소절(李小節)이었으나 마음의 안식을 찾아 방황하던 중 불도(佛道)에 귀의하여 정심(淨心)이라는 법명을 받았다. 살림살이가 어려워 힘겹게 살았으나, 13살 되던 해에 어머니가 정심이 아래로 4남매의 동생을 남겨둔채 세상을 떠났다. 어려운 가운데서도 신문배달, 전차 차장 등을 하면서 부산진 공립보통학교를 졸업하고 일본인이 경영하던 원공사(圓公社)라는 공업학교에서 수학했다. 이런 중에도 이정심은 고학생을 돕는 모임을 만들었다고 한다. 자신의 고학생활과 주경야독이 역지사지의 마음이었을 것이다. 그는 의지가 강하고 패기를 지닌 청년이었다. 민족에 대한 애정과 독립에 대한 열망에 불탔던 그는 1919년 3.1운동 당시는 19세에 불과했으나 만세운동에 동참하였고, 독립운동가 박용만(朴容萬, 1881~1928)이 독립군 사관생을 모집한다는 소식을 접하고 무력 투쟁에 동감했던 그는 7인 동지를 결사하기도 했다. 그는 동지를 규합하여 만주로 가서 독립운동에 자신의 생을 바치려고 했으나 사전 발각되어 체포되었고 재판을 받게 되었다. 그의 교육정도로도 일본어를 구사할 수 있었으나 일본인 판사에게 통역을 세우라고 호통을 쳤다. 검사는 6개월 형을 구형하며, "너희들이 그런다고 독립을 할 줄 아느냐"고 했을 때, 이정심은 "지금은 우리가 감옥을 가지만 후일에는 반드시 독립을 이룰 것이라"고 소리쳐 화가 치민 판사는 구형양보다 1년이 더 많은 1년 6개월 형을 언도했다고 한다.

형기를 마치고 21세에 출옥한 그는 인생문제로 고심하게 되었고, 가정 또한 가난을 헤어나지 못했다. 그는 결국 승려가 되기로 하고 불도(佛道)에 인생을 기대기로 했다. 이 때 받은 법명이 정심(淨心)이었다. 이곳에서 4년을 보냈다. 그는 도를 구했으나 허무감이 깊어갔고, 특히 산사(山寺)의 참선이 민족의 현실을 타계할 수 없다는 점을 알게 되었다. 결국 그는 목탁을 집어 던지고 환속의 길을 택했다.

이 때 그는 친구 김상순(金相順)을 만나게 된다. 김상순은 부산진교회에 다니던 청년으로 친구지간이었다. 그를 통해 복음을 접한 이정심 또한 부산진교회에 출석하기 시작했고 점차 기독교의 도리를 깨닫게 되었다. 부산진교회서 그는 김상순 외에도 김용호(金容浩), 우덕준

(禹德俊), 서명준(徐明俊) 등을 만나 교류하게 된다.

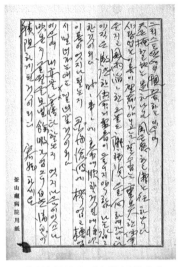
이정심 목사가 이승원 목사에게
보낸 편지

신앙은 그의 인생여정에 커다란 변화를 가져왔다. 1926년 3월 28일에는 정덕생 목사에게 세례를 받은 것으로 보인다.[5] 그는 김상순과 같이 신학을 공부하기로 다짐하고 상경하여 피어선성경학교에 입학했다. 매사에 적극적이고 열성적이던 그의 학구열도 남에게 뒤지지 않았다. 피어선성경학교를 마치고 평양으로 가 김상순과 함께 장로교신학교에 입학했고, 1933년 제28회로 평양신학교를 졸업했다. 부산 경남지방에서 일했던 김석찬, 김석진, 순교자가 되는 김방호(金邦昊), 이기혁(李基赫) 등이 동기생들이었다. 친구인 김상순은 2년 후인 1935년 30회로 졸업했고 후일 부전교회 목사, 금성중고등학교 교장을 역임했다. 재학 중에는 동료였던 박윤선, 방지일 등과 같이 창간한 복음잡지 『게자씨』 동인으로 활동하면서 글을 썼고, 이승원 목사가 주관하며 발간했던 『천국복음』지에도 글을 썼다.

평양신학교를 졸업한 이정심은 유치원교사였던 주애희(朱愛喜)와 혼

---

5) 이 점은 분명치 않다. 부산진교회 교인명부인 생명록에는 세례일자가 1926년 3월 28일로 되어있고, 주무인씨명(主務人氏名)란에 정덕생으로 기재되어 있다. 주무인이 수세자(授洗者)를 의미하는 지는 분명치 않다. 『부산진교회100년사』, 420.

인했다. 주애희는 경남성경학교에서 공부했는데, 손양원과 동기였다. 졸업과 동시에 선교사의 양녀로 중앙유치원교사학교를 졸업하고 유치원에서 일하고 있던 여성이었다. 신학교 졸업과 동시에 결혼하고 목사가 된 이정심은 1933년부터 부산 감만동의 나환자병원의 초빙을 받고 전도목사로 일하게 되었다. 널리 알려진 바대로 부산 나병원은 호주선교사 매견시(James Noble Mackenzie)가 관장하던 나병환자들을 위한 시설이었다. 당시 약 600여명의 나환자들이 수용되어 보호받고 치료받고 있었다. 1935년은 메켄지의 한국사역 25주년이 되는 때였는데, 이때 성대한 행사가 거행되었고, 예수를 믿는 나환자들에 의해 그리스도가 전해지지 않는 곳에 전도할 전도자를 세우기로 하였다. 따라서 이정심 목사는 '메켄지 기념 전도자'(Mackenzie Memorial Evangelist)로 불리기도 했다. 이정심 목사는 이곳에서 3년간 일했다. 1936년 6월 9일에는 진종학 목사 후임으로 통영의 대화정교회(현 통영교회)로 이동하였다. 당시 이 교회에는 후일 부산대학 학장이 되는 오점량, 시인 유치환, 음악가로 대성하는 윤이상 등이 있었다. 이때 벌써 이정심 목사는 명설교가로 명성을 얻었고 여러 교회에 초청을 받는 설교자가 되었다. 진주여자 도사경회에서 성령의 역사를 경험하기도 했고, 이런 일이 반복되었다고 한다.

이무렵 남긴 "5月의 隨讀錄"(〈조선기독교신문〉, 5호, 1937. 5. 10)이란 글을 보면 그에게는 문예와 사류(思流)를 헤아리는 안목이 있었음을 암시한다. 즉 그는, 동서양의 화조(畵彫)를 보면 동양은 상징성이 우수하고 서양은 사실성이 특징인데, 전자는 인간의 내면에서 신을 현심함에 있고, 후자는 신의 내면에서 인간을 현시함이 있다고 분석하고 있다. 그는 "모든 방면에 사상(事象)을 통하여 무한에 부딪쳐보자는 거기에 동양의 예술이 빛나고 현상 중에서 철학과 과학을 파악하여 보자는 거기에 서양의 실제적 특징이 있다"고 헤아리고 있다.

그러나 불행한 일이지만 통영에서 일하는 기간 동안 일제 당국의 요청을 거절하지 못하고 비록 짧은 기간이라 할찌라도 시국강연을 다닌 일도 있었다. 3.1운동 당시는 옥고를 치르기도 했으나 젊은 날의 저항과 패기는 가정을 이룬 그에게 과거지사가 되고 말았다. 이 일로 그는 늘 괴로워했다고 한다. 후일 그가 공산주의자들에 대하여 단호하게 맞서 싸우며 저항했던 것은 이때의 일이 교훈이 되었던 것으로 해석할 수 있다. 1938년 말까지 대화정교회에서 시무하고 만주의 훈춘(琿春)교회로 이동하였다. 훈춘은 동북아 삼각지의 중, 러, 북한 삼국변경에 위치한 도시였다. 이곳에서 해방을 맞았다.

해방이 되자 고국으로 귀한을 기대하고 있던 중 함경북도 청진의 청진중앙교회의 청빙을 받고 이동하게 되었다. 1945년 12월이었다. 해방과 함께 이북에는 소련공산군이 진주했고, 이정심을 이용하고자 했다. 이정심은 목사이자 기독교사회민주당 함경북도 도당위원장을 겸하고 있었다. 이 정당은 신의주의 한경직 목사를 중심으로 결성된 정당이었는데 한경직은 월남한 이후였다. 소련군은 북한 주둔군 사령부의 이봐노프대죄를 데리고 청진중앙교회로 찾아왔고, 이정심 목사에게 "일제 군벌이 쫓겨 간 이곳에 인민공화국을 세우고자 하니 솔선하여 협조해 달라."는 요구였다. 이정심은 이런 요구를 거절했다. 설득과 회유, 그리고 요구는 반복되었으나 받아들일 수 없었고, 교회를 공산당에게 넘겨줄 수 없었다. 부산진에 있던 김상순은 옛 일을 회상하면서까지 부산으로 내려오도록 권고했으나 양들을 버려두고 자신의 안위만을 생각할 수 없다며 거절했다. 그는 공산주의자들의 교회 탄압에 맞서서 협력을 거부했다.

위기가 다가오고 있었다. 그가 심방할 때면 언제나 공산당원의 미행이 뒤따랐다. 12월 2일 그가 병중에 있는 교우를 심방한다며 집을 나간 후 납치되었다. 가족들은 백방으로 그를 찾았으나 소재도 알 수 없었다. 그 기간 동안 그에게 구타와 고문이 자행되었고, 소생의 가능성이 없게 되자 이들은 그를 인적이 드문 집 주변에 갖다 버렸다. 12월 6일이었다. 납치를 숨기려 한 것이다. 행방을 모르고 지내던 중 가족들에 의해 발견된 그는 집으로 옮겨졌고 이런 저런 조치를 취했으나 몸은 만신창이가 되어 있었다. 옷을 벗겨보니 온몸은 시퍼렇게 멍이 들어 먹칠을 한 것 같았다고 한다. 12월 8일 부인과 아들 기성(起聲)에게 유언을 남기고 세상을 떠났다. "나를 남쪽을 향하야 앉혀다오, 아, 천당길이 보인다. 찬송가를 부르자." 세사람은 함께 노래를 불렀다. "하늘가는 밝은 길이 내 앞에 있으니..." 찬송을 부르고 난 후 아들 기성에게 말을 이었다. "너는 내 뒤를 따르라. 후일 남북이 통일되거든 나의 시체는 남쪽에 묻어다오. 유언은 책 속에..." 하고는 운명했다. 이후에 가족이 책속에 있는 유언장을 보니 변변치 못한 재산이지만 그 3분의 1은 교회에, 또 3분의 1은 부산에 있는 나병원에, 나머지 3분의 1은 자녀 4남매에게 나눠주라는 내용이었다.

이정심 목사는 해방 후 소련군에 의해 순교한 첫 순교자였다. 그의 뒤를 이어 김철훈(1905-1948), 이유택(1905-1949), 강문구(1910-1950), 김인준(?-1950), 김태복(1902-1950), 이성휘 목사(1889-1950)

등이 이정심과 같은 이유로 납치되거나 투옥되어 순교자의 길을 갔고, 6.25때 감옥에서 사살되었다. 이정심 목사의 유족은 부인과 2남2녀인데, 장남 기성은 인민군으로 월남했다가 반공포로가 된 후 국군에 복무 제대하고 서울에서 살았다.

## 36. 손양원 1902-1950
### 나병환자들을 위한 목회자, 신사참배거부자,
### 용서와 화해의 순교자

2011년은 손양원(1902-1950) 목사의 순교 60주년이 되는 해이다. 그의 이름은 우리에게 익숙하지만 사실은 그를 잘 알지 못하고 있다. 이런 점을 감안한다면 그에 대한 소개가 무의미하지 않을 것이다. 손양원 목사는 주기철 목사와 더불어 한국교회 인물 중에 가장 존경받는 두 사람으로 지칭되어 왔다. 안용준은 그를 '사랑의 원자탄'으로 비유했고, 김인서

대양원교회 목회 당시의 손양원 목사

는 "원시교회에 스데반이 있었다면, 20세기에는 손양원이 있다"고 했다. 박형룡은 손양원 목사에게 '성자'라는 존호를 써도 무방하다고 설교했다. 실로 손양원 목사는 기독교적 사랑을 실천한 한국교회를

대표하는 인물이다.

그에게도 오늘 우리처럼 자식에 대한 사랑이 있었고, 두 아들의 죽음에 대한 인간적 고뇌도 있었을 것이다. 그러나 그 자녀-가족이라는 경계를 넘어서는 보편적 사랑을 실천하고자 했고, 이를 통해 그리스도의 사랑을 보여주고자 했다. 그에게는 자기 본위의 안거위락(安居爲樂)을 거부하는 희생적 사랑이 있었기에 나환자들의 친구가 될 수 있었고, 가족 중심주의를 뛰어넘는 보편적 사랑을 중시했기에 두 아들을 죽인 원수를 양자로 삼을 수 있었다. 손양원 목사야 말로 버나드(Bernard of Clairvaux, 1091-1151)가 말한 4종류의 사랑 중 '하나님을 위해 만인을 사랑하는 사랑'을 실천했던 인물이었다.

손양원 목사의 생애와 삶의 여정은 크게 3가지 측면에서 살펴볼 수 있다. 첫째는 악성 피부병 환자들과 함께한 그의 목회적 삶(1940년 이전)이고, 둘째는 신사참배 반대와 투옥(1940-1945), 셋째는 해방 이후 사랑의 실천과 순교(1945-1950)가 그것이다. 그 어느 측면을 보더라도 손목사에게는 오늘 우리시대의 소시민적 삶의 행로와는 다른 영적 비범함이 있었다. 이것을 영웅시하여 규범화할 필요는 없지만 오늘을 사는 우리들에게 도전을 주는 것은 분명하다.

손양원(본명 손연준)은 1902년 6월 3일 경남 함안군 칠원면 구성리(咸安軍 漆原面 龜城里) 685번지에서 손종일(孫宗一)의 장남으로 출생하였다. 손종일은 1909년 5월 입신하였으므로 손양원은 어릴 때부터 부모를 따라 교회에 출석하면서 기독교 신앙을 접하게 되었다. 향리의 서당에서 한학을 배우던 그는 1919년 3월 칠원 보통공립학교를 졸업하였다. 그 해 10월 3일에는 호주 선교사 맹호은(孟虎恩, J. F. L.

Macrae)에게 세례를 받았다. 1919년 4월에는 서울로 가서 중동중학교에 입학하여 공부하였으나 그의 아버지가 3.1운동에 가담한 혐의로 마산 형무소에 투옥되자 학교를 중퇴하고 낙향하여 가사를 도우며 마산 창신학교에서 공부했다. 배움에 목말라하던 그는 1921년 일본으로 건너가 동경의 스가모(巢鴨)중학교 야간부에 입학하였는데, 이 기간 동안 그는 성결교인 동양선교교회에 출석하였고, 무교회 사상을 접하게 된다. 1923년 스가모 중학교를 졸업하고 귀국한 그는 칠원교회 집사로 피선되었고, 이듬해 1월 17일 부모의 권유로 정양순(본명 정쾌조)와 결혼하였다. 그리고는 진주에 있던 '경남성경학원'에 입학하였다. 1926년 3월 졸업과 동시에 전도사가 되어 경남지방에서 일하게 된다.

경남성경학교를 졸업한 후에는 부산 감만동의 한센환자 수용원 내의 상애원교회의 후원을 받는 전도사로 일하게 되는데, 이 때 매견시(James Noble Mackenzie) 선교사와의 접촉은 그의 생애 중요한 전기가 된다. 이곳에서 일하는 동안 손양원은 한센병 환자들에 대한 연민과 애정을 갖게 되고, 이들에 대한 관심을 갖게 된다. 이곳에 수용되어 있는 환우들은 남녀전도회를 조직하고 자신들의 생활비를 절약하여 드린 헌금으로 손양원을 경남지역 개척전도사로 파송한 것이다. 그래서 손양원은 매견시 선교사를 도우며 상애원교회에서 봉사하는 한편 양산읍교회, 남창교회, 원동교회를 돕고, 지역을 순회하며 울산방어진교회, 밀양수산교회 등을 개척하게 된 것이다. 그가 후일 여수 애양원에서 일하게 되는 것은 이때의 경험을 통해 자신이 섬길 수 있는 가장 가치 있는 봉사라고 여겼기 때문이었다.

목사가 되기로 결심한 그는 1935년 4월 5일 평양신학교에 입학하면서 능라도교회에서 봉사하게 된다. 신학교에서 3년간 수학한 그는 1938년 3월 16일 평양신학교 33회로 졸업했다. 강신명, 계일승, 김규당, 김양선, 경남의 박군현, 박손혁, 배운환, 윤술용, 한정교 등이 동기생들이었다. 곧 손양원은 경남노회 부산지방 시찰회 순회전도사로 파송을 받아 부산을 비롯하여 김해, 양산, 함안 등지를 순회하며 14개월간 활동했고, 1939년 7월 15일에는 여수 애양원(愛養院)의 교역자로 부임하였다. 신학교 재학 중 애양원교회서 집회를 인도한 일이 계기가 되어 목회자로 초빙 받게 되었다고 한다. 이곳을 방문한 외부인은 흰 장갑을 끼고 가는 것이 관례였으나 손양원은 장갑도 끼지 않고 악수도 하고 식사도 함께 하는 등의 일로 신뢰를 받았고, 이 일로 담임 교역자로 초빙 받게 된 것이다.

애양원에 부임한지 1년 만인 1940년 9월 25일, 손양원은 신사참배 반대 및 거부로 체포되었다. 그는 개인적으로 신사참배를 반대했을 뿐만 아니라 집회를 통해서도 신사참배는 우상숭배로서 계명을 어기는 것이라고 설교해왔기 때문이다. 여수 경찰서, 광주형무소를 거쳐 청주 형무소로 이감되었다. 만 5년간 투옥되었던 손양원은 1945년 8월 17일 석방되었고, 해방 이듬해인 1946년 3월 경남노회에서 목사안수를 받았다. 부산에 설립된 고려신학교에서 '총무' 란 이름을 가진 일이 있으나 호의적 후원 그 이상의 의미는 찾을 수 없다. 그의 관심은 한센환자들이었을 뿐이다.

혼란했던 해방정국에서 1948년 10월 19일에는 여순(麗順)사건이 발발하였고, 이때 좌익학생들은 기독교는 친미적이라 하여 크리스챤 학

출옥 3일 후의 손양원목사(경남 함안)

생들에게 폭력을 가했는데, 이 와중에서 손 목사의 두 아들 동인과 동신은 살해되었다. 애양원에서 이인재 목사

를 강사로 부흥집회 기간 중 이 소식을 접한 손목사는 비통한 가운데 몇 일을 보내고 기도하는 중에 하나님의 사랑을 실천하기로 하고 두 아들을 죽인 범인 안재선을 양자로 삼기로 결심했다. 당시 안재선을 취조하던 경찰은 피우던 담배를 떨어뜨리며 "손양원 목사! 손양원 목사! 당신은 참으로 위대하십니다"라고 감탄했다고 한다. 손 목사는 10월 27일 거행된 두 아들의 장례식에서 답사를 하면서 아홉 가지 감사를 했는데 이것은 유명한 일화로 남아있다.[6]

1950년의 6.25동란이 일어났을 때 피난을 권했지만 손양원목사는

---

6) 그가 말했다는 9가지 감사는 다음과 같다. "1. 나 같은 죄인의 가정에서 순교의 자식이 나게 하셨으니 감사하고, 2. 허다한 성도 중에 이런 보배를 나에게 주셨으니 감사하고, 3. 삼남 삼녀 중에서 가장 귀여운 맏아들과 둘째 아들을 바치게 하셨으니 감사하고, 4. 한 아들의 순교도 귀하다 하거늘 두 아들이 순교하게 하셨으니 감사하고, 5. 예수 믿고 와석종신(臥席終身)해도 복이거늘 전도하다 총살 순교 했으니 감사하고, 6. 미국 가려고 준비하던 아들이 미국보다 더 좋은 천국으로 갔으니 더욱 감사하고, 7. 사랑하는 아들 죽인 원수를 회개시켜 양자 삼고자 하는 마음 주신 것을 감사하고, 8. 아들의 순교가 열매 맺어 무수한 천국의 열매가 생길 것을 믿으니 감사하고, 9. 역경 속에서 하나님의 사랑 깨닫게 하시고 이길 수 있는 믿음 주시니 감사하다." 안용준, 『사랑의 원자탄』(신망애사, 1974), 186-7.

이를 거절하였다. 교회도 지켜야하지만 병들어 행동이 자유롭지 못한 환자들을 두고 혼자 피할 수 없다는 것이었다. "세상에 피난처가 어디 있는가! 피난처는 오직 주님 품 뿐이다"며 피난을 거절했다고 한다. 전쟁이 발발한지 한달 후인 7월 27일 여수가 북한 군의 수중에 넘어갔고, 강단을 사수하던 손목사는 1950년 9월 공산당원에게 체포되었고, 9월 28일 밤 순천으로 옮겨가던 중 미평(美坪)의 과수원에서 총살되었다. 그 역시 순교자의 길을 간 것이다. 손양원목사와 함께 끌려가던 중 기적적으로 탈출한 김창수의 증언에 의하면 손양원 목사는 죽음 직전까지도 인민군을 향해 "제발 예수믿고 천당 가야 한다"고 전도했다고 한다.

손양원 목사는 위급한 상황에서도 자신의 안위를 구하지 않고 교회와 성도들을 섬기고자 했고, 세욕에 물들어 유욕한 삶을 추구하지도 않았다. 그는 가난하고 외로운 이들의 벗이길 원했고, 병든자와 함께 울고 웃으며 하늘의 위로를 전하는 소박한 전도자이기를 원했다. 손양원목사의 신앙정신은 그의 삶의 여정에도 드러나 있지만, 그의 "나의 부흥회시에 먼저 읽을 것"이라는 글 속에 나타나 있다. 그는 해방 후 약 60회의 부흥집회를 인도했는데 이런 집회 때 자신을 돌아보고 성찰하기 위해 이런 다짐을 한 것으로 보인다. "1. 하나님을 의지하고 나의 지식을 믿지 말 것. 2. 주님을 나타내지 않고 자기를 나타낼까 조심할 것, 3. 성경원리 잘 모르고 내 지식대로 거짓말하지 않게 할 것, 4. 간증시에 침소봉대하여 거짓말 되지 않게 할 것, 5. 나도 행하지 못하는 것을 남에게 짐 지우지 말 것" 등이다.

백범 김구 선생은, 손양원 목사가 자신보다 26년 연하였지만 그를

박범 김구 선생이 손양원에게 써준 휘호(1949.3.26)

신뢰했고, 자신이 설립한 창엄학교의 교장으로 초빙한 일도 있었다. 자신의 책,『백범 일지』를 선물하기도 했다. 특별히 암살되기 꼭 3개월 전인 1949년 3월 26일 손양원 목사와 만난 자리에서 74세였던 백범은 한편의 글을 써 주었다. 조선 후기의 문인 이양연(李亮淵, 1771~1853) 의 시였다.

    踏雪夜中去　눈내린 들판을 걸어갈 때
    不須胡亂行　발걸음을 어지러이 말 것은
    今日我行跡　늘 내가 걸어간 발자국이

遂作後人廷  뒤 사람의 이정표가 될 것이기에.

　　앞서 걸어가는 이의 삶의 여정이 후배들에게 어떤 의미를 주는지
를 생각하게 하는 시임이 분명하다.

## 37. 강성갑 1912-1950
### 향토교육의 선구자, 경남 진영의 한얼학교 설립자이자 순교자

해방 후 경남 진영에서 한얼중학교를 설 립하고 기독교 정신에 기초한 이상적인 농 촌교육을 전개했던 인물이 강성갑(姜成 甲, 1912-1950) 목사였다. 그는 학교를 통 해 그 지역 사회를 개발하되, 이상적인 농 촌 사회를 만들고자 자급자족과 공동체생 활을 주장했고, 교육과 노동을 병행하면 서 노동의 가치를 일깨워주었다. 그는 당 시 빈곤한 마을에 학교를 설립하고, 교장

강성갑 목사

인 자신이 학생들과 함께 교사(校舍)를 지었고, 학비가 없는 이들을 위해 성냥공장을 세워 가난한 이들에게도 교육의 기회를 제공하고자 했다. 그의 학교 이념은 독일의 철학자였던 스프랑거(Spranger)의 향 토학교(heimat schule)나 미국인 올슨(E. G. Olsen)의 지역학교운동 (community school movement)과 비교될 수 있다. 그는 비록 스프랑 거나 올슨을 언급하거나 지칭한 일은 없으나 그들이 가르쳤던 학교와 지역사회와의 이상적인 관계를 인식하고 있었다. 즉 그는 학교는 지 역사회와 밀접히 관계되어야 하고, 교육을 통해 지역사회를 개발하되

이를 통해 교육의 사회적 기능을 감당할 수 있다고 보았던 것이다. 그래서 그가 꿈꾸었던 한얼학교는 단순히 배움에 배고파하던 청소년들에게 교육의 기회를 제공하는 것 그 이상의 의미가 있었다. 그가 추진한 한얼학교는 지역민들과 함께 만들어가는 지역 공동체였고, 이를 통해 교육의 사회적 기능을 행사할 수 있다고 보았다. 그는 학교와 지역사회가 통합될 때 참다운 교육을 시행할 수 있다고 보았던 향토교육의 선구자였다.[7]

그러나 부당하게도 그는 학교를 설립한지 불과 4년 만에 공산주의자로 몰려 1950년 8월 2일 경남 김해군 진영읍 수산교가 있는 낙동강변의 모래벌에서 처형되었다. 해방공간의 혼란과 6.25전쟁의 와중에서 이데올로기적 대립이 가져온 불행한 역사였다. 그는 교육구민(教育救民)의 이상을 꽃피우지 못하고 38년의 생을 마감했다. 그의 삶의 여정은 평범하지 않았다. 그는 어떤 인물이었으며 그는 실제로 공산주의자였을까?

강성갑은 1912년 6월 21일(음력) 경상남도 의령군 지정면 오천리 웅곡이라는 마을에서 빈농의 아들로 태어났다. 그의 모친이 신실한 그리스도인이었으므로 어릴 때부터 기독교적 분위기에서 성장했다. 가정에서 한학을 공부하던 그는 11살 때 의령보통학교에 입학하여 약 6개월간 수학하고, 기독교계 사립학교인 마산 창신학교 4학년으로 전학했다. 이것은 기독교 교육을 받게 하려는 모친의 배려였다. 그의 어머니는 떡장사를 하면서 아들 공부를 시켰다고 한다. 1927년 15살 때

---

7) 이글의 주요 정보는 심진구, "향토교육의 선구자 강성갑에 관한 사례연구,"『진주산업대학교 논문집』3(1968. 12), 261–282에서 얻었고, 또 김동길,『어떤 사람이기에』(범우사, 2002), 문희봉,『두무산 민들레』(형성출판사, 1980), 양해동,『서간도 아리랑』(살림터, 2000) 등에 언급된 강성갑에 관한 정보에서 도움을 입었다.

창신학교를 졸업한 그는 그해 4월 4년제 학교인 마산상업학교에 진학하였다. 이때는 문창교회에서 분립한 독립교회(후에 마산 중앙교회)에 출석하며 신앙생활을 했다. 1930년 3월 마산상업학교를 졸업한 그는 일본으로 건너가 행상과 노동을 하며 상급학교에 진학하고자 했으나 경제적으로 헤쳐가기 어려운 현실이었다. 약 일 년 간 일본에서 생활했던 강성갑은 귀국하여 김해군 장유 금융조합 서기로 취직하여 약 5년간 일했다. 이때 강성갑은 고 오형선(吳亨善, 1875-1944) 장로의 장녀 오중은(吳重恩, 1914-1991)과 교제하고 있었다. 오형선 장로는 신사참배 반대로 투옥되기까지 했던 오윤선(吳潤善) 장로의 동생으로써 거창지방 초기 신자이자 거창교회 설립자의 한 사람이었고 독립운동가이자 울산과 경남지방의 14개 처 교회를 설립하신 초기 전도자였다. 강성갑은 이때 받은 월급을 모아 오중은을 서울에 있는 보육학교에서 공부하게 했다고 한다. 그가 보육학교를 졸업하게 되자 이들은 결혼했는데, 30전으로 결혼하고 집에 와 보니 남은 돈은 60전뿐이었다고 한다.

강성갑은 결혼까지 했으나 지방 관서의 서기로만 살 수 없다고 생각하고 더 공부하기로 작정했다. 이런 결단에 영향을 준 것이 일제의 식민지적 현실, 일본에서의 경험, 그리고 자신이 살아가는 피폐(疲弊)한 경상남도 농촌의 현실이었다. 그는 연희전문학교에 진학하여 더 공부하기로 하고 이 학교에 응시하게 되었다. 이때는 그가 실업계 학교인 마산상업학교를 졸업한지 7년이 지난 때였다. 입시를 위해 준비된 상황이 아니었다. 낙방할 것이 분명했지만 시험에 응시했고, 예상대로 낙방했다. 그의 관심사는 합격여부가 아니라 입학식이 언제인가였다고 한다. 아내에게 "지금까지는 내가 당신을 공부시켰지만 이제는 당신이 나를 공부시켜야 한다."며 입학식 날 서울로 올라갔다고 한다. 연희전문학교에 합격한 이들은 인력거를 타고 등교하기도 했으나 강성갑은 혼자 걸어서 학교로 찾아갔고 입학생 대열에 서 있었다. 입학식에서 교수가 물었다. "자네는 누구인가?" "저는 경남에서 올라온 강성갑이라고 합니다." 신입생 명단을 살펴 본 교수는 "자네는 합격생이 아니니 공부할 수 없다"며 돌아가라고 했다. 그러나 강성갑은 이 학교에 공부하러 왔으니 이름을 안 불러도 좋고, 자리가 없어도 좋으니 그저 마루바닥에 앉아서라도 공부만 하게 해 달라고 억지를 부렸다. 그의 의지가 단호한 것을 보고 교수회가 소집되었다. 당시 백낙준 교장은 그에게 특혜를 베풀기로 했다. 한 학기 청강을 허락하기로 하고, 1학기 후 성적이 정식으로 입학한 학생보다 우수할 경우 정식 학생으로 입학을 허용하기로 했다. 한 학기 후 강성갑은 우수한 성적으로 정규학생이 되었고 연희전문에서 수학하는 동안 오직 공부만 했다고 한다. 즉 1937년 4월 문과에 입학하여 그의 나이 29세 때인 1941년 3월에 최우수 성적으로 졸업한 것이다. '억지를 부려' 입학한 그는 자신의 능력이 억지 그 이상임을 보여준 것이다. 그는 입학하기 위해 상경할 때 서울역을 보고, 졸업하고 하향할 때 서울역을 다시 구경했을 뿐이라고 한다. 그는 오직 공부에 열중하여 백낙준 박사에게 인정을 받았고 그 일로 두 사람은 특별한 관계가 되었다고 한다.

연희전문학교를 마친 그는 곧 도일하여 교또(京都)의 도시샤(同志社)대학 신학부에 입학하여 3년간 수학하고 1943년 귀국하였다. 그가 기독교적 이상으로 농촌사회 개혁을 이루는 향토교육에 관심을 갖

강성갑 목사가 설립한 한얼중학교

게 된 것은 이 무렵이었다는 주장이 있다.[8] 그러나 실제적으로 그가
독립적인 교육사업을 시작한 것은 장유 금융조합 서기로 일하고 있
을 때였다. 그는 박봉을 털어 부인을 서울 경성보육학교에 보내고 밤
에 야간 학교를 열고 우리말을 가르치는 등 교육활동을 시작하였다.
일본에서 귀국한 강성갑은 1943년 부산 초량교회 부목사로 부임했으
나 오래 일하지 못했다. 해방이 되자 그에게는 할 일이 너무나도 많았
다. 일본인들이 물러간 후 각급학교는 교사들이 부족했고, 이 공백을
매우기 위해 그는 1945년 11월부터 경상남도 교원양성소 교사로 1기부
터 4기까지를 양성하였다. 이 때 그는 윤인구 목사와 동역하였다. 이
일로 윤인구 목사를 도와 1946년 5월에는 부산대학교 설립에 관여하
여 1947년 8월까지 교수로 일하기도 했다.

   이 일은 자신이 꿈꾸어왔던 교육의 이상과는 다소 차이가 있었다.
강성갑 목사가 1946년 4월 경남 진영읍교회로 부임하게 되자 기독교

---

8) 심진구, 261.

정신을 구현하는 새로운 학교 설립을 시도하게 된다. 그는 1946년 8월 15일 진영복음중등공민학교 설립 인가를 얻고 진영의 대흥초등학교의 가교사를 빌려 그달 20일에 야간학교로 개교하였다. 자신은 설립자겸 교장이었다. 그해 10월에는 진영리 철하(鐵下) 일인 소유 주택 및 창고를 교사로 개조하여 이곳으로 이전하여 주야간 2부제를 시작하였고, 1947년 6월 21일에는 재단법인 삼일학원을 설립하였다. 이 당시 진영에서의 일이 많아 강성갑은 두 달 후인 8월에 부산대학교 교수직을 그만두게 된다.

그가 한얼초급중학교 설립인가와 재단법인 삼일학원 인가를 받았을 때는 1948년 1월 26일이었다. 이때에도 '억지를 부려' 인가를 받았다고 한다. 한얼 중학교라는 학교명을 쓴 종이 한 장과 '설립취지서' 한장 만으로 인가를 받았다고 한다. 그해 7월에는 진영읍 진영리 철하에 3천5백평의 학교 부지를 확보하고 그곳에 흙벽돌 교사를 짓기 시작했다. 특별한 점은 그는 외부의 도움을 구하지 않고 자기 손으로 학교를 일궈갔다는 점이다. 교장도 학생과 똑같이 벽돌을 찍고 함께 일했다. 당시 학생이었던 문희봉(文熙鳳, 후일 목사)의 회고에 의하면 하루 한 학생에게 50개의 벽돌을 찍도록 배당되었다고 한다.[9] 학교일이 많아지자 1948년 9월에는 진영교회 목사직을 사임했다. 김동길 교수에 의하면 그가 쌓은 교사의 흙벽돌 담이 4번이나 무너지고 그의 얼굴은 노동으로 검게 타 있었다고 한다. 농번기에는 수업이 없고 농한기에 수업하도록 하였으나 학생들의 실력이 저하되지 않았다고 한다. 학교에서 목공일을 가르치는 이에게도 목공선생이라고 불렀고, 그

---

9) 문희봉, 82.

의 봉급이 교장의 봉급과 동일했다고 한다. 이처럼 강성갑은 생활주변의 차별의식을 철폐하고자 했다.[10]

강성갑은 한얼학교를 설립했을 뿐 만 아니라 1949년 3월에는 김해군 진례면에 분교를 설치하였고 그해 10월에는 김해군 구산면에도 분교를 설치하기도 했다. 그의 향토교육의 이상은 더 원대했다. 그는 이들 학교를 기초로 남녀별 고등학교, 그리고 농민대학을 세우고자 했다. 이것이 해방 이후의 현실에서 나라를 구하고 지역 사회를 살리는 길, 곧 교육입국(敎育立國)의 길이라고 확신했던 것이다.

앞에서도 언급했지만 강성갑은 학교 설립당시 전 교직원 가족, 그리고 일부의 학생들이 공동생활을 했고, 공동식사를 통해 교장에서 사환에 이르기까지 동고동락하는 공동체의식을 심어주었다. 그러했기에 학교 정신을 이해한 학부모들의 자발적인 협조와 지원을 받았다. 말하자면 한얼학교는 향토교육의 장(場)이었다. 그러나 이런 그의 교육이념은 6.25의 발발과 좌우익의 대립, 부정한 지방 관리들의 악의로 좌절을 겪게 되고 강성갑 목사는 부당하게 죽음을 맞게 된다.

1950년 6.25일 남침으로 전쟁이 발발했고, 이 혼란을 틈타 평소 그의 인기와 명망을 시기하던 일부 악질적인 지방 유지들이 그를 제거할 기회가 왔다고 보아 그를 '빨갱이'로 몰아 체포하였다. 별다른 변명도 없이 이 애국자를 진영읍 수산교가 있는 낙동강변의 모래벌로 끌고 갔고 지서장의 입회하에 3사람의 순경이 6발씩 장진하여 그를 처형했다. 전쟁이 발발한지 두 달 후인 8월 2일이었다. 총살당하기 직

---

10) 김동길, 『어떤 사람이기에』(범우사, 2002), 88.

전 그는 가해자에게 "나는 목사이니 기도할 시간을 달라"고 요청했고, 그리고 대단히 큰 목소리로 "주여 이 죄인들을 용서하옵소서. 이 겨레 이 나라를 가난과 재앙에서 건져 주옵시고 한얼을 축복하옵소서. 이제 이 죄인은 주의 뜻을 받들어 주의 품에 육신과 영혼을 기탁하오니 주여 남기고 가는 저들을 축복하옵소서."라고 하며 최후를 맞았다고 당시 현장 생존자 최갑시(崔甲時)가 전해주고 있다. 같이 체포되었던 최갑시는 다리에 총상을 입자 말자 강물 속으로 뛰어 들어 수중역류헤엄으로 탈출하여 목숨을 구했고, 그의 증언으로 이때의 정황이 밝혀지게 된 것이다.

그는 계엄사령부에 이 사건을 고발하였다. 당시 진영읍의 읍장, 부읍장, 지서장, 국민회 의장, 방위군 대장 등 7명이 무죄한 자를 살인했다는 이유로 9월 19일 체포되어 재판에 회부되었다. 당시계엄사령관은 김종원 대령, 검찰관은 김기동 대위였다. 7명에게 사형이 구형되었으나 결국에는 다 방면되고 지서장 김병희는 사형이 집행되었다. 지서장은 진영중학 미모의 여교사를 암매장한 혐의까지 추가되었기 때문이다.

그렇다면 강성갑은 공산주의자였는가? 그렇지는 않다. 단지 그 시대의 가치와는 앞선 진보적 생각을 했을 뿐이었다. 그를 공산주의자라는 혐의를 받게 된 것은 그가 만주진영이 아닌 공산당 모임으로 간주되던 농민조합에서 강연을 한 점, 학교가 운영하던 성냥공장에서 생산되는 상표에 소련국기와 비슷하게 보이는 괭이를 그려 넣은 점, 5.30선거 당시 한 때 남로당원이자 민주주의 민족전선 김해군 사무국장이었던 안창득의 국회의원 출마 시 선거사무장으로 일한 점, 전교직원과 그 가족이 공동생활을 한 것이 중국의 인민공사와 유사하다는 점, 전쟁 중 북한군이 8월 대공세를 준비하고 있을 때 학도병 모집을 거부한 점 등이었다고 한다.[11]

특히 학도병 모집 대상은 고등학생이었기 때문에 강성갑 교장은 이를 거부하였으나, 이 일로 의심을 받게 되었고, 진영에 주둔하고 있던 제9연대 임대위가 지서에 와서 적색분자 명단을 요구했을 때 지서장은 10여명의 명단을 제시하였는데, 진짜 공사주의자들은 다 피하고 강성갑과 최갑시만 체포되어 결국 불행한 최후를 맞게 된 것이다. 실제로 강성갑을 총살한 것은 사사로운 감정으로 그를 공산주의자로 몰아 처형했다는 주장이 설득력을 얻고 있다. 당시 진영에는 정부양곡을 도정하는 이들이 있었는데 이들이 부정을 자행하자 불의를 눈감아 주지 못하는 강성갑은 이를 힐책하였고, 이 일로 강성갑을 질시하고 기회를 노리던 이들은 지서장과 작당하고 그를 죽음으로 몰고간 것이다.[12] 문희봉과 함께 이 학교 출신인 심군식(沈君植)은 스승의 죽음을 한편의 시로 애도한 바 있다.

　　선생님은 가셨습니다

　　촛불은 꺼졌습니다
　　선생님은 가셨습니다.
　　사랑하는 나의 선생님은 가셨습니다.
　　우는 고아를 박차버리고
　　아릿 아릿한 최후의 길을

---

11) 심진구, 266-268.
12) 문희봉, 88.

선생님은 사포시 떠났습니다.

다시사 만나볼 수 없는 길
다시사 이야기할 수 없는 길
다시사 오시지 못할 길을

억울과 원통과 울분을 우리 가슴에 남기고
선생님은 떠나가셨습니다.

운들 무슨 소용이 있습니까?
슬퍼한들 무슨 소용이 있습니까?
가슴치며 애달퍼한들

무슨 보람이사 있으리요마는
너무도 너무도 울분하며
눈물 뿌릴 뿐이 옵니다.

1954년 2월 26일 밤


심군식이 이 시를 썼을 때는 21살 때였다. 한얼중학교를 졸업하고 한얼고등학교에 재학하고있던 때였다. 이때 그는 강성갑목사의 최후에 대한 23쪽의 『꺼진 촛불』이라는 수기본 소책자를 펴냈는데, 스승에 대한 연민의 정을 기리고 있다.

강성갑 목사는 해방기 좌우갈등이 심화될 때 이 민족에겐 좌와 우가 있을 수 없다고 보았고, 민족중흥의 대도(大道)는 일치단결이라고 주장했다. 그는 경찰이나 관청이 불의하거나 구호품을 부정하게 사용하면 이에 대해 항의하고 바로 잡고자 했다. 빈부의 차별이나 신분의 차별을 넘어서는 사랑에 기초한 평등을 강조했고, 경상도의 고루한 관혼상제의 폐습을 타파하고자 했다. 무엇보다도 그는 근면과 성실로 노동의 가치를 솔선여행하며 이를 일깨워 주고자 했다. 후일 그의 시신을 찾아 장례식을 거행했다. 400-500여명의 학생이 상여를 매고 거리를 행진했고, 시골 목사의 장례식에 그처럼 많은 인파가 몰린 일이 없었다고 한다. 함태영 부통령, 백낙준 문교부장관, 국문학자 최현배 선생 등이 자리를 같이 같이했다. 그를 기념하는 동상도 세워졌다. "한얼의 설립자 강성갑 선생, 1912년 6월 21일 의령땅에 나서 1950년 8월 2일 낙동강변에 쓸어졌다. 이 백성에게 예수의 복음을 전한 설교자."

## 38. 박기천 1923-1950
### 경남 거창군 북상교회, 가천교회 전도사, 순교자

북상교회 전도사 시절의 박기천

경남 거창군 북상면 갈계리 1054번지에 위치한 북상(北上)교회는 1934년 호주선교부 거창지부가 주관하던 주간학교 교사인 곽남순(郭南順)의 전도로 개척된 교회였다. 정기적이 집회가 시작되자 호주선교부 거창지부는 황보기 전도사를 파송하여 임시로 일하게 했고, 후에는 고운서, 김동준 전도사가 봉사했다.

1936년경에는 교인수가 40여명에 달했고, 예배당도 건축하게 되었다. 후에는 이자익(1934-1936. 9), 서금윤(1936. 10- 1937. 5) 등이 교역자로 일했다. 농촌교회로서 교세는 미미했으나 이 지역 기독교 지도자인 주남선 목사의 후원 아래 꾸준히 유지되어 해방 당시까지 존속하였다. 1948년 1월에는 주남선 목사의 추천을 받은 25세의 청년 박기천

(朴基千, 1923-1950) 전도사가 이 교회에 부임하였다.[13] 성실하고 진실했던 그는 초임 목회지에서 온 마음으로 목회하던 중 약 1년 후 거창군 남하면 대야리의 가천(加川)교회로 이동하였다. 이 교회는 미국 북장로교 선교사인 심익순(沈翊舜, Walter E. Smith, 1902-1912) 목사에 의해 1907년 설립된 교회였다. 이 교회에서 시무하던 중 6.25전쟁이 발발하였고, 박기천 전도사는 거창 지역으로 들어온 공산주의자들에 의해 기독교신자라는 이유에서 끌려가 1950년 9월 26일 피살되었다. 27세의 나이로 순교자의 길을 간 것이다. 대한예수교장로회(고신) 총회 기독교문화유적 위원회는 이 점을 확인하고 그가 시무한 북상교회를 2011년 5월 24일 순교기념교회로 지정한 바 있다. 가천교회는 수몰지역이 되었기 때문에 그가 첫 시무한 교회를 지정하게 된 것이다. 그렇다면 북상교회와 가천교회를 담임했던 박기천 전도사는 어떤 삶을 살았을까?

박기천 전도사는 1923년 4월 2일 경북 금릉군 대덕면 내감리 910번지에서 박정하(朴貞夏)와 이순분(李順分)의 5남 1녀 중 막내로 출생하였다. 박만도(1899년생), 박만천(1900), 박삼천(1915), 박희춘(1920)이 형이었고, 박삼순(1916)이 누나였다. 3살 때인 1926년 4월 4일 아버지를 여의고 홀 어머니 밑에서 성장했다. 그러나 믿음의 길은 그를 건실한 청년으로 살아가게 인도했다. 그는 10살 때인 1933년 3월부터 내감리에 소재한 감주교회에 출석하게 되었다. 감주교회는 이계춘(李桂春) 영수에 의해 1907년 설립된 교회였다. 박기천은 13살 때인 1936년 3월 10일에는 순회 당회장이었던 김중환(金重煥) 목사에게 학습을 받

---

13) 심군식은 박기천 전사의 출생년을 1920년으로 기록하고 있으나[심군식, 『한국교회 순교자들의 생애』(도서출판, 영문, 1994), 153] 1923년이 옳다.

았다. 김중환 목사는 평양신학교를 제23회로 1928년 졸업하여 목사가 되었고, 경북 내륙 지방에서 활동하던 목사였다. 이듬해인 1937년 3월 13일에는 미국북장로교 부해리(Rev. Henry N. Bruen) 선교사에게 세례를 받았다. 부해리 선교사는 대구경북지방에서 일한 북장로교의 대표적인 선교사로서 경북 내륙지방을 순회했던 선교사였다.

박기천은 감주마을의 간이학당에서 수학하고 1938년 3월에는 대덕 심상소학교에 편입하였다. 심상소학교 라고 할 때 '심상'(尋常)은 고등과가 아닌 보통 과정이란 뜻인데, 일제시대의 학제로 오늘의 초등학교를 의미했다. 이 학교에 재학하고 있을 당시 박기천은 궁성요배를 거부하여 문제가 되기도 했으나 끝까지 이를 거부하였다. 1941년 3월 이 학교를 졸업하였는데, 이때 학교 이름은 대덕공립소학교였다.

1941년 4월에는 김해군 대저리에 소재한 복음농림학교에 입학하여 전수과에서 1년간 수학하고 1942년 3월 10일 졸업하였다. 이 학교는 호주선교사 부오란(Francis T. Borland)이 농촌교회 지도자 양성을 위해 마산에 설립한 학교로서 영문으로는 Gospel Farm School이라고 불렀다. 후에 윤인구 목사가 교장으로 일하던 중 조선신학교 교장으로 가게 됨으로 심문태(沈文泰) 목사가 교장직을 계승하였고, 구포교회 임학찬 목사 등이 가르치던 학교였다. 박기천 전도사가 수학할 당시 교장은 심문태 목사였다. 이 학교에서 수학한 박기천은 그 후 금릉군 지례면의 지례교회 이춘화(李春和) 장로의 소개로 충청북도 영동의 교회 집회에서 충북 영동군 양산면 하곡리의 이창주, 박문옥 씨의 4남매 중 외동 딸 이진표 양을 만나 1944년 2월 5일 혼인하였다. 부인은 충청북도 영동 출신으로 얌전하고 순진한 현모양처형의 여성이었다. 그를 사람들은 외유내강한 여성이라고 불렀다. 결혼한 박기천은 부인을 본가에 남겨둔 채 형이 있는 만주 북안성, 후에는 간도성으로 가서 일하다가 해방과 함께 귀국했다.

귀국한 그는 거창군 위천면 사무소 임시서기로 취직하여 1945년 11월 경남 거창으로 이주하였다. 이때 박기천은 거주지와 인접한 위천교회에 출석하며 교사로 또는 제직회 서기로 교회를 위해 봉사했다. 당시 위천교회 담임교역자가 백영희 전도사였다. 1947년 1월부터는 거창읍 사무소 서기로 근무하게 되었다. 그러나 공직에서 일하면서 뇌물을 받는 문제나 술좌석에 동석해야 하는 문제 등 신앙적 갈등을 경험한 그는 백영희 전도사 설교를 통해 큰 은혜를 받고 면서기 직을 사임하였다.

그가 목회자의 길을 가게 된 것은 백영희 전도사의 설교에서 많은 감화를 받았기 때문이다. 교역자의 길을 결심했을 때 주남선 목사의 추천으로 1948년 1월 거창군 북상면의 북상(北上)교회 전도사로 부임하게 된다. 1934년 곽남순, 김동준에 의해 설립된 이 교회의 당시 당회장은 주남선 목사였다. 박기천은 서환성(徐煥成) 전도사의 후임이었다. 당시 장년 교인은 10여명에 불과했다. 이름 그대로 미자립 교회였으므로 기본적인 생활을 할 수 없는 형편이었다. 당시로 볼 때 안정된 직장인 면사무소 직원이라는 직장을 두고 생활도 안 되는 북상교회 전도사로 간 것을 보면 전적으로 신앙적 결단이었음을 알 수 있다. 그와 함께 면서기로 일한 바 있는 이만기씨(후에 목사가 됨)의 회고에 의하면, 박기천은 늘 웃는 얼굴이었고, 감사하는 마음으로 살았다고 한다. 교역자의 길을 시작하면서 박기천 전도사는 주일에는 늘 금식하고 경건하게 살고자 힘썼다고 한다. 그에게는 거룩한 삶에 대한 열망

박기천 전도사(뒷줄 우측 3번째) 가족

이 있었다. 토요일이나 주일예배 후에는 주일학생들을 데리고 깃발을
들고 동네를 다니며 전도하는 일이 빈번했다고 한다.

　해방 후의 상황은 혼란했다. 좌우익으로 나누어 대치하던 때에 북
상에서 멀지 않은 월성에 빨치산의 아지트가 있었다. 북상지역은 좌
익세가 우세하여 저녁에는 빨치산들이 내려와 우익청년들이나 교역
자를 잡아가기도 했다. 박전도사는 산(山)기도 하러 간 사이에 빨치산
들이 자주 교회에 찾아와 교회를 지키고 있는 전도사 부인에게 총을
겨누며 위협했다. 전도사가 어디 있는지 찾아내라고 협박하고 소란을
피우기도 했다. 이런 일로 젊은 새댁이 크게 놀라 심장병에 걸렸고 몸
은 점점 야위어 갔다.

북상교회에 부임한지 약 1년이 지난 1949년 2월 10일, 박기천 전도사는 거창군 남하면의 가천(加川)교회로 이동 하였다. 이 교회는 1907년 9월 심익순 선교사에 의해 설립된 농촌교회로 명맥을 유지하고 있었다. 가천교회는 1985년 합천 댐 건설로 인해 수몰지역이 되어 현재는 거창읍에 소재한 동부교회와 합쳐 동부가천교회가 되었다. 부임 당시 가천교회 교인은 20여명에 불과했으나 박기천 전도사는 이 교회를 위해 크게 헌신하여 교회는 양적으로나 질적으로 부흥하였다. 특히 주일학생이 크게 부흥하여 50-60명이 되었다. 그는 늘 기도에 힘을 쏟았고 산 기도나 금식 기도하는 일이 많았다. 후일 알게 되었지만 이런 기도는 좌익들에 의해 끌려가 탄압가운데서도 믿음을 지키며 순교자의 길을 가기 위한 영적인 준비였다.

이런 상황에서 6.25 동란이 발발하였고 지리산에 숨어 있던 빨치산은 거창지역에 출몰하여 토착 좌익세력과 내통하며 기독교인들을 학살하는 일이 빈번하였다. 이런 여러 위협가운데서 박전도사의 부인은 1950년 7월 16일 오전 7시 심장병으로 세상을 떠났다. 9월 10일 이후 어느날 박기천 전도사도 인민군에 의해 잡혀 인민군 내무서로 사용되던 거창의 명덕학교로 끌려갔다. 기독교신자이자 교역자라는 점에서 좌익들에게는 타도의 대상이었지만, 그가 붉은 사상 가진 자가 회개하고 돌아오기를 기도했는데, 이런 이유로 그를 반동분자로 몰아간 것이다. 이곳에서 한 달 정도 구금되어 있던 중, 기독교 신앙을 포기하도록 강요했다. 특히 주일에 의도적으로 일을 시키기도 했다. 음력 추석이 가까워지고 있을 때 인천상륙 작전으로 불리한 전황에 놓이게 되자 인민군들의 후퇴가 시작되었다. 이들은 후퇴하면서 양민을 학살했다. 인민군과 좌익 세력은 박기천 전도사 등 양민들을 밧줄로 묶고 함양군 함양읍으로 끌고 갔다. 믿음을 지켰던 박기천 전도사는 인민군이 쏜 총을 맞고 순교자의 길을 가게 되었다. 그 날이 1950년 9월 26일로 추정된다. 박기천 전도사는 오른쪽 어깨에 총을 맞고 피를 흘리면서 나무 아래서 기도하던 중 하나님의 부름을 받았다.

인민군들은 떠나갔고 다시 평온을 찾았으나 시신을 찾을 수 없었다. 후에 나무꾼에 의해 발견되었는데, 나무 밑에서 기도하다가 넘어져 사망한 모습이었다. 시신을 발견했을 때가 1951년 1월이었다. 박기천 전도사는 27세의 나이로 순교의 길을 간 것이다. 부산 서부교회 목사였던 백영희(1910-1989) 목사는 그의 설교에서 거창지역 세 순교자들에 대해 종종 언급했는데, 그들이 전도사였던 박기천, 주일학교 반사였던 배추달과 변판원이었다. 백영희 목사는 이 세 사람을 거창지역의 참 순교자라고 불렀다.[14) 박기천 전도사의 장례식은 거창시찰장으로 주남선 목사의 주례로 치러졌다. 그로부터 두 달 후 주남선 목사도 하나님의 부름을 받았다. 유족으로는 박내영이 있다. 4살때 부모를 잃은 그는 훌륭하게 성장하여 존경받는 목회자가 되었다.[15)

박기천 전도사의 설교나 기록은 거의 남아 있지 않지만 그가 사용하던 성경에는 한편의 묵상기가 남아 있었다. 성경책 앞 여백에 붙어 있었던 이 글은 뒷 산에 올라 하나님만 바라며 기도했던 기도의 흔적이자 순교를 앞둔 신앙고백이기도 했다. 묵시록 7장 14-17절을 읽고 기도하며 묵상하던 중 쓴 것으로 보이는 이 글에는 자신의 순교와 그 이후에 누릴 부활과 하나님 나라에서의 소망을 피력하고 있다. 이 글

---

14) 1983년 7월 10일 부산 서부교회에서 행한데살로니가전서 4:1-8을 본문으로 한 설교에서.
15) 박래영은 4살 때인 1950년 7월에는 어머니를, 9월에는 아버지를 잃고 친척집에서 성장하였다. 고려신학대학(BA)과 신학대학원(MDiv), 고신대학 대학원(MA)을 거쳐 대한예수교장로회(고신) 목사가 되었다. 부산의 성도고등학교 교목을 역임했고, 부산시 북구 구포에서 성도교회를 개척하고 담임목사로 시무하고 있다.

을 썼을 때가 1950년 9월 9일이었으니 잡혀가기 직전으로 보인다. 이
렇게 볼 때 이 글은 그가 남긴 마지막 글이었을 것이다.

초목이 썩어지는 내음새는 코를 찌르고,
나는 굶주림과 목마름을 이기지 못해 기진하였는데,
비는 무정히도 쏟아져 산야를 적시우나,
나는 반석 속에 숨었으니 오는 비 내 몸을 못적시내.

썩는 내 더해가고 나는 기진하였는데,
해는 어찌 이리도 지루하게 머뭇거리느냐.
이 밤아 오너라 보자 네 한밤만 지나고 보매
광명 아침 햇빛이 뜨는 날은 승리와 즐거움이 가득 찬 날
이로다.

1950년 9월 9일 오후 3시 산중 암혈에서
(묵시록 7장 14–17절)

## 39. 배추달 1926-1950
### 무명의 순교자 배추달 청년

경남지방 순교자들 중에서 주기철 목사나 최상림 목사 등은 비교적 널리 알려져 있으나 지금 소개하고자 하는 배추달 청년에 대해서는 거의 알려진 바가 없다. 그도 6.25 동란이 발발한지 약 40일이 지난 1950년 8월 7일 합천군 묘산면의 묘산초등학교 뒷산에서 24세의 나이로 인민군에 의해 총살됨으로 순교자의 길을 갔으나 그의 사적에 대해서는 거의 알려져 있지 않다. 노무현 정권이후 소위 진실규명이라는 이름으로 언필칭 우익에 의한 양민학살은 발굴되고 연구되고 또 규명되고 있으나, 좌익이나 인민군에 의한 학살 규명은 여전히 미완의 과제로 남아있다.

배추달 청년은 홀 어머니를 따라 교회에 출석하기 시작하여 기독교 신자가 되었고, 계명 준수를 소중히 여기고 주일성수라는 소박한 신앙 때문에 인민군에 의해 피살되어 순교자의 길을 갔다. 일반적으로 순교로 불리기 위해서는, 불가피한 죽음이어야 할 것, 복음증거와 관련된 것이어야 할 것, 기독교에 대한 적대적 개인이나 집단에 의한 죽음이어야 할 등 3가지 조건을 요구하고 있는데, 이런 기준으로 볼 때 배추달은 순교자였다. 대한예수교장로회 고신총회 산하 기독교문화유적보존위원회(위원장 정돈화)는 지난 2011년 5월 24일 경남 칠원교회에서 순교자 배추달을 배출한 경남 합천군 묘산면 관기리 600번지에 위치한 관기교회를 '순교자기념교회'로 지정했다. 이와 관련한 행사 안내서에 위 위원회의 자문위원인 필자는 배추달 선생에 대해 짧은 소개문을 쓴 일이 있으나 이를 좀 더 확장하여 여기 소개하게 되었다.

순교자 배추달(裵秋達, 1926-1950)은 1926년 7월 7일(음) 경남 합천군 묘산면 화양리 526번지에서 배한도씨와 이지순씨의 5남중 3남으로 출생했다.[16] 몸이 허약했던 배한도씨는 일찍 세상을 떠났고, 배봉추(장남), 배추봉(차남), 배명선(장녀), 배추달(삼남), 그리고 배월도(사남) 등 4남1녀는 홀어머니 밑에서 성장하였다. 남편을 잃은 이지순씨는 세상에 소망이 없다고 보고 낙망하고 있을 때 조카 며느리 하선이씨로부터 전도를 받고 기독교 신앙을 받아드려 예수를 믿게 되었다. 관기교회는 화양리에서 약 6km 정도의 거리였는데, 이지순씨는 조카 며느리 하선이와 함께 이 교회로 걸어 다니며 신앙생활을 계속했다. 당시 핍박이 심했으나 세상에는 기댈 언덕이 없다고 보았던 이지순는 신앙만이 현실을 이기는 유일한 힘이었다. 따라서 배추달은 어려서부터 어머니를 따라 화양교회에서 신앙생활을 하게 되었다. 그러나 가정 형편이 어려워 정상적인 학교 교육을 받지 못했다.

살림을 꾸려가기에 어렵게 되자 배추달은 남의 집의 머슴으로 지내던 중 해방을 맞게 되었는데, 그의 나이 18세 때였다. 이때 그는 전국적으로 일어난 문맹퇴치운동의 영향으로 인근 초등학교에서 한글을 터득했고, 배움에 목말라하던 그는 거창고등성경학교에 입학했다. 이 학교는 거창교회 주남선 목사가 1950년 4월 10일 설립(개교)한 야간학

---

16) 배추달의 거창성경학교 학적부에는 생년월일이 1927년 4월 27일로 기제 되어 있다. 이 학적부는 거창교회에 보관되어 있다.

교였다. 연 3학기 수업을 하되 이름 그대로 성경을 가르치는 학교로서 평신도 훈련이 목적이었다. 이 학교는 1945년 12월 부산시 부민동에 오종덕 목사가 설립된 고려고등성경학교를 모델로 한 것이었다. 부산에 성경학교가 있어야 하듯이 거창에도 이런 류의 학교가 필요하다고 보아 거창성경학교를 설립하게 된 것이다. 설립자는 주남선 목사였으나 실제적인 교무는 남영환 전도사가 맡았다.

배추달은 낮에는 가사일을 돌보며 농사일을 하고, 밤에는 이 학교에서 공부하게 되었다. 야간학교에 재학하면서 배추달 청년은 주남선 목사를 존경하게 되었고, 그를 본받고자 했다. 그러나 고등성경학교를 시작한지 한 학기도 되기 전에 6.25동란이 발발했다. 겨우 한 학기를 수료하게 되었다. 필자는 배추달에 대한 자료를 수집하기 위해 노력하던 중 거창성경학교 학적부를 발견하게 되었는데, 이 학적부를 보면 배추달은 창세기와 출애굽기, 공관복음서와 데살로니가전서, 그리고 요리문답을 공부했는데, 성적은 좋지 못했다. 그는 공식적인 학교교육을

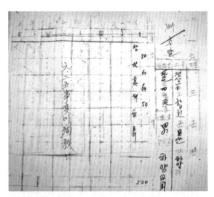

배추달 집사의 거창 성경학교의 학적부

받은 일이 없었다는 점을 고려해 볼 때 충분히 이해할 수 있는 일이다. 요리문답은 주남선 목사가 담당했는데, 이 수업과 예배를 통해 배추달은 주남선 목사의 신앙정신을 배우게 된다.

예상치 못한 전쟁의 발발로 조기방학을 하고 고향에 돌아온 후 인민군의 내

습이 예상되어 경찰로부터 피난을 권고 받고 배추달도 어머님을 모시고 피난길에 올랐다. 그러나 인민군에 의해 적포철교가 끊어져 할 수 없이 다시 집으로 돌았다. 이때가 1950년 6월 30일이었다.

고향 화양리로 돌아온 배추달은 교인들과 함께 정운택 집사(묘산초등학교 교사, 후일 부산 이사벨여고 국어교사로 재직하며 거성교회에 출석했다)의 인도로 구역예배를 마쳤을 때 인민군이 마을가까이 왔으니 남자들은 피해야 한다는 급한 전갈을 받았다. 사태의 심각성을 감지한 정선생과 배추달은 뒷산에 들어가 피신할 겸 기도하기로 작정했다. 후에 알려진 일이지만 깊은 산으로 가 기도하면서 숨어 지내기 위해 배추달은 4촌 형수 되는 하선이 집사에게 일주일 분 미수가루를 준비해 달라고 부탁했다. 이를 가지고 깊은 산으로 들어간 배추달은 약 일주간을 지내고 하산했다. 어떤이는 그 기간이 20여일이었다고 증언하기도 했다. 배추달은 이 때 이미 죽음을 준비한 것이었을 것이라고 하선이 집사는 회고했는데, 이제는 그도 세상을 떠났고, 하선이 집사의 아들 배문효 장로(삼일교회 은퇴장로)는 모친으로부터 들은 이때의 일을 잊을 수 없다고 말한다.

산에서 기도하고 돌아온 배추달의 외모는 초췌했으나 믿음은 더욱 확신으로 차 있었다. 그가 하산했을 때가 7월 중순인데, 이날이 마침 주일날이었다. 예배를 마쳤을 때, 화양리 이장인 윤학수의 인도로 인민군과 치안대원들은 인부가 필요하다며 정운택선생과 배추달 청년을 데리고 가려고 했다. 교회에 남자라고는 이 두 사람 뿐이었다. 사실은 마을 이장은 이들이 기독교 신자인 것을 알고 있었기 때문에 인민군을 데리고 찾아온 것이다. 좌익세력이 볼 때 기독교는 반동세력이었기 때문에 토착 좌익이나 인민군은 항상 기독교회와 기독교인들을 표적으로 학살을 자행했던 것이다.

청년 배추달과 집사였던 정운택을 데리고 가려했으나 치안대원 중에 정운택을 잘 아는 사람이 있어 그에게는 강요하지 못하고, 배추달 청년에게는 일을 해야 한다며 동행을 요구했다. 특히 이들은 식량을 조달하기 위해 벼(나락)를 방앗간에 가서 찧어오라고 요구했다. 배추달은 겸손하게 말했다. "이장님 내일하겠습니다. 오늘은 주일이니 예배하는 날이고 내일 시키는데로 하겠습니다." 그 때부터 이장과 인민군은 배추달의 멱살을 잡고, 욕설을 담아 "지금이 어떤 세상인데 명령을 거역해!"하면서 의도적으로 주일을 범하게 만들었다. 배추달 청년은 주일에는 일을 할 수 없다며 거부했다. 이때 인민군과 치안대원은 "나라가 위기에 처해 있는데 주일이 다 뭐냐? 지금은 전시일 따름이다."며 다시 강요했다. 아무리 전시라고 할지라도 성수주일을 포기할 수 없다고 보았다. 인민군은 배추달을 내무소로 데리고 가 미루나무에 매놓은 돼지를 강 쪽으로 몰고 가라고 했다. 그를 위기에 빠뜨리기 위한 묘략이었다. 배추달은 주일에는 일을 할 수 없다며 그것도 거부하자, 비를 주고 마당을 쓸라고 했다. 그러나 배추달은 이를 거부했다. 대수롭지 않는 일이었으나 배추달은 인민군이 자기를 해하기 위한 의도라는 점을 알아 차렸다. 흔히 배추달 집사라고 말하지만 이 당시 배추달은 집사 임명을 받기 이전이었고 주일학교 교사에 불과했다. 그러나 그에게는 주일 성수에 대한 순전한 믿음이 있었다. 이장의 안내로 왔던 인민군은 주일성수를 고수하던 배추달 청년을 끌고가 유치장에 가두었고, 며칠 후인 1950년 8월 7일 그를 묘산국민학교 뒷산으로 끌고 갔다. 그리고는 그곳 공동묘지에서 6발의 총으로 총살했다. 신앙을 버리지 않는 악질 분자라는 이유였다. 이때 그의 나이 24세였다.

그가 순교한 뒤 감동스러운 일이 있었다. 그가 머슴살이를 하면서 얻은 수입을 얼마씩 주인에게 맡겨 두었는데, 벼 한섬과 돈 15만원이었다. 주인이 이를 가지고 와서 배추달씨가 자기 고향 화양에 교회를 건축하기 위해 맡겨둔 것이라고 했다. 이 돈이 부산 남교회 한명동 목사에게 전해졌다. 남교회는 부족한 금액은 남교회에서 헌금하여 보충하여 이 돈으로 합천군 묘산면 하양리에 12평의 아담한 교회당을 건축했다. 부산 삼일교회 배문효 은퇴 장로의 모친 하선이 집사가 한명동 목사를 찾아가 순교자 기념교회를 새우자고 간청한 일도 영향을 주었을 것이다. 그 후 화양교회는 묘산장터로 옮겨져 묘산중앙교회로 개명되었다. 그러나 지금은 이 교회가 없어졌다.

배추달은 주일 성수를 위해 목숨까지 바친 순교자였다. 주일날 사소한 일을 거부한 것이 그리 대단한 일이고 그것으로 목숨까지 버려야 하는가라고 의문을 제기할 수 있을 것이다. 인민군은 우선 그가 기독교신자라는 점에 주목하고, 신자라는 이유만으로도 그를 모해하고자 했던 것이다. 그를 곤경에 빠뜨리기 위해 작정하고 의도적으로 일을 시켰던 것이다. 일종의 함정이었다. 배추달 청년은 그리스도인 됨을 끝까지 포기하지 않았고 결국 죽음에 이르게 된 것이다.

잊혀진 그를 기념하는 것이 필요하다고 여긴 배문효 장로는 그를 기념하여 묘비명이라도 세워야겠다는 의도로 관기교회와 부산 삼일교회의 후원을 화양리 마을 공동묘지의 그의 묘소에 기념비를 세우고 1992년 7월 23일 추모예배를 드렸다. 주일성수를 위해 죽음을 불사했던 배추달 청년의 삶의 태도는 오늘 우리를 숙연케 한다.

# 40. 울산 월평교회 6명의 순교자들

울산광역시 울주군 두동면 월평리 635-2에 소재한 월평교회(담임목사 박대우)는 1910년 호주선교사 왕길지(Gelson Engel) 목사에 의해 설립된 교회인데, 현재 대한예수교장로회 고신총회 울산남노회에 속해 있다. 이 교회는 6.25 전후 6명의 신자들이 남로당 좌익분자들에 의해 순교한 사실이 인정됨으로 대한예수교장로회 고신총회 산하 기독교문화유적보존위원회는 2011년 6월 이 교회를 순교기념교회로 지정한 바 있다.

이 교회 첫 순교자는 우두봉인데, 그는 예수를 믿는다는 이유로 1948년 4월 13일 남로당 좌익분자에 의해 월평리 마을회관 앞에서 총살당하였다. 월평교회는 치술령산 아래 벽지에 위치하고 있었기 때문에 공비들의 표적이 되었다. 해방공간에서 좌우익이 대립하고 있을 때 울주군 두동면 일대로 숨어 들어온 남로당 좌익분자 일당이 기독교회를 표적으로 하여 신자들을 처형한 것이다. 최재선 권사의 남편인 우재만 성도 역시 1950년 2월 25일 월평 교회 앞에서 남로당 빨찌산에 의해 단순히 기독교신자라는 이유로 학살당하여 두 번째 순교자가 되었다. 우재만은 이 마을에서 명망이 높았던 집사인데, 공비들의 출몰을 염려하여 콩밭에서 잠을 자곤 했으나 이날은 허리가 아파 집에서 자던 중 공비에게 끌려가 교회 앞 저수지에서 학살 당한 것이다. 당시 공비들은 낮에는 활동하지 못했으나 야간을 틈타 마을로 내려와 만행을 저질렀다.

6.25 동란이 발발한지 5일이 지난 1950년 6월 30일 늦은 시간에는 정두란, 조재년, 조말복 3성도는 남로당 빨치산에 의해 기독교 신자라는 이유에서 학살당했다. 이날 공비들은 교회로 침입해 왔고, 교회 사택에 있던 정두란과 조재년을 위협했다. 유동댁으로 불리는 20대의 만삭의 부인이었던 정두란은 "젊은이들 예수 믿고 회개하고 용서받고 집에 가서 부모님 만나 자유롭게 살다가 천당 가자"고 설득했으나 공비들은 "이 년이 돌았나? 무슨 소리냐며 예수 믿으면 죽인다"고 협박했을 때, "괴로운 세상 사느니 천당 가는 것이 훨씬 복이다"고 말하고 "내주를 가까이 하게 함은 십자가 짐 같은 고생이나... "를 노래했다. 이때 근처에 있던 월평교회 동료 신자인 조말복이 끌려왔다. 남로당 일당은 이들 3사람을 일렬로 세워놓고 총을 난사하여 학살했다. 그리고는 교회를 방화했다.

우재만 집사의 동생 우성만은 월평교회가 공비들의 표적이 되고 있어 경주에 피신해 있던 중 추석이 되어 귀가하였다. 이 때 그도 남로당 공비들에 의해 1951년 8월 14일 총살당하여 순교자의 길을 갔다.

# 부산경남지방 기독교회의 선구자들
## – 부산경남지역에서 활동한 40인의 초상 –

**이상규** 저

발 행 일 _ 2012. 3. 20.
발 행 인 _ 김 성 수
발 행 처 _ 고신대학교 출판부
주      소_ 부산시 영도구 와치로 194 (606-701)
          전화 051-990-2203, 2168
편집 및 인쇄 _ 디자인모토(051-711-3001)

**값 15,000원**

ISBN978-89-86434-51-4